Kurt Schreiner

Wendepunkte der Geschichte

Kurt Schreiner

Wendepunkte der Geschichte

Bedeutende Ereignisse aus
Politik, Kultur und Wissenschaft

Anaconda

Die Deutsche Nationalbibliothek verzeichnet diese Publikation in der
Deutschen Nationalbibliografie; detaillierte bibliografische Daten sind im
Internet unter http://dnb.d-nb.de abrufbar.

© 2011 Anaconda Verlag GmbH, Köln
Alle Rechte vorbehalten.
Umschlagmotive: Eugène Delacroix (1798–1863), »Die Freiheit führt das
Volk« (1830), Musée de Louvre, Paris, Photo: akg-images / Erich Lessing
(oben). – Matthias Koeppel, Die Öffnung der Berliner Mauer (1996/97)
(Ausschnitt), Photo: akg-images, © Matthias Koeppel / VG Bild-Kunst,
Bonn 2011 (unten).
Umschlaggestaltung: dyadesign, Düsseldorf, www.dya.de
Satz und Layout: Silvia Langhoff, Köln
Printed in Czech Republic 2011
ISBN 978-3-86647-673-8
www.anacondaverlag.de
info@anaconda-verlag.de

Inhalt

Ein Wort zum Anfang

Es gibt Ereignisse, die unser Leben verändern und uns innerlich zutiefst aufwühlen. Was geschehen ist, wird lange, manchmal über Generationen nicht vergessen. Vielleicht ist es auch gut, sich immer wieder daran zu erinnern. Geschichte im weitesten Sinne ist ja unser gemeinsames, ein kollektives Gedächtnis.

Um politische und militärische Geschehnisse geht es, weil hier die Folgen unmittelbar, sehr oft schmerzlich spürbar werden. Wer erinnert sich nicht an die Erzählungen der Älteren, die den Zweiten Weltkrieg oder die Teilung Deutschlands durchlitten haben, um nur zwei Beispiele zu nennen.

Aber vieles andere kommt hinzu. Die Entdeckungsreisen haben die Kenntnis von der Welt dramatisch verändert und neue Lebensräume eröffnet; sensationelle Forschungsergebnisse und Erfindungen schufen die Voraussetzungen für unser Leben in der Gegenwart.

Da gibt es Bereicherndes, aber auch manches, das uns mit Trauer und Abscheu erfüllt. Auch wenn wir uns das so wünschen: Die Geschichte der Menschheit ist alles andere als ein linearer, unumkehrbarer Aufstieg zum Besseren. Ja, das Leben zeigt seine Sonnenseiten, Schönes und Aufregendes. Aber das, was im Schatten geschieht – bis hin zu den schlimmsten Verirrungen –, sollte nicht übersehen werden.

Die historischen Miniaturen in diesem Buch öffnen ein breites Spektrum vom Beginn der Neuzeit bis in die Gegenwart. Auch wenn eine einigermaßen repräsentative Mischung versucht wurde, wird der Leser das eine oder andere Ereignis vermissen. Vielleicht nimmt er aber die hier vermittelten

Anregungen auf, um sich dazu Fragen zu stellen und auf eigene Faust weiterzuforschen.

Unsere gemeinsame Vergangenheit ist – im Guten wie im Schlechten – unser gemeinsames Erbe. Sie verdient es, nein, es ist notwendig, dass wir uns damit befassen!

Bewegliche Lettern

Johannes Gutenberg (um 1400–1468)

Erstaunlich wenig wissen wir über den Mann, der um die Mitte des 15. Jahrhunderts eine Revolution auslöste. Um eine gewaltsame Massenbewegung, um Schwerter und Kanonen, um Mord und Totschlag ging es nicht. Vielmehr ging es darum, dass die Erfindung des Buchdrucks mit beweglichen Lettern die Welt veränderte.

Im Jahr 1997 wurde Johannes Gutenberg eine späte hohe Ehrung zuteil. Das Magazin »Time Life« wählte ihn zum »man of the millenium«, zum Mann des Jahrtausends. Damit rangierte er noch vor Kolumbus, dem Entdecker Amerikas, und dem deutschen Reformator Martin Luther. Alle drei Persönlichkeiten bezeichnen auf je eigene Weise den bemerkenswerten Übergang zwischen Mittelalter und Neuzeit.

Vermutlich wird Johannes Gensfleisch genannt Gutenberg um 1400 als Sohn eines wohlhabenden Patriziers in Mainz geboren. Er besucht dort wohl die Lateinschule und studiert möglicherweise auch an der Universität. Urkundliche Belege gibt es dafür freilich nicht.

Streitigkeiten zwischen den Patriziern und den Zünften der Stadt führen dazu, dass seine Familie – wie andere auch – die Stadt verlässt. Während seines Aufenthalts im Straßburg beschäftigt sich Gutenberg wohl mit der neuen Technik, die ihn in der Folgezeit berühmt machen wird.

Darum geht es auch, als er Ende der vierziger Jahre des 15. Jahrhunderts wieder in Mainz lebt. Urkunden belegen, dass er mehrere Kredite aufnimmt, vermutlich, um sich eine Druckerwerkstatt einzurichten.

Tatsächlich beginnt er um 1450 mit der eigentlichen Produktion. Er setzt und druckt Einblattdrucke, die vergleichsweise geringen Aufwand erfordern und rasch zu verkaufen sind. Nun entstehen aber bereits die ersten Bücher.

Noch einmal nimmt Gutenberg ein großes Darlehen von dem Kaufmann Johannes Fust auf. Mit diesem Geld will er, der Abmachung entsprechend, das »Buch der Bücher«, die Bibel, vervielfältigen. Doch es kommt zu einer folgenschweren Auseinandersetzung: Fust beschuldigt seinen Vertragspartner, das Geld für andere Zwecke verwendet zu haben, und erhält vor Gericht Recht. Gutenberg muss einen Teil des geliehen Geldes zurückzahlen und Fust zusätzlich seine Werkstatt sowie einen Teil der gedruckten Bibeln abtreten. Mit diesem Kapital betreibt dieser nun selbst, zusammen mit seinem späteren Schwiegersohn Peter Schöffer, eine eigene Druckerei.

Das Hochdruckverfahren, das Johannes Gutenberg anwendet, ist im Grundsatz nicht neu. Babylonier und Ägypter arbeiteten bereits mit Stempeln, die man in feuchten Ton eindrückte; in China wurden Inschriftsteine vom 4. Jahrhundert an auf das bereits Jahrhunderte zuvor erfundene Papier gedruckt. Im Abendland entwickelte sich der Holzschnitt, mit dem sich Bilder und Buchstaben drucken ließen. Die nicht zu druckenden Teile mussten zuvor aus einer glatt geschliffenen Holzplatte mit dem Messer oder dem Stichel entfernt werden. Anschließend wurden die erhabenen Teile eingefärbt und auf Pergament oder Papier – spiegelverkehrt – abgedruckt.

Die sensationelle Neuerung Gutenbergs besteht darin, dass Wörter und ganze Texte nach Bedarf nun aus Einzelbuchstaben, »beweglichen Lettern«, zusammengesetzt wurden. Sie werden auf einem sogenannten Winkelhaken aneinandergereiht. Anders als bei den starren Holzplatten können sie nach dem Druckvorgang wieder auseinandergenommen und später für andere Texte neu zusammengesetzt werden. Zu ihrer Aufbewahrung dient der Setzkasten, in dem jeder Buchstabe bzw. jedes Druckzeichen seinen festen Platz hat.

Doch damit nicht genug: Gutenberg erfindet gleichzeitig mehrere Neuerungen bzw. verändert das Vorhandene so, dass es ein effektives Arbeiten ermöglicht. Es beginnt mit dem Guss der einzelnen Typen in vorgefertigten Formen. Sie müssen exakt die gleiche Länge haben – abgesehen von dem »Blindmaterial« für die Zwischenräume –, um einen in sich geschlossenen Satz zu ermöglichen. Als dauerhaft haltbares Material entwickelt Gutenberg eine Legierung aus Zinn, Blei und Antimon.

Neu ist auch die Druckfarbe, mit der er arbeitet. Sie wird aus Ruß und Leinölfirnis gemischt und ist eher zähflüssig. Der Drucker verwendet zur Verteilung der Farbe auf den druckenden Teilen Druckerballen. Diese Bündel aus Rosshaar sind außen von feinem Leder, z. B. Hundeleder, umhüllt.

Die Druckerpresse erinnert an Spindelpressen, die zum Keltern der Weintrauben und für die Papierherstellung verwendet werden. Der Satz wird auf einem Schlitten montiert und in die Presse eingeschoben. Das zu bedruckende Material, zumeist Papier, wird darüber in einen aufklappbaren Rahmen gelegt.

Der eigentliche Druck erfolgt von oben durch eine mittels der Spindel herabgedrehte Metallplatte (Tiegel). Nach dem Druck wird der Schlitten aus der Presse herausgefahren und das bedruckte Blatt entnommen. Es kann später auf der Rückseite bedruckt werden, nachdem es durch Nadeln oder durch den hölzernen Rahmen justiert und fixiert wurde, so dass die Satzspiegel vorne und hinten genau übereinstimmen.

Gutenberg druckt in dieser frühen Phase der Druckerkunst eines der schönsten Bücher, die es überhaupt gibt. Es handelt sich um die 42-zeilige »Gutenberg-Bibel«. Der Satz in zwei Spalten ist sehr präzise und ästhetisch außerordentlich gelungen. Natürlich sind die kostbaren Handschriften, die in den Klöstern entstanden, die Vorbilder. Danach richtet sich auch die Schrift. Bei der Gutenberg-Bibel sind insgesamt 290 verschiedene Drucktypen – Buchstaben, Buchstabenverbindungen und Abkürzungszeichen – benutzt worden. Die beigefügten Illustrationen werden nachträglich eingesetzt und von Hand koloriert.

Wie viele Exemplare des kostbaren zweibändigen Werks gedruckt wurden, lässt sich nur schätzen. Vermutlich handelt es sich um 30 bis 35 Exemplare auf Pergament und 120 bis 150 auf Papier. Eine ganze Reihe dieser Bücher hat, wohl wegen ihres offenkundigen Werts, die gut 500 Jahre seit ihrer Entstehung überstanden.

Schon damals war ein Buch wegen des aufwändigen Herstellungsprozesses sehr teuer. Freilich hat es auf dem Markt nur dann eine Chance, wenn es deutlich billiger angeboten werden kann als ein von Hand geschriebener Foliant. Der Erfolg der neuen Technik hängt also davon ab, ob es gelingt, in der Zukunft Bücher preiswert herzustellen.

Immer mehr Menschen können sich nun Gedrucktes leisten. Das auf Papier vervielfältigte Buch wird nach und nach allen Bevölkerungsschichten zugänglich und hat einen wesentlichen Anteil an jener frühen »Bildungsexplosion« und der neuen, auf Bildung zielenden Geistesbewegung des Humanismus. Ernst zu nehmende Kenner wagen die Behauptung, dass die Reformation ohne die neue Druckerkunst, ohne Flugschriften und

Traktate, ohne gedruckte Abhandlungen und nicht zuletzt die gedruckte Bibelübersetzung so – wenn überhaupt – nicht hätte stattfinden können.

Wir können uns heute eine Welt ohne Bücher, Zeitungen und Zeitschriften nicht vorstellen – und das, obwohl gewisse technische Neuerungen eine harte Konkurrenz bedeuten. Aber noch ist es dem Fernsehen, dem Internet und den elektronischen Medien insgesamt nicht gelungen, Gedrucktes aus unserem Alltags- und Berufsleben zu verdrängen.

Westwärts nach Indien

Die Entdeckung Amerikas durch Christoph Kolumbus (1492)

Freitag, 12. Oktober 1492. Endlich ist die große Fahrt ins Ungewisse – fürs Erste jedenfalls – beendet. Schon am Tag zuvor gab es Anzeichen, dass Land in der Nähe sein muss. Vögel sind in der Luft. Unter anderem entdecken die Matrosen der »Niña« im Wasser einen mit Blüten übersäten Rosenstrauch. In der Morgendämmerung des neuen Tages ankert Kolumbus vor einer kleinen Insel. Er ist sicher, dass er Ostasien, das angestrebte Ziel, erreicht hat. Die Ängste der letzten Tage sind vergessen, auch dass die Besatzung durch Aufruhr und Meuterei die Rückkehr nach Spanien erzwingen wollte.

Der Admiral lässt sich an Land rudern, um das neu entdeckte Land augenblicklich für Königin Isabella und König Ferdinand in Besitz zu nehmen. Er entfaltet das königliche Banner. Die Umstehenden sind Zeugen des feierlichen Aktes.

Das Land macht einen freundlichen Eindruck. Hier gibt es Wasser genug, essbare Früchte und grüne Wälder. Das Klima erinnert an den Frühling im südspanischen Andalusien. Die Menschen, die neugierig herbeieilen, braunhäutig, nackt und bartlos, erweisen sich als friedfertig. Schon werden Waren und Geschenke ausgetauscht, Papageien, Speere und Baumwollballen gegen rote Mützen, Glasperlen und Glöckchen.

Kolumbus ist sicher, dass diese friedfertigen Menschen leicht zu beherrschen sind. »Diese Eingeborenen müssen gute und intelligente Sklaven abgeben, denn ich bemerkte, dass sie alles sehr schnell begreifen, was ich ihnen sage, und ich bin überzeugt, dass man sie leicht zu Christen machen kann.«

Am meisten interessiert die Spanier freilich der Goldschmuck, den manche der Indios in den Nasenflügeln tragen. Sicher werden ihnen die Eingeborenen den Weg in das legendäre Goldland mit seinen unermesslichen Schätzen weisen.

Kolumbus ahnt nicht, dass er mit seiner abenteuerlichen Reise einen neuen Kontinent, nämlich Amerika entdeckt hat. Die kleine Insel, auf der er an Land gegangen ist, heißt bei den Indianern Guanahani. Er nennt sie zu Ehren des Heilands San Salvador, »heiliger Erlöser«.

Von hier aus unternimmt Kolumbus eine weitere Entdeckungsfahrt, auf der er Kuba und Hispaniola (heute Haiti und die Dominikanische Republik) entdeckt. Vor Haiti strandet die »Santa Maria«. Kolumbus benutzt das verbleibende Material, um daraus das erste spanische Fort auf amerikanischem Boden zu errichten. Ein Teil seiner Mannschaft bleibt als Besatzung hier zurück.

Das Schicksal dieser ersten Siedler wirft einen düsteren Schatten auf die Frühgeschichte der spanischen Kolonisation. Die Bewohner geraten miteinander in Streit, durchstreifen planlos das unsichere Land und verhalten sich den Eingeborenen gegenüber brutal und anmaßend. »Sie vergnügten sich damit, ihnen ihre Frauen und Töchter und alles, was sie besaßen, zu nehmen«, schreibt der Chronist Oviedo. Die Folge ist, dass die Spanier bald darauf bis auf den letzten Mann von den Indios ermordet werden.

Bis zu seinem Lebensende wird Kolumbus davon überzeugt sein, Ostasien erreicht zu haben. Die Eingeborenen sind für ihn die »Indios«, und noch lange werden die neu entdeckten Länder in Spanien »Las Indias« heißen. Noch heute erinnert die Bezeichnung »Westindien« an den historischen Irrtum.

Die Entdeckung der Neuen Welt hat eine lange Vorge-schichte. Sicher ist davon auszugehen, dass Kolumbus nicht der erste Mensch war, der im fernen Westen, hinter dem schier unendlich weit erscheinenden Ozean Land fand. Ganz offen-sichtlich wurde Amerika bereits um das Jahr 1000 von dem normannischen Abenteurer Leif Eriksson erreicht. Mögli-cherweise gab es aber noch frühere Entdecker.

Die wagemutige Entdeckungsreise des Kolumbus ist freilich in mehrfacher Hinsicht wichtig: Sie gehört zu den zahlreichen Ereignissen, die den Übergang vom Mittelalter zur Neuzeit bezeichnen. Mensch und Welt stehen nun in einer ganz ande-ren, ganz neuen Beziehung zueinander: Es kommt darauf an, die Möglichkeiten, die sich bieten, entschlossener und folge-richtiger zu nutzen.

Aber mehr noch: Es bleibt nicht bei einem für sich isolier-ten Ereignis. Sofort beginnt Spanien, in ähnlicher Weise dann auch Portugal, das neu entdeckte Land zu erobern und in Be-sitz zu nehmen, sich seiner Schätze zu bemächtigen und es zu besiedeln. Innerhalb kurzer Zeit entsteht in Amerika ein gewaltiges Kolonialreich, das sich vor allem die Spanier und die Portugiesen untereinander teilen.

Bis die Fahrt nach Amerika stattfinden kann, muss ein wei-ter, steiniger Weg zurückgelegt werden. Christoph Kolumbus, eigentlich Cristoforo Colombo, stammt aus dem italienischen Genua, wo sein Vater als Wollweber arbeitet. Früh gelangt er zu der Auffassung, dass im Westen des großen Atlantischen Ozeans Inseln und Länder liegen müssen. Darin wird er u. a. durch das Studium früher Seekarten und durch seine Korres-pondenz mit dem berühmten Geografen Toscanelli bestärkt.

Er fasst den Plan, den Beweis durch eine eigene Expediti-on zu liefern. Aber fürs Erste erweisen sich seine Absichten als undurchführbar. König Johann II. von Portugal lehnt das

Ansinnen ab. Ähnlich ergeht es dem Abenteurer mit dem englischen und dem französischen König.

Es bleibt die Hoffnung, dass Spanien sich für das Vorhaben gewinnen lassen könnte. Allerdings ist die Zeit dafür nicht eben günstig. Isabella von Kastilien und Ferdinand von Aragonien haben geheiratet und damit die politische Einigung Spaniens ermöglicht. Nun müssen sie zuerst ihre Länder wieder in Ordnung bringen. Hinzu kommt, dass sich das vereinigte Königreich zum letzten entscheidenden Kampf gegen die islamischen Mauren in Spanien rüstet. Im Jahr 1492 – dem Jahr der Entdeckung Amerikas – fällt Granada, deren letzte Bastion. Die Wiedereroberung, die sogenannte Reconquista, ist damit zu Ende.

Nun erst erhält Kolumbus, Cristóbal Colón, wie er auf Spanisch heißt, die erträumte Gelegenheit. Vielleicht ist Königin Isabella von Kastilien jetzt bereit, den wagemutigen Entdecker zu unterstützen – sicher mit dem Gedanken, Spaniens Macht durch ein neu zu erwerbendes Kolonialreich zu vergrößern, möglicherweise auch mit der Überlegung, die Reconquista in anderer Weise fortsetzen und die Heiden in fernen Weltteilen zum katholischen Glauben bekehren zu können.

Allerdings scheitern die Verhandlungen erneut, weil die Königin die ihr unmäßig erscheinenden Forderungen des Seemanns ablehnt: Er verlangte den erblichen Titel eines Admirals des Ozeans und will Vizekönig der Krone für alle von ihm entdeckten Gebiete werden. Von den dort gefundenen und erbeuteten Edelmetallen verlangt er jeweils den zehnten Teil.

Schon ist Kolumbus abgereist, als er von einem Boten der Königin eingeholt wird. Ihre Berater haben sich, schweren Herzens, für den Vertrag und die geforderten Bedingungen eingesetzt. Ziel der geplanten Expedition – so steht es auch im Vertrag – ist, einen Seeweg nach Asien zu finden.

Natürlich müssen zuerst die enormen Kosten für die Expedition aufgebracht werden. Mit dem Geld rüstet der Admiral sein Flaggschiff »Santa Maria« sowie die Karavellen »Niña« und »Pinta« aus.

Anfang August 1492 macht sich Kolumbus von Palos aus mit seiner kleinen Flotte auf den Weg nach Westen. An Bord sind neunzig Seeleute und dreißig weitere Personen.

Zunächst geht die Fahrt zu den Kanarischen Inseln, also durch bekanntes Gewässer. Als man dann aber Anfang September die westlichste Insel Gomera verlässt, beginnt das eigentliche Abenteuer, die Fahrt ins Ungewisse.

Der Admiral erlebt die Reise mit äußerster Anspannung. Mehrmals droht auf den Schiffen eine Meuterei. Die Matrosen haben Angst, weil noch immer – anders als versprochen und erwartet – kein Land in Sicht kommt, und verlangen ultimativ die Rückreise nach Spanien. Kolumbus hat die allergrößte Mühe, die Bedenken seiner Leute zu zerstreuen. Neue Zuversicht stellte sich erst ein, als Vögel und Fundstücke im Wasser auf das nahe Land hindeuten. Erst am 12. Oktober 1492 ist es so weit!

Mitte März 1493 laufen die »Niña« und die »Pinta« wieder im Hafen von Palos ein. Das Abenteuer hat fürs Erste ein Ende. Die Reise des Admirals quer durch Spanien gleicht einem Triumphzug. Im April erreicht er Barcelona und wird dort mit hohen Ehren durch die Königin und den König von Spanien empfangen. Freudig bestätigten sie ihm seinen Titel als Admiral des Ozeans und als Vizekönig der neu entdeckten Länder.

Kolumbus unternimmt noch drei weitere Fahrten in die ferne Welt des Westens. Sie machen aber die ganze Tragik früher Eroberungen sichtbar. Mit siebzehn Schiffen und 1500 Männern macht er sich auf seine zweite Reise und entdeckt weitere Inseln in der Karibik, u. a. Jamaika und Puerto Rico. Auf Haiti unternimmt er eine Strafexpedition gegen die Indios, die sich gegen die unmenschliche Behandlung durch spanische Kolonisten gewehrt haben, und versklavt 1600 Eingeborene. 550 davon treibt er auf die Schiffe, um sie nach Spanien zu bringen. Fast die Hälfte von ihnen stirbt auf der Überfahrt.

Königin Isabella und König Ferdinand sind mit dem Vorgehen des Admirals nicht einverstanden. Immerhin haben sie angeordnet, die Eingeborenen freundlich zu behandeln und durch Milde für das Christentum zu gewinnen. Sie lassen die von Kolumbus mitgebrachten Sklaven frei und ermöglichten ihnen die Rückreise in ihre Heimat.

Auf der dritten Reise erreicht der Admiral im Mündungsgebiet des Orinoko das südamerikanische Festland. Streitigkeiten unter den Kolonisten führen dazu, dass Kolumbus am Hof in Spanien beschuldigt wird, die Verwaltung des neu erworbenen Landes nicht im Griff zu haben. Er wird seines Amtes als Gouverneur enthoben und in Ketten nach Spanien gebracht. Zwar begnadigen ihn Isabella und Ferdinand. Seine Ämter werden ihm jedoch nicht zurückgegeben.

Sein Nachfolger ist ein Mann »würdig viele Menschen zu regieren, aber nicht Indianer«. Er »beruhigte die Provinz Xaragua, indem er vierzig Häuptlinge verbrannte und den Kaziken Guaorocuya und dessen Tante Anacoana hängen ließ«. Das berichtet der Dominikanermönch Bartolomé de Las Casas, der sich früh für die Rechte der Indios einsetzt.

Auch die vierte und letzte Reise, die Kolumbus im Auftrag der Majestäten unternimmt, steht unter keinem guten Stern. Immerhin erreicht er die Festlandsküste von Honduras, Nicaragua und Costa Rica und betritt zum ersten Mal das Festland. Die Suche nach einer Meerenge, die die Weiterfahrt nach Westen, nach China und Indien, erlaubt hätte, bleibt ohne Erfolg. – Der legendäre Panamakanal entstand bekanntlich erst vierhundert Jahre später!

Schließlich strandet Kolumbus mit seinen letzten beiden, vom Bohrwurm zerfressenen Schiffen auf Jamaika. Eine Jahr lang muss er dort bleiben, bis ihm einer seiner Getreuen ein Schiff sendet.

Um die gleiche Zeit, als er krank und entmutigt nach Spanien zurückkehrt, stirbt seine Gönnerin, Königin Isabella von Kastilien. Vergeblich bemüht sich der Admiral bei ihrem Gatten, die ihm einst zugesicherten Privilegien zurück zu erhalten. Freilich ohne Erfolg. Vieles, das inzwischen geschehen ist, zeugt gegen ihn.

Kolumbus überlebt seine Königin um nur anderthalb Jahre. »In deine Hände, Herr, befehle ich meinen Geist!« Das sind die letzten Worte, bevor der große, freilich nicht unumstrittene Entdecker, Bote einer neuen Zeit, im Jahr 1506 für immer seine Augen schließt.

Selbstzweifel und Gewissheit

Martin Luther auf dem Reichstag zu Worms (1521)

Nein, ein überzeugender Auftritt ist das nicht. Man hat den Wittenberger Mönch durch eine Nebentür in den Sitzungssaal geschoben. Neugierige drängen von außen her nach. Das Wachpersonal hat alle Hände voll zu tun, um die Ordnung wenigstens einigermaßen aufrechtzuerhalten.

An der Stirnseite des Saales residiert der junge Kaiser Karl unter einem Baldachin. Um ihn herum sitzen hohe und höchste Würdenträger aus der ganzen christlichen Welt, Spanier und Italiener, Franzosen und Ungarn – und selbstverständlich auch die geistlichen und weltlichen Fürsten des Heiligen Römischen Reiches.

Martin Luther und seine Begleiter drängen sich durch die Menge nach vorn. Da liegen sauber aufgereiht auf einer Bank die Schriften, die er verfasst hat und die Gegenstand der Verhandlungen sein werden. Ja, sie stammen aus seiner Feder, bekennt der Mönch mit leiser, unsicherer Stimme. Sein Gesicht ist blass; winzige Schweißtropfen stehen ihm auf der Stirn.

Einer der Räte fragt nun im Auftrag des Kaisers, ob er den Inhalt aufrechterhalten oder – zumindest in Teilen – widerrufen wolle. Luther besinnt sich lange und knetet mit den Zähnen seine Unterlippe. Dann kniet er vor dem Kaiser nieder, wie es ihm seine Freunde geraten haben, und bittet um Bedenkzeit. Die Antwort auf die ihm gestellte Frage müsse gut überlegt werden.

Der Monarch reagiert ungeduldig und verärgert: Warum so viele Umstände in dieser leidigen Angelegenheit! Ein Wort, das richtige, muss genügen!

Immerhin, es gelingt seinen Räten, ihn umzustimmen – und so wird dem halsstarrigen Asketen widerwillig eine Bedenkzeit bis zum nächsten Tag eingeräumt. Man führt in ab und bringt ihn zurück in seine Herberge drüben bei den Johannitern.

Zeit und Ruhe zum Nachdenken findet er fürs Erste aber nicht. Seine Freunde und Berater reden unentwegt auf ihn ein. Besucher drängen sich an ihn heran. Alle Welt will den Mann sehen, der den von Gott erwählten Autoritäten, dem Heiligen Vater in Rom und Seiner Allerchristlichsten Majestät, die Stirne bietet. – Freilich, bis zum Augenblick ist auf diesem Reichstag in der alten Bischofsstadt Worms noch nichts entschieden!

Am nächsten Tag, nachmittags, tritt Luther von Neuem vor das Tribunal. Die Menge ist noch dichter geworden. Überall herrschen Unruhe und Nervosität. An den Eingängen kommt es zwischen den Schaulustigen und den Türwächtern zu Raufereien und Tumulten. Schon werden Fackeln angezündet, um den weiten Raum zu erhellen. Auf erhobenen Plätzen sitzen die hohen Herren ernst und erwartungsvoll, mit unbewegten Gesichtern. Heute muss die Entscheidung fallen. Kaum jemand zweifelt daran, dass Luther seine ketzerischen Lehren widerrufen wird.

Seit Tagen geht ihm der Prager Reformator Jan Hus nicht aus dem Sinn, der gut hundert Jahre zuvor auf dem Konzil zu Konstanz auf dem Scheiterhaufen zu Asche verbrannt worden war – und das, obwohl Kaiser Sigismund ihm seinerzeit freies Geleit zugesichert hatte.

Doch heute wirkt der Wittenberger Mönch sicherer und entschlossener. Ein wenig zu kühl, ein wenig zu akademisch klingt das, was er zu sagen hat. Wieder bekennt er sich zu den Büchern, die da auf der Bank liegen. Zu den Erbauungsschriften gibt es kaum etwas zu sagen. Heikler, gefährlich geradezu klingt das, was seine Schriften gegen das Papsttum betrifft. Von Irreführung und der Unterdrückung des Gewissens ist da die Rede, von Tyrannei und maßloser Verschwendung. Seine Gegner murren und entrüsten sich. Hier und da gibt es in der Zuhörerschaft aber auch verhaltene Zustimmung.

Der mehrmaligen Aufforderung des Offizials, seine Lehren zu widerrufen, kommt Luther nicht nach. Doch immer noch scheint eine einvernehmliche Lösung erreichbar zu sein: »Überführt mich des Irrtums aus den Propheten und Evangelien«, ruft Luther mit erhobener Stimme und sieht zum Kaiser hinüber, der sich seine Worte augenblicklich übersetzen lässt. »Wenn man mich daraus besser belehrt, will ich gerne widerrufen und als erster meine Schriften ins Feuer werfen.«

Doch die Hoffnung vieler Anwesender trügt, denn Luther fährt fort: »Es ist für mich das Erfreulichste von der Welt, wie man um das Gotteswort willen streitet. Hat Christus doch gesagt: Ich bin nicht erschienen, Frieden zu bringen, sondern das Schwert.« – Ja, das Schwert müsse entscheiden! Der Kaiser zuckt zusammen, als ihm der Dolmetscher dieses Wort übersetzt.

Für ihn ist alles entschieden. Von Kampf spricht der Mönch und vom Untergang der Reiche – kurz nachdem Karl selbst seine Herrschaft angetreten hat. Da hilft auch die demütige Geste nichts, zu der Luthers Freunde ausdrücklich geraten haben. Er beugt seine Knie vor der kaiserlichen Majestät und bittet darum, ihn nicht in Ungnade fallen zu lassen.

Immerhin einen letzten Versuch ist es noch wert: Die Fürsten und kaiserlichen Räte ziehen sich in das Obergeschoss des Versammlungsgebäudes zurück, um sich zu beraten. Ungeduldig sind sie alle und drängen auf ein rasches Ende des Disputs. Noch immer erscheint eine gütliche Einigung möglich.

Vielleicht wird der graue Asket dort unten zur Besinnung kommen, wenn man ihn zu einer kurzen und klaren Antwort zwingt: Widerrufst du hier und jetzt oder beharrst du auf deinen ketzerischen Lehren?

Die Fürsten und Räte haben wieder ihre Plätze auf der Empore eingenommen. Langsam, sehr langsam wird es ruhig im Saal. Der Kaiser sieht fragend zu den Fürsten und Räten hinüber. Sein Dolmetscher drängt sich an ihn heran, um für den hohen Herrn jedes Wort augenblicklich ins Französische zu übersetzen – Karl versteht das Deutsche nicht. – Ja, diesmal wird die Entscheidung fallen.

Der Offizial hat sich dem Wittenberger Mönch zugewandt. Drei Sekunden zögert er noch. Dann stellt er ihm mit erhobener Stimme und beschwörenden Gesten die alles entscheidende Frage. Noch einmal geht ein Raunen durch die Versammlung. Der Kaiser zieht die Augenbrauen zusammen und wendet sich dem Dolmetscher zu. Die Reichsfürsten und die vielen Fremden, die Kleriker und kaiserlichen Räte straffen sich auf ihren Sitzen. Nun?

Luther atmet tief, sucht mit einem raschen Blick nach bekannten Gesichtern in der Menge und wendet sich dann dem jungen Kaiser zu, der ungeduldig auf ihn hinabsieht. »Wenn ich nicht durch Zeugnisse aus der Heiligen Schrift und klare Vernunftgründe überzeugt werde – denn weder dem Papst noch den Konzilien allein kann ich glauben, die offenkundig geirrt und sich widersprochen haben –, so bin ich an mein Gewissen und das Wort Gottes gebunden. Ich kann und will daher nicht widerrufen, weil gegen das Gewissen etwas zu tun weder sicher noch heilsam ist. Gott helfe mir.«

Ein Augenblick tiefen Erschreckens und atemloser Stille. Der Kaiser, der sich zu seinem Dolmetscher hinabgebeugt hat. Die Fürsten und Räte, die nicht wissen, wie ihnen geschieht,

auch wenn manche erst abwarten müssen, bis die soeben geäußerte Ungeheuerlichkeit in ihre Landessprache oder ins Lateinische übersetzt worden ist.

Dann bricht der Lärm los. Vieles, was der Offizial dem blei-
chen Mönch nun noch entgegenruft, geht im Tumult unter.
Die hohen Herren sind außer sich über diesen unerhörten
Frevel. Die Anhänger Luthers seufzen erleichtert, wohl wis-
send, dass alles erst ein Anfang ist. Was geschieht, wenn die
Reisigen, einem Wink des Kaisers oder seiner Räte gehor-
chend, den widerspenstigen Mönch in Ketten legen und durch
den Hintereingang ins Freie drängen? – Der nächste Kerker
ist nicht weit. – Und was, wenn man vergisst, dass ihm der
Kaiser – am Ende aus unbilliger Großzügigkeit – freies Geleit
zugesichert hat?

Karl, den die Ungeduld seit langem plagt, ist längst aufge-
standen und wechselt einige Worte mit den Männern in seiner
Umgebung. Alles, was nun geschieht, ist verschwendete Zeit.

Tatsächlich begleiten der Herold und bewaffnete Knechte
den Mönch aus dem Raum, aber nicht um ihn gefangen zu
nehmen, sondern um ihn vor der unberechenbaren Menge zu
schützen und in Sicherheit zu bringen. Als sie draußen auf
dem Hof an den spanischen Reitknechten des Kaisers, der ja
zugleich König von Spanien ist, vorbeikommen, schreien diese hinter ihm her: »Al fuego! Al fuego!« Er gehöre auf den
Scheiterhaufen!

Erst als Martin Luther in seiner Herberge bei den Johannitern angekommen ist, wird es ruhiger. Die Freunde und
Vertrauten kommen mit ihm in seine Kammer. Aufdringliche
Schaulustige und die wankelmütige Masse bleiben draußen
vor der Tür.

Einen Augenblick steht Luther da und scheint sich zu be-
sinnen. Sein Gesicht ist noch blasser und schmäler als sonst.

Die kantigen Backenknochen treten deutlicher hervor. Seine Augen blicken gedankenverloren ins Leere.

Dann, als alle ungeduldig ein klärendes und erlösendes Wort von ihm erwarteten, wirft er die Arme in die Höhe und atmet tief: »Ich bin hindurch! Ich bin hindurch!«, jubelt er. Erschöpft sinkt er auf den Stuhl, den einer seiner Freunde herbeigezogen hat. Zum ersten Mal seit vielen Tagen fühlt er sich wieder frei.

Aber dennoch – das eine Wort, das ihm der Landsknechtsführer Georg von Frundsberg zugerufen hat, schwindet ihm nicht mehr aus dem Sinn: »Mönchlein, Mönchlein, du gehst einen schweren Gang!«

Noch ist sein Weg nicht zu Ende. Viele ahnen bereits, dass Kaiser Karl seine Zusage auf freies Geleit inzwischen bitter bereut ...

Kriegselend

Der Dreißigjährige Krieg (1618–1648)

Der Dreißigjährige Krieg zwischen 1618 und 1648 ist eine der ganz großen Katastrophen der deutschen Geschichte. In seinen Auswirkungen lässt er sich nur mit dem Zweiten Weltkrieg vergleichen. Zeugnisse über Verlauf und Folgen gibt es genug. Nahezu jede Ortschronik erinnert noch heute an die fürchterlichen Ereignisse des über eine Generation andauernden blutigen Ringens, das als Religionskrieg in Deutschland begonnen hat und schließlich nichts anderes war als ein brutaler europäischer Machtkampf.

Ein vergleichsweise authentisches Zeugnis der Kriegsereignisse bietet ein Roman, der aus der Zeit des Krieges bzw. aus der Nachkriegszeit stammt. »Der Abenteuerliche Simplizissimus« von Hans Jakob Christoph von Grimmelshausen wurde im Jahr 1668 veröffentlicht. Der Autor, damals Gastwirt in Gaisbach im Renchtal (Oberkirch), ist schon in seiner Kindheit mit dem Krieg in Berührung gekommen. Später nimmt er selbst als Soldat und dann als Regimentsschreiber daran teil.

Die hier geschilderte Szene – frei in zeitgemäßes Deutsch übertragen – lässt erahnen, wie es zur Zeit des Krieges in Deutschland und Europa tausend- und abertausendfach zuging. Längst haben sich die marodierenden Landsknechte moralische Skrupel abgewöhnt. Solange man noch lebt, nimmt man, was Gelegenheit und Kriegsglück bieten. Was kümmern einen die anderen? –

Fürs Erste stellten die Reiter ihre Pferde ein. Danach hatte jeder seine eigene Arbeit, die nichts als Untergang und

Verderben bedeutete, zu verrichten. Etliche fingen an zu schlachten, zu sieden und zu braten, so dass es aussah, als wenn ein lustiges Bankett abgehalten werden sollte. Andere durchstürmten das Haus von unten nach oben. Selbst das geheime Gemach war vor ihnen nicht sicher, gleichsam als wäre das goldene Vlies von Colchis darin verborgen.

Wieder andere packten aus Tuch, Kleidungstücken und allerlei Hausrat große Bündel zusammen, als ob sie irgendwo einen Krempelmarkt abhalten wollten. Was sie nicht mitnehmen konnten, wurde zerschlagen.

Einige durchstachen Heu und Stroh mit ihren Degen, als wenn sie nicht genug Schafe und Schweine abzustechen gehabt hätten. Wieder andere schüttelten die Federn aus den Betten und füllten Speck, gedörrtes Fleisch und irgendwelche Gerätschaften hinein, als ob man dann besser darauf schlafen könne.

Wieder andere zerschmetterten den Ofen und die Fenster, gleichsam als hätten sie einen ewigen Sommer zu verkünden. Kupfer und Zinngeschirr schlugen sie zusammen und packten die verbogenen und verdorbenen Stücke ein. Die Bettladen, Tische, Stühle und Bänke verbrannten sie, obwohl doch viele Klafter trockenes Holz im Hof lagen. Auch das Geschirr musste endlich entzweigeschlagen werden, entweder weil sie lieber Gebratenes aßen oder weil sie vorhatten, nur eine einzige Mahlzeit hier abzuhalten.

Unsere Magd wurde im Stall derart misshandelt, dass sie nicht mehr hinausgehen konnte. Es ist eine Schande, das melden zu müssen!

Den Knecht legten sie gebunden auf die Erde, steckten ihm einen Holzkeil ins Maul und schütteten ihm einen Melkkübel stinkender Mistbrühe in den Leib. Das nannten sie den schwedischen Trunk. Dadurch zwangen sie ihn, eine Partei anderwärts zu führen. Mensch und Vieh nahmen sie weg und brachten sie auf unseren Hof. Unter ihnen waren auch mein Vater, meine Mutter und unser Ursele.

Nun fing man an, die Feuersteine von den Pistolen zu schrauben, und spannte stattdessen die Daumen der Bauern ein. Man folterte die armen Schelme so, als wenn man Hexen verbrennen wollte. Sie hatten auch schon einen von den gefangenen Bauern in den Backofen gesteckt und waren mit Feuer hinter ihm her, obwohl er noch nichts gestanden hatte. Einem anderen wickelten sie ein Seil um den Kopf und drehten es mit einem Knüppel so zusammen, dass ihm das Blut aus dem Mund, aus der Nase und den Ohren spritzte.

Alles in allem hatte jeder seine eigene Methode, die Bauern zu peinigen – und damit jeder der Bauern seine jeweils eigene Marter.

Aber mein Vater war nach meiner damaligen Ansicht der Glücklichste von allen. Mit lachendem Mund bekannte er, was anderen unter Schmerzen und jämmerlichem Wehklagen abgezwungen werden musste. Und diese Ehre widerfuhr ihm ohne Zweifel deshalb, weil er der Hausvater war. Sie setzten ihn an ein Feuer, banden ihn, so dass er weder Hände noch Füße bewegen konnte, und rieben seine Fußsohlen mit angefeuchtetem Salz ein. Dieses musste eine alte Geiß mit ihrer Zunge wieder ablecken. Sie kitzelte ihn so arg, dass er vor Lachen fast zerbarst. Das klang für mich so einladend, dass ich, weil ich es nicht besser verstand, von Herzen mitlachen musste.

In diesem Gelächter bekannte er seine Schuld und öffnete den verborgenen Schatz, der an Gold, Perlen und Kleinodien viel reicher war, als man es bei einem Bauern erwartet hätte.

Von den gefangenen Frauen, Mägden und Töchtern weiß ich nichts Genaueres zu berichten, weil mich die Krieger nicht zusehen ließen, wie sie mit ihnen umgingen. Ich weiß aber noch gut, dass ich hin und wieder aus den Winkeln des Hauses erbärmliches Schreien hörte. Ich nehme an, dass es meiner Mutter und unserem Ursele nicht besser ging als den anderen Frauen.

Mitten in diesem Elend wendete ich den Braten und half am Nachmittag die Pferde tränken. Dadurch kam ich zu unserer Magd in den Stall. Sie sah so zerzaust aus, dass ich sie zunächst nicht erkannte. Sie aber sprach zu mir mit kraftloser Stimme: »O Bub, lauf weg, sonst werden dich die Reiter mitnehmen. Schau, dass du wegkommst. Du siehst ja, wie fürchterlich hier alles ist.« – Mehr konnte sie nicht sagen.

Glaube und Wissen

Die Verurteilung Galileo Galileis (1633)

Die »Heilige Schrift« ist das Wort Gottes, in ihren Büchern hat sich der Allwissende und Allmächtige offenbart. Für die Kirche und die Gläubigen gilt über lange Zeit unbestritten, dass sich die Bibel nicht irren kann, weil Gott den Verfassern den Text eingegeben habe. Von Verbalinspiration ist die Rede, davon dass er den Evangelisten wörtlich »eingehaucht« wurde. – Übrigens gibt es auch heute noch Menschen und religiöse Gruppen, die von dieser Tatsache überzeugt sind. Ähnliches gilt ja auch für das heilige Buch des Islam, den »Koran«.

Dass sich die Erde – und andere Planeten – um die Sonne drehen, ist zu Beginn der Neuzeit keine gänzlich neue Erkenntnis. Bereits im 3. Jahrhundert v. Chr. hat Aristarch(os) von Samos das sogenannte heliozentrische Weltbild entwickelt. Helios, die Sonne, steht im Zentrum des Alls. Ob er deshalb der Gottlosigkeit angeklagt wurde, wie in einer späten Plutarch-Bearbeitung behauptet wird, lässt sich mit Sicherheit nicht klären.

Die längst wieder vergessene Hypothese wird an der Nahtstelle zwischen Mittelalter und Neuzeit von verschiedenen Wissenschaftlern ernsthaft diskutiert. Entscheidend ist die auf eigenen und fremden Beobachtungen beruhende Erkenntnis des deutsch-polnischen Astronomen Nikolaus Kopernikus, Domherr in Frauenburg in Ostpreußen. Er bestätigt, dass die Erde und andere Planeten um die Sonne kreisen. Allerdings ist das Fernrohr, das genauere Untersuchungen ermöglicht hätte, noch nicht erfunden.

Kurz vor seinem Tod, im Jahr 1543, veröffentlicht Kopernikus seine revolutionären Einsichten in dem Buch »De Revolutionibus Orbium Coelestium« (Von den Umdrehungen der Himmelskörper). Darin heißt es u. a.: »So lenkt die Sonne, gleichsam auf königlichem Thron sitzend, in der Tat die sie umkreisende Familie der Gestirne.«

Von Ketzerei, weil sich die neuen Erkenntnisse nicht mit dem Wortlaut der Bibel vereinbaren lassen, ist zunächst überhaupt nicht die Rede. Man verspottet den Astronomen als Fantasten und hält ihm vor, dass seine Theorie dem gesunden Menschenverstand widerspreche. Falls sich die Erde, wie behauptet, um die Sonne drehe, müsse man beispielsweise den durch die Bewegung verursachten Luftstrom spüren.

Der italienische Mathematiker, Physiker und Astronom Galileo Galilei ist zunächst in einer günstigeren Ausgangslage als sein seit langem verstorbener Kollege Kopernikus. Inzwischen ist in Holland das Fernrohr erfunden worden. Galilei baut eigene Modelle und schafft es, die Vergrößerung immer weiter zu steigern, zuletzt bis auf das 33-fache. Nun wird es möglich, Vermutetes und Errechnetes am Sternenhimmel mit dem sensationell neuen technischen Hilfsmittel zu überprüfen. Dass dies Risiken birgt, ist dem Forscher durchaus bewusst. Noch immer steht das Wort des Alten Testaments – wie es scheint – unumstößlich im Raum: »Sonne, stehe still zu Gibeon, und Mond, im Tal Ajalon!« (Josua 10,12)

Andererseits: Wer hat die Macht und den Mut, dem wohl bedeutendsten Naturwissenschaftler der Zeit zu widersprechen? Als Professor an der Universität Padua und als Hofmathematiker des Großherzogs der Toskana in Florenz genießt er einen hervorragenden Ruf.

Ketzerisch klingt freilich bereits, was er über die Erkenntnis des Universums schreibt: »Die Philosophie steht in diesem großen Buch geschrieben, dem Universum, das unserem Blick ständig offen liegt. Aber das Buch ist nicht zu verstehen, wenn man nicht zuvor die Sprache erlernt und sich mit den Buchstaben vertraut gemacht hat, in denen es geschrieben ist. Es ist die Sprache der Mathematik ..., ohne die es dem Menschen unmöglich ist, ein einziges Wort davon zu verstehen.«

Für Galilei ist längst entschieden, dass das kopernikanische System mit der Sonne im Mittelpunkt des Alls das richtige ist. Das ptolemäische oder geozentrische System lässt sich auf Dauer nicht aufrechterhalten. Wichtig ist, dass der Gelehrte mit seiner Auffassung nicht allein bleibt; ebenso wichtig ist auch, dass es im hohen Klerus bereits Männer gibt, die über die konkurrierenden Weltsysteme zu diskutieren bereit sind oder sich bereits für die neue Weltsicht entschieden haben.

Galilei provoziert nicht, und noch sind die Reaktionen der katholischen Kirche zurückhaltend. Das ändert sich, als im Jahr 1632 sein Werk »Dialog über die zwei wichtigsten Weltsysteme, das Ptolemäische und das Kopernikanische« erscheint. Hellhörig macht schon die Tatsache, dass Galilei nicht die Muttersprache der Wissenschaft, das Lateinische, verwendet, sondern die von manchem verachtete Volkssprache Italienisch.

Die Zensur verlangt, dass der Gelehrte dem Werk ein Schlusskapitel anfügt, in dem er sich grundsätzlich für das ptolemäische System ausspricht. Er löst diese Aufgabe auf seine Weise. Er legt die Theorie dem Dummkopf Simplicio in den Mund und macht sie auf diese Weise, für den aufmerksamen Leser leicht einsehbar, lächerlich.

Nun nehmen die Ereignisse ihren tragischen Gang. Galilei wird nach Rom befohlen, kann die Reise aber mit Hinweis auf seinen Gesundheitszustand und die infolge der Pest verordneten Quarantänemaßnahmen fürs Erste aufschieben.

Im April des Jahres 1633 wird er erstmals offiziell in Rom verhört. Aber schon bei der zweiten Vernehmung gesteht er, sich in seinem Buch geirrt zu haben. Vermutlich fürchtet er, ein ähnliches Schicksal wie sein Landsmann Giordano Bruno erleiden zu müssen, der im Jahr 1600 auf dem Campo de' fiori in Rom auf dem Scheiterhaufen verbrannt worden war.

Ende Juni findet in der Kirche Santa Maria sopra Minerva der eigentliche Inquisitionsprozess statt. Galilei verweist auf die Dialogform seines Werkes und bestreitet zunächst, sich ausdrücklich für das kopernikanische System verwendet zu haben. Aber hier helfen List und Dialektik nicht weiter. Unter dem Druck der ausgesprochenen und unausgesprochenen Drohungen, aus Angst vor der Folter bekennt er seine »Irrtümer« und schwört ihnen in aller Form ab. Das geistliche Gericht wertet sein Geständnis als strafmildernd und verurteilt ihn zu lebenslanger Kerkerhaft. Immerhin, dem Schwert oder dem Scheiterhaufen ist er auf diese Weise entgangen.

Bemerkenswert und für die geistige Situation der Zeit aufschlussreich ist, dass von den zehn am Prozess beteiligten Kardinälen drei das Urteil gegen den Ketzer nicht unterschreiben. – Übrigens hat die Kirche im Jahr 2008 noch einmal darauf hingewiesen, dass auch der damalige Papst Urban VIII. das Urteil nicht unterschrieben habe – ein untrügliches Zeichen dafür, dass der Klerus in der Bewertung Galileis und seiner Lehre gespalten gewesen sei.

Sicher ist, dass Galilei durch seinen Widerruf seiner wissenschaftlichen Überzeugung keineswegs untreu wird. Vermutlich ist es allerdings eine wohlmeinende Legende, dass er beim Verlassen des Gerichtssaals geflüstert habe: »Und sie – die Erde – bewegt sich doch!«

Das tragische Ende eines Gelehrtenlebens ist rasch berichtet: Die Kerkerhaft bleibt dem ungehorsamen Sohn der Kirche erspart. Stattdessen verbringt er den Rest seines Lebens unter Bewachung in seinem Landhaus in Arcetri bei Florenz. Ihm ist verboten, wissenschaftliche Schriften zu veröffentlichen. Dennoch arbeitet Galilei an seinem physikalischen Hauptwerk »Discorsi«. Es liegt im Wesen der Sache, dass es im Machtbereich der katholischen Kirche nicht erscheinen kann. –

Wie kann es anders sein: Natürlich setzt sich das kopernikanische Weltbild in der Folgezeit durch. Die physikalischastronomischen Beweise sind übermächtig. Die Forschungsmethoden verfeinern sich. Für die katholische Kirche wird der »Kriminalfall Galilei« zu einer dauerhaften Belastung, weil es um die grundsätzliche Glaubwürdigkeit der von ihr vertretenen Auffassungen geht. Es versteht sich von selbst, dass diese Herausforderung in der Zeit der Aufklärung und im stark naturwissenschaftlich geprägten 19. Jahrhundert zu einer Art Existenzfrage wird.

Bertolt Brecht, ein »Klassiker der Moderne«, hat sich in seinem Stück »Leben des Galilei« intensiv mit der Rolle der katholischen Kirche befasst. Doch daneben interessieren ihn besonders auch das menschliche Versagen des großen Gelehrten und die gesellschaftlichen Folgen seines Widerrufs. Mit dem Blick auf die schrecklichen Ereignisse des 20. Jahrhunderts diskutiert er mit seinem Publikum die existenzielle Frage nach der Verantwortung des Wissenschaftlers.

Die Kirche zieht im Jahr 1992 einen Schlussstrich unter die leidige Angelegenheit: Papst Johannes Paul II. rehabilitiert den Gelehrten in aller Form. Sein Anliegen ist es, die gegenseitigen Missverständnisse zwischen der Kirche einerseits und der Wissenschaft andererseits zu bereinigen.

Das Fenster zum Westen

Die Reformen Peters des Großen (1703)

Wenige Gestalten der europäischen Geschichte erscheinen so erregend farbig wie der russische Zar Peter, den man »den Großen« genannt hat. Er ist es ja, der dem tief in sich verschlossenen Reich der Reußen zuerst das »Fenster zum Westen« aufstieß. Er ist es, der damit wenigstens den Versuch wagte, sein in vielem rückständiges Reich an die westeuropäische Kulturentwicklung anzuschließen.

Eigenartig und für uns kaum fasslich erscheint dieser Mann. Auf der einen Seite erweist er seine gewaltige Genialität. Doch zugleich vermag er in die Abgründe menschlicher Verworfenheit hinabzusteigen und lässt uns als Betrachter schaudern.

Folgen wir einmal dem ersten Abschnitt seines Lebens anhand eindrucksvoller Begebenheiten, begleiten wir ihn auf der folgenschweren Bildungsreise, die ihn nach Deutschland, Holland und England führte.

Schon als Kind zeigt Peter eine leidenschaftliche Neigung für alles Militärische. Immer wieder richtet er Briefe und Bitten an die Moskauer Arsenalverwaltung und lässt sich alle möglichen Waffen zusenden. Zwei »Belustigungsbataillone«, die aus je dreihundert auserlesenen Knaben zusammengestellt worden sind, gehorchen seinem Befehl.

Besonders gern hält er sich in den Werkstätten der armen Leute in Moskau auf. Seine handwerkliche Begabung scheint grenzenlos. Innerhalb kurzer Frist erlernt er hier nicht weniger als vierzehn verschiedene Handwerke. Doch damit ist er noch immer nicht zufrieden. Er will mehr lernen, immer noch mehr.

So zieht es ihn in die sogenannte »Deutsche Vorstadt« hinaus, wo ausländische Handwerker, Techniker und Militärs, getrennt von der übrigen russischen Bevölkerung, ihre Unterkünfte und Werkstätten haben. Er lauscht den Berichten der Offiziere und Ingenieure, wenn sie über ihre Heimat erzählen. So erwacht in ihm der Wunsch, selbst diese Länder zu bereisen, sie kennenzulernen und neue Kenntnisse zu sammeln.

Eines Tages ist es so weit. Unter einem Decknamen, als Unteroffizier Pjotr Michailow, begibt sich der Zar auf ein Schiff und segelt mit einer Schar von Begleitern nach Deutschland.

Freilich kann es ihm nicht gelingen, sein Inkognito über längere Zeit zu wahren. Aber wie sollte es auch anders sein? In Königsberg wird das fremdländische Wundertier mit allen Ehren und einer Reihe festlicher Bälle vom Kurfürsten von Brandenburg empfangen. Dessen Gattin und die Herzogin von Hannover finden den jungen Mann bezaubernd. Indessen nicht allein ihn, sondern auch seine galanten, wenn auch ein wenig wilden und ungehobelten Begleiter.

Der Zar trinkt den Frauen oft und aufmunternd zu, so lange, bis alle berauscht sind. Übrigens scheint es auf der Tanzfläche auch nicht gerade zimperlich zuzugehen. Die Russen spüren den strengen knochigen Bögen der Korsette nach und meinen, das seien die Rippen der Damen.

Bei einem dieser Empfänge bemerkt der Zar ein zierlich aufgeputztes kleines Mädchen. Er nimmt es bei den Ohren, zieht es zu sich herauf und drückt ihm einen festen Kuss auf den Mund. Das Mädchen ist die spätere Mutter Friedrichs des Großen …

Dass sich der Zar in Holland als Schiffszimmermann verdingt habe, um auch diese Kunst noch zu erlernen, ist sattsam bekannt – nicht zuletzt durch Albert Lortzings Oper »Zar und

Zimmermann«. Daneben vervollkommnet Peter seine Kenntnisse in der Artilleriekunde, besucht Manufakturen und Hospitäler, all das wohl mit dem Ziel, seine Erfahrungen nach der Rückkehr in seiner Heimat fruchtbar werden zu lassen.

Einmal weilt er mit seinen Begleitern in der Anatomie der Universität Leiden in Holland. Da liegt ein totes Kind auf der Bahre, um von den Wissenschaftlern untersucht zu werden. Der Zar schaut in das bleiche Antlitz, über das ein leichtes Lächeln hinwegzugleiten scheint. Er beugt sich über den Leichnam und küsst ihn.

Seine Gefährten weichen erschrocken zurück. Aus ihren Mienen liest er tiefsten Abscheu. Einen Augenblick lang betrachtet er sie nachdenklich. Dann zwingt er die Männer angeblich, eine der bereitliegenden Leichen mit den Zähnen zu zerfetzen.

Auch in England widmet sich Peter vor allem dem Schiffsbau. Mit seinen Begleitern bewohnt er ein paar Zimmer in der Nähe des Hafens. Doch wie sieht das Haus aus, als er es endlich verlässt! Der bemitleidenswerte Vermieter reicht eine Schadensersatzrechnung über 350 Pfund Sterling ein. Die Möbel sind zerschmettert, die Böden bespien, die Vorhänge herabgerissen. Der Rasen hinter dem Haus ist platt gestampft, und die Bilder in den Zimmern wurden von Pistolenkugeln durchlöchert.

Auf seiner Rückreise wendet sich der Zar nach Wien. Da muss er erfahren, dass während seiner Abwesenheit in Russland ein Aufstand ausgebrochen ist. Eine Blitzreise führt ihn zurück nach Moskau, und sein blutiges Rachewerk beginnt. Von den Strelitzen, jener Garde, die sich an die Spitze des Aufstandes gestellt hat, um das alte Russland gegen die westlerischen Neuerungen zu verteidigen, enden zwischen 750 und 2000 am Galgen oder unter dem Beil. Zwei ausländische

Beamte berichten, Peter habe in einer Reihe von Fällen selbst das Mordwerkzeug geschwungen.

Wie es heißt, soll seine Halbschwester Sofja an der Verschwörung beteiligt gewesen sein. Er verbannt sie in ein Kloster vor den Toren Moskaus. Als abschreckendes Beispiel werden vor ihrem Fenster 200 Strelitzen aufgehängt und geköpft.

Das ist der Anfang. Aber die Änderungen wollen kein Ende nehmen. Zar Peter wirft alle Rücksichten über Bord und schafft sich zahllose Feinde. Hohen Würdenträgern schert er eigenhändig ihre altrussischen Bärte. Wer nicht auf diese männliche Zierde verzichten will, wer nicht mit einer »unzüchtigen Schnauze«, wie die Kirche die glatt rasierten Gesichter nennt, herumlaufen möchte, muss eine eigens eingeführte Bartsteuer entrichten.

Der bis dahin allgemein übliche Kaftan ist jetzt verpönt. Nun sollen die Russen westeuropäische Kleidung tragen, wobei deutsche und ungarische Gewänder den Vorzug erhalten. An den Stadttoren sind – für jedermann sichtbar – entsprechende Modelle ausgestellt.

Viele dieser Neuerungen muten uns heute äußerlich an. Sicher sind sie es auch. Sie stehen aber am Anfang einer langen Entwicklung, die Russland und Westeuropa einander näherbringen.

Nicht vergessen werden sollte die durch Zar Peter betriebene Gründung der neuen russischen Hauptstadt Sankt Petersburg. Schon vorher gab es im Mündungsgebiet der Newa eine schwedische Festung und eine Ansiedlung. Sie waren aber im Ersten Nordischen Krieg durch russische Soldaten zerstört worden.

Die Arbeiten unter Zar Peter beginnen mit dem Bau der Peter-und-Paul-Festung im Jahr 1703. Sie soll die Newa-Mündung gegen Feinde von außen verteidigen. Das Gelände ringsum ist für den Bau einer Stadt denkbar ungünstig. Das hindert den Zaren aber nicht daran, die Anlage einer großen Stadt zu erzwingen. Dafür spricht die Möglichkeit, einen Ostseehafen, eben ein »Fenster zum Westen« errichten zu können. Günstig sind auch die Schifffahrtsverbindungen über das russische Flusssystem.

Den Bau der Stadt treibt Peter mit größter Rücksichtslosigkeit voran. So verbietet er beispielsweise den Bau von Steingebäuden in ganz Russland. Sankt Petersburg bleibt die einzige Ausnahme. Die Handwerker sind so gezwungen, hier ihrem Broterwerb nachzugehen.

Am Bau sind zwischen 30.000 und 40.000 Zwangsarbeiter beschäftigt. Viel von ihnen wagen die abenteuerliche Flucht; Tausende sterben an Erschöpfung oder an grassierenden Krankheiten. Große Teile der Stadt ruhen auf in das Sumpfland hinabgetriebenen Pfählen. Gelegentlich wird wegen der großen Zahl der Opfer auch behauptet, dass sie auf menschlichen Skeletten errichtet worden sei.

Am Abend der Schlacht

Die Niederlage Friedrichs II. bei Kunersdorf (1757)

Ja, er will ganz anders sein als sein Vater – nicht so derb und gewalttätig wie König Friedrich Wilhelm I., der sogenannte Soldatenkönig. Prinz Friedrich liebt die Kunst, die Literatur und die Musik; er schätzt den feinsinnigen geselligen Diskurs. Eines Tages, nach dem Tod des Vaters, wird er als »Philosoph auf dem Königsthron« sein kleines Reich im abgelegenen deutschen Nordosten regieren.

Aber alles kommt ganz anders. In einem Brief notiert der junge König: »Meine Jugend, die Glut der Leidenschaft, der Ruhmesdurst, ja selbst die Neugier, um Dir nichts zu verhehlen, kurz ein geheimer Instinkt hat mich den Freuden der Ruhe entrissen. Die Genugtuung, meinen Namen in denn Zeitungen und später in der Geschichte zu sehen, hat mich verführt.«

Als Friedrich den Thron besteigt, erbt er die vom Vater geschaffene mächtige und disziplinierte brandenburgisch-preußische Armee. Und er nutzt sie skrupellos, um sich und seinem Land machtpolitische Vorteile zu erkämpfen. Mit höchst fadenscheinigen, geradezu an den Haaren herbeigezogenen Erbansprüchen zieht er in den Krieg gegen Maria Theresia und erbeutet die reiche österreichische Provinz Schlesien. Er weiß, dass es für die junge Kaiserin um die Existenz geht. Viele regierende Zeitgenossen sind aus durchaus eigennützigen Motiven nicht willens, eine Frau auf dem altehrwürdigen Habsburgerthron in Wien zu dulden.

In den beiden Schlesischen Kriegen schafft Friedrich II. vollendete Tatsachen. Maria Theresia muss Schlesien schweren Herzens an Preußen abtreten.

Doch das ist noch nicht das letzte Wort: Mit Entschlossenheit und eiskaltem politischen Kalkül bereitet die österreichische Diplomatie die Wiedergewinnung des kostbaren Landes an der Oder vor. Der österreichische Staatskanzler Kaunitz schmiedet eine mächtige Koalition, der das noch immer kleine Preußen nicht gewachsen sein wird. Plötzlich sieht sich Friedrich von einer feindlichen Übermacht umgeben. Frankreich und Russland, Sachsen und Schweden sowie weitere Mächte sind mit Österreich gegen ihn verbündet.

Friedrich sieht nur eine einzige Möglichkeit, der lebensbedrohlichen militärischen Umklammerung zu entgehen: Er mobilisiert seine Truppen und marschiert in Sachsen ein. Vor den Augen der Welt ist er der Angreifer, weil er einen Präventivkrieg vom Zaun gebrochen hat. Ein weiterer Beweis für seine kriegslüsterne Eroberungspolitik und den angeblichen preußischen Militarismus!

Noch ist freilich nichts entschieden. Der Kampf zieht sich über Jahre hin und ist durch wechselndes Kriegsglück gekennzeichnet. Im Jahr 1757 gelingt es einer österreichischen Einheit sogar, für einen Tag die brandenburgisch-preußische Hauptstadt Berlin zu besetzen. Einige Wochen später jedoch erringt Friedrich II. in der Schlacht bei Leuthen in Schlesien einen eindrucksvollen Sieg.

Nicht zu übersehen ist freilich, dass die Ressourcen, auf die sich Preußen gestützt hat, rasch schwinden und dass es auf Dauer nicht in der Lage sein wird, die Verluste an Menschen und Material zu ersetzen. Es ist nur noch eine Frage der Zeit, bis der entscheidende Waffengang den König und seine Armee in die Knie zwingt.

Die Katastrophe ereignet sich am 12. August 1759 bei Kunersdorf östlich von Frankfurt an der Oder. Auf dem Schlachtfeld stehen 71.000 österreichische und russische Soldaten 49.000 Männern unter preußischem Kommando gegenüber. Friedrichs Angriffsplan scheitert. Am Abend werden die preußischen Truppen durch eine Attacke der Verbündeten in die Flucht geschlagen und zerstreut. Diese Niederlage bedeutet – für den Augenblick ist keine andere Deutung möglich – den Untergang Preußens.

Dem König sind in der Schlacht zwei Pferde unter dem Sattel erschossen worden. Nur der mutige Einsatz eines Rittmeisters bewahrt ihn vor der Gefangennahme durch den Feind. Die Schnupftabakdose, die er bei sich trägt, rettet ihm das Leben, weil eine Gewehrkugel daran abprallt.

Der König weiß, dass sein Schicksal entschieden ist. Sein Brief vom Tag der Schlacht an seinen Staatsminister von Finkenstein spricht eine Sprache, die deutlicher nicht sein kann: »Mein Rock ist von Schüssen durchlöchert, zwei Pferde wurden mir getötet; mein Unglück ist, dass ich noch lebe. Unser Verlust ist sehr beträchtlich: von einem Heere von 48.000 Mann habe ich nur noch 3000. In dem Augenblicke, in dem ich schreibe, flieht alles, und ich bin nicht mehr Herr über meine Leute. Man wird gut tun, in Berlin an seine Sicherheit zu denken.

Das ist ein grausamer Umschlag, und ich werde es nicht überleben; die Folgen dieses Ereignisses werden noch schlimmer sein als dieses selbst. Ich habe keine Hilfsmittel mehr, und, um nicht zu lügen, ich glaube, dass alles verloren ist; ich werde den Untergang meines Vaterlandes nicht überleben.

Adieu für immer!«

Für die Alliierten liegt der Weg nach Berlin nun offen. Aber dann geschieht etwas Unerwartetes. Sie versäumen es, ihren glänzenden Sieg auszunutzen und dem todwunden Feind den letzten Stoß zu versetzen. Am 1. September 1759 berichtet Friedrich seinem Bruder Heinrich: »Ich verkündige Ihnen das Mirakel des Hauses Brandenburg ...«

Der Krieg zieht sich noch Jahre hin. Die kriegführenden Parteien, allen voran Preußen, sind am Ende ihrer Kraft. Es ist ein weiteres »Mirakel«, das Preußen letzten Endes rettet.

Nach dem Tod der russischen Zarin Elisabeth im Jahr 1761 erbt ihr Neffe den Thron. Peter III. ist ein fanatischer Bewunderer Friedrichs II. und schließt mit ihm einen Friedens- und Bündnisvertrag. Zwar wird er bald darauf ermordet, seine Nachfolgerin Katharina II. nimmt den Kampf aber nicht wieder auf. Im Februar 1763 wird in Hubertusburg in Sachsen der Frieden zwischen Brandenburg-Preußen und seinen Gegnern geschlossen.

Friedrich und sein Land haben den lebensbedrohlichen Aderlass überstanden. Freilich sind die Verluste an Menschen und die Verheerungen, die der Krieg verursacht hat, fürchterlich.

Endgültig wird Preußen nun aber der Besitz Schlesiens garantiert. Fortan zählt das ursprünglich so unbedeutende und in weiten Teilen karge Land – neben Frankreich, England, Österreich und Russland – zu den fünf europäischen Großmächten.

Im Schlafzimmer des Sonnenkönigs

Höfisches Zeremoniell unter
Ludwig XIV. (1643–1715)

Der König ist die Sonne, um die die Planeten kreisen: der Sonnenkönig! Wer in seinem Licht steht und sich seiner Gunst erfreuen darf, kann sich glücklich schätzen. Versailles, das neue, prunkvolle Schloss Ludwigs XIV., ist der Mittelpunkt der Welt.

Sicher – der Glanz, der sich hier verschwenderisch entfaltet, dient auch dem Wohlleben seiner Majestät und des engsten Kreises von Vertrauten um den König herum. Aber dahinter steckt ein politisches Programm: Aller Welt wird die uneingeschränkte, die absolute Macht des Monarchen vor Augen geführt; alle Welt soll mit Staunen und Ehrfurcht erfüllt werden.

Der französische Adel hat seine aus dem Mittelalter überkommenen Rechte längst verloren. Nun geht es darum, ihn bei Laune zu halten und zumindest den Anschein zu erwecken, dass der König noch immer seiner bedarf. Tausende von Adeligen leben am Hof von Versailles, so viele, dass der Platz selbst in diesem riesigen Gebäude kaum ausreicht. Allen muss Ludwig XIV. das Gefühl der Wichtigkeit und Unentbehrlichkeit vermitteln, auch wenn wir uns heute fragen, ob dies unter den gegebenen Umständen überhaupt möglich war.

Ein aus unserer Sicht eigentlich eher unbedeutendes Detail des königlichen Tagesprogramms enthüllt das Dilemma. Sehr genau hat der Herzog Louis von Saint-Simon die sogenannte königliche Lever, das Aufstehen Seiner Majestät, am

Morgen geschildert. Die aufwändige Zeremonie wirkt auf den heutigen Betrachter skurril und befremdlich.

Der König wird am Morgen von seinem Kammerdiener um die von ihm bestimmte Zeit, in der Regel um acht Uhr, geweckt. Nun entfaltet sich ein immer wiederkehrendes, genau festgelegtes Ritual, an dem fünf verschiedene Personengruppen beteiligt sind.

Zuerst werden die Personen in das königliche Schafzimmer gelassen, die dem Monarchen besonders vertraut sind. Dazu gehören die Kinder des Königs, weitere Prinzessinnen und Prinzen, der erste Leibarzt und ein Chirurg.

Danach folgt die »große Gruppe«, der u. a. der Großkämmerer und der Großmeister der Garderobe, eine Reihe Verwandter und anderer hochgestellter Adliger angehören. Schon jetzt werden die Barbiere, Schneider und verschiedene Diener vorgelassen. Der König, der sich noch in seinem Bett befindet, lässt sich Franzbranntwein über die Hände gießen und benetzt sie anschließend mit Weihwasser. Dann schlägt er das Kreuz und betet.

Vor den zahlreichen Anwesenden steigt er aus dem Bett, lässt sich die Pantoffeln und den Schlafrock reichen und setzt sich auf den Ankleidesessel.

Nun erscheint die dritte Gruppe im Schlafgemach. Sie setzt sich aus einer Reihe von Dienstleuten, mit denen es irgendetwas zu besprechen gibt, aber auch aus Günstlingen des Königs zusammen. Dazu gehört auch der Nachtstuhlinspektor, der Seiner Majestät hilft, sich zu erleichtern. Auch diese allerintimste Verrichtung findet unter den Augen eines großen und ergebenen oder Ergebenheit heuchelnden Publikums statt.

Die vierte Gruppe, die nun vorgelassen wird, ist noch zahlreicher als die beiden vorausgehenden. Sie umfasst eine große Zahl unterschiedlichster königlicher Beamter und Diener,

Geistlicher und Militärs. Die schier endlos lange Liste reicht vom Büchsenträger bis zum Großalmosenier, vom Major der Garde bis zu den Marschällen von Frankreich, von den Ministern bis zu den ausländischen Gesandten. Da gibt es einen Oberbrotmeister und einen Oberwolfsjäger, einen Großprobst und einen Großmeister der Garderobe sowie viele weitere.

Selbstverständlich geschieht auch das Aus- und Ankleiden des Sonnenkönigs vor der versammelten Besucherschaft. Zwei Pagen entledigen ihn seiner Pantoffeln. Dann kommt das Hemd an die Reihe. Der Großmeister der Garderobe ist für den rechten, der erste Diener der Garderobe für den linken Ärmel zuständig. Das Hemd wird anschließend einem Garderobebeamten eingehändigt. Ein weiterer bringt das in einer Hülle verwahrte frische Hemd herbei, das der König nun anziehen wird.

Zwischenzeitlich erscheint die fünfte Gruppe im Schlafzimmer. Sie umfasst alle diejenigen Würdenträger und Dienstleute, die bislang noch nicht zum König vorgelassen worden sind.

Das Anziehen des Hemdes ist eine noch aufwändigere Prozedur. Die Söhne und Enkel des Königs haben das Vorrecht, es ihrem Vater bzw. Großvater zu reichen. Für den Fall, dass sie verhindert sein sollten, ist eine feste Rangfolge als Ersatz vorgeschrieben. Die eigentliche Arbeit fällt dem ersten Kammerdiener und dem Diener der Garderobe zu. Sie bekleiden Seine Majestät mit dem rechten und dem linken Ärmel. Zwei weitere Diener halten den Schlafrock wie einen Vorhang auf und warten, bis das Hemd ordnungsgemäß angepasst worden ist.

Ähnlich geht es mit allen anderen Kleidungsstücken, mit Weste und Rock, mit der Halsbinde, dem blauen Ordensband und dem Degen. Taschentücher werden auf einem Teller präsentiert und von Ludwig XIV. nach Geschmack ausgewählt.

Der Garderobenmeister überreicht ihm seinen Hut, seinen Stock und seine Handschuhe.

Anschließend begibt sich der König in eine Wandnische und kniet dort auf einem Kissen nieder, um erneut zu beten. Wenn das erledigt ist, wird es Zeit, sich den Staatsgeschäften zuzuwenden. Schon hier gibt er Befehle für das, was zu erledigen ist, und bespricht mit seinen Beratern das Programm des Tages. Im nahen Kabinett, in das ihm nur wenige Auserwählte folgen, empfängt er gelegentlich hohe Staatsgäste.

Wenn diese ersten Arbeiten am Morgen erledigt sind, begibt er sich mit seinen Vertrauten und allen, die vor dem Kabinett auf ihn gewartet haben, zur heiligen Messe.

Teurer Tee

Die Boston Tea Party als politischer Protest (1773)

Für viele Europäer gilt Amerika als Land der Verheißung. Hier ist man frei von absolutistischer Unterdrückung; hier zählen die eigene Kraft, Einfallsreichtum und Ausdauer. Wer sich Mühe gibt, kann es weit bringen – viel weiter, als es in England, den Niederlanden oder Deutschland je möglich gewesen wäre. Die amerikanischen Kolonisten sind stolz auf das, was sie inzwischen erreicht haben.

Nach den blutigen Kriegen mit französischen Siedlern und Indianern, die in James Fenimore Coopers Lederstrumpf-Geschichten so eindrucksvoll geschildert worden sind, stehen einem weiteren Aufstieg der englischen Kolonien keine nennenswerten Schwierigkeiten im Wege.

Dennoch kommt es in den folgenden Jahren zu tiefgreifenden Konflikten mit der englischen Krone und der Regierung. Sie führen letzten Endes zur Loslösung der amerikanischen Besitzungen vom Mutterland und zur Begründung der Vereinigten Staaten von Amerika.

Schon während des englisch-französischen Krieges hat der übertriebene Autoritätsanspruch der Londoner Regierung für Unruhe unter den Kolonisten gesorgt. Die Empfindlichkeit bleibt. Sie entlädt sich vor allem, als die Regierung in London neue Steuern verordnet, um ihre durch den Krieg entstandenen Schulden zu tilgen. Die Stempelsteuer ist den Amerikanern besonders verhasst. Nun müssen sie für Zeitungen und andere Druckwerke, für Urkunden jeglicher Art, für Spielkarten, ja selbst für Spielwürfel eine besondere Abgabe bezahlen.

Auf dem Stempelsteuerkongress, der im Oktober 1765 in New York stattfindet, protestieren sie energisch. Sie sehen in den neuen Bestimmungen die Absicht, »die Rechte und Freiheiten der Kolonisten zu untergraben«. Im Übrigen vertreten sie die Ansicht, »dass von ihnen keine Steuern ohne ihre eigene Zustimmung oder die ihrer Vertreter erhoben werden« dürfen. – Die allgemeine Erregung wächst, zumal Agitatoren auf Straßen und Plätzen, in Zeitungen und bei gut besuchten Versammlungen zum Widerstand aufrufen.

Als besonders wirkungsvoll erweist sich der Boykott: Die Kolonisten kaufen – wo immer es möglich ist – keine Erzeugnisse, die mit der Stempelsteuer belastet sind. Auch andere Produkte, für die man neue Abgaben eingeführt hat, bleiben in den Regalen und in den Warenlagern liegen.

Schließlich geben die Regierung und das Parlament in London nach und verzichten auf die neu eingeführten Steuern, weil sie einfach nicht durchzusetzen sind. Nur eine einzige, vergleichsweise bescheidene Ausnahme bleibt: Sie betrifft den Tee, der in Amerika in großen Mengen verbraucht wird.

Die Regierung hat mehrere gute Gründe für diese folgenschwere Entscheidung: Zunächst soll den Kolonisten gezeigt werden, dass sie nicht bereit ist, in allen Punkten nachzugeben. Mit der Teesteuer verteidigt sie ihre politische Autorität. Hinzu kommt, dass sich dieser Zuschlag in der Vergangenheit – eben wegen des großen Bedarfs – als leidlich ergiebig erwiesen hat.

Ein besonders wichtiger Grund ist die schwierige wirtschaftliche Lage der Ost-Indien-Company. In ihren Schuppen in England lagern 17 Millionen Pfund Tee und lassen sich nicht an den Mann bringen. Das Parlament weiß Rat: Es erlässt Steuererleichterungen für die Company und räumt ihr zugleich das Verkaufsmonopol für die englischen Kolonien in Amerika ein.

Vermutlich denkt niemand daran, dass diese Maßnahmen zu wilden Protesten führen könnten. Eigentlich besteht ja auch gar kein Anlass dazu. Der Tee, den die Ost-Indien-Company liefert, ist nicht teurer als die vielerorts verkaufte Schmuggelware, die von der holländischen Konkurrenz auf geheimen Wegen ins Land gebracht wird.

Sofort schickt die Company 500.000 Pfund Tee auf ihren Schiffen nach Boston, New York, Philadelphia und Charleston. Doch dann geschieht etwas Unerwartetes: Die amerikanischen Kolonisten reagieren ausgesprochen empfindlich und ablehnend. Das alles – so vermuten sie – sei nur der Anfang. Eines Tages können weitere Handelsmonopole folgen. Dann haben sie selbst nichts mehr zu sagen und müssen alles tun, was im fernen London beschlossen wird.

Für diesmal geht's weniger ums Geld als ums Prinzip. Wieder haben sich Regierung und Parlament einfach über den Willen der Betroffenen hinweggesetzt. Schritt für Schritt wird die Selbstverwaltung der Kolonien ausgehöhlt und aufgehoben.

Die öffentlichen Proteste wachsen bedrohlich an. In Charleston kann der Tee zwar entladen werden, wird aber von niemandem gekauft. In New York und Philadelphia schüchtert man die Kapitäne der Teeschiffe derart ein und bedroht sie so massiv, dass sie Segel setzen und mit ihrer gesamten Ladung eilends nach England zurückfahren.

In Boston erreichen die Demonstrationen ihren Höhepunkt. Ende November 1773 hat die »Dartmouth« als erstes der Teeschiffe im Hafen festgemacht. Von Tag zu Tag wachsen die Spannung und die öffentliche Erregung. Die Straßen sind voll mit Menschen. Radikale Agitatoren organisieren Massenversammlungen, heizen die Stimmung an und ermuntern zum Widerstand.

In der Nacht zum 16. Dezember ist die Gelegenheit zum Handeln gekommen: Eine Gruppe von Kolonisten verkleidet sich als Mohawk-Indianer und klettert an Bord der drei Teeschiffe, die nun im Hafen liegen. Dann steigen sie in die Laderäume hinab, wuchten die Teekisten an Deck und werfen sie über die Reling ins Wasser. Waren im Wert von 15.000 Pfund Sterling versinken in der trüben Flut. Am Ufer steht eine riesige Menschenmenge und sieht der »Boston Tea Party«, wie das Ereignis bald genannt wird, schweigend, aber mit tiefer innerer Befriedigung zu. Alle hoffen, dass die Regierung in London das Zeichen verstehen und entsprechend handeln wird.

Das Gegenteil ist der Fall: Regierung und Parlament im englischen Mutterland reagieren mit Zorn und Empörung. Durch strenge Maßnahmen, sogenannte »Zwangsgesetze«, sollen die »Verschwörer« eingeschüchtert und von weiteren Übergriffen abgehalten werden. So darf in Boston so lange kein Schiff abgefertigt werden, bis der entstandene Schaden bezahlt ist. Die von den Bürgern gewählte Versammlung wird durch einen Rat ersetzt, der von der Gunst des englischen Königs abhängig ist.

Die strengen Maßnahmen, von den Kolonisten als »Intolerable Acts« (Unerträgliche Gesetze) bezeichnet, steigern die Erregung und die Ablehnung weiter. Immer lauter werden die Stimmen, die eine Loslösung vom Mutterland fordern.

Tatsächlich kommt es drei Jahre später zur Unabhängigkeitserklärung der dreizehn amerikanischen Kolonien und zur Begründung der Vereinigten Staaten von Amerika. Die Boston Tea Party ist ein wichtiger Meilenstein auf dem Weg ihrer Loslösung vom Mutterland in Europa.

Eine stürmische Freundschaft

Goethe und Herzog Karl August
von Sachsen-Weimar (1775)

Johann Wolfgang Goethe ist, obwohl erst 26 Jahre alt, ein berühmter Schriftsteller. Das in seinem »altdeutschen« Schauspiel »Götz von Berlichingen« inszenierte Leben und Ende des freiheitsliebenden fränkischen Ritters erregt die Gemüter der Zeitgenossen; in seinem Briefroman »Die Leiden des jungen Werthers« spiegelt sich für viele junge Leute die eigene Seelenlage. Das Schicksal der beiden Helden rührt Tausende und Abertausende zu Tränen.

Aber dennoch: Goethe bleibt unzufrieden. Die Verhältnisse, die ihn in Frankfurt – immerhin eine Reichsstadt und ein mächtiges Handelszentrum – umgeben, öden ihn an. Nur halbherzig widmet er sich seinen Aufgaben als Rechtsanwalt, einem Beruf, zu dem er von seinem Vater gedrängt wurde. Dann kommen noch Liebesgeschichten hinzu, die ihm mit der Zeit zur Last werden. Die letzte große Liebe war Lili Schönemann, die Tochter eines wohlhabenden Frankfurter Bankiers. Die Verlobung mit ihr wird aber nach einem halben Jahr wieder aufgelöst, weil sich Goethe durch diese auf Dauer angelegte Beziehung für die Zukunft eingeengt fühlt. –

Die Gelegenheit ist günstig. Auf seinen Reisen hat der junge Erbprinz Karl August von Sachsen-Weimar den Dichter kennengelernt und bedrängt ihn nun, zu ihm an den Hof nach Weimar zu kommen. Sicher ist das auch im Sinne der Herzogin Anna Amalia, die darauf hofft, dass ein junger, gebildeter Gefährte einen günstigen Einfluss auf ihren Sohn ausüben könnte. So wie sich der knapp achtzehnjährige Prinz verhält – spätpubertär würde man heute sagen –, kann es nicht weitergehen.

Noch einmal setzt sich der strenge und ein wenig trockene Rat Goethe, Johann Wolfgangs Vater, durch. Ja, der Sohn wird sich endlich auf den Weg machen, wie er selbst es einst getan hat, und die imposanten Überreste der klassischen Antike im sonnigen Italien studieren.

Aber schon in Heidelberg ist die Reise zu Ende, als ein Abgesandter Karl Augusts mit der Kutsche erscheint, die Goethe nach Weimar bringen soll. Nach seiner eigenen Aussage ist ein Dämon im Spiel, der ihn umkehren und dann tatsächlich dem Ruf des Fürsten folgen lässt.

Im November 1775 fährt er in der Hauptstadt der kleinen Residenz ein. Seit dem Tod ihres Mannes hat die Herzogin Anna Amalia ihren noch nicht volljährigen Sohn als Regentin vertreten. Mit seinem 18. Geburtstag im September 1775 wird er für volljährig erklärt. Nun ist er der Landesherr. Manch einer hat durchaus berechtigte Zweifel daran, ob er dieser Aufgabe gewachsen ist.

Allerdings ist das Herzogtum Sachsen-Weimar-Eisenach, als Goethe kommt, ein eher bescheidenes Territorium. Und die Haupt- und Residenzstadt Weimar macht mit ihren gerade mal 6000 Einwohnern einen eher ärmlichen Eindruck und steht in unübersehbarem Gegensatz zu der reichen, quirligen Metropole Frankfurt.

Die Straßen sind nicht befestigt. In den Gassen tummeln sich Hühner und Schweine. Vom herzoglichen Schloss ist nach dem Brand zwei Jahre zuvor nur eine störende Ruine übrig geblieben. Die verwitwete Herzogin und ihr Sohn mit seiner jungen Frau Luise wohnen in unterschiedlichen Gebäuden. Ein selbstständiges Regierungsgebäude gibt es nicht.

Mit dem erzieherischen Einfluss, den man sich von dem jungen weltmännischen Dichter versprochen hat, wird es zunächst nichts. Genau das Gegenteil scheint der Fall zu sein: Goethe vergisst seine schriftstellerischen Ambitionen, obwohl er eine ganze Reihe von Plänen im Reisegepäck hatte, und stürzt sich zusammen mit seinem neuen Freund voll und ganz in das wilde Leben. Dass Karl August verheiratet ist, tut ihren gemeinsamen lausbubenhaften Eskapaden keinen Abbruch. Überhaupt ist die Ehe des Fürsten mit der jungen Darmstädter Prinzessin nicht glücklich.

Jeder Tag bietet neue Zerstreuungen. Jagd- und Theaterveranstaltungen wechseln sich ab. Goethe und der Herzog reiten hinaus ins Gelände, nicht ohne zuvor die braven Weimarer durch das Knallen ihrer Peitschen oder durch unziemliche Flüche erschreckt zu haben. Oft bleiben sie über Nacht draußen, sitzen am Lagerfeuer und logieren in irgendeiner Hütte. Es kommt vor, dass sie die abergläubischen Bauern erschrecken, indem sie sich in Bettlaken hüllen und wie der Leibhaftige über die Felder preschen.

Der Dichter Johann Heinrich Voss schreibt an seine Braut: »In Weimar geht es schrecklich zu. Der Herzog läuft mit Goethen wie ein wilder Bursche auf den Dörfern herum, er besäuft sich und genießt brüderlich einerlei Mädchen mit ihm. Ein Minister, der gewagt hat, ihm seiner Gesundheit halber die Ausschweifungen abzuraten, hat zur Antwort gekriegt: Er müsste es tun, sich zu stärken.«

Und auch der berühmte Friedrich Gottlieb Klopstock, Vorbild für viele seiner Zunft, fühlt sich bemüht, dem jungen, strahlenden Kollegen ins Gewissen zu reden: »Der Herzog wird, wenn er sich fortwährend bis zum Krankwerden betrinkt, anstatt, wie er sagt, seinen Körper zu stärken, erliegen und nicht lange leben …«

Goethe reagiert fürs Erste gar nicht. Endlich, nach zwei Monaten, schreibt er: »Verschonen Sie uns ins Künftige mit solchen Briefen ...«, und fügt noch andere Grobheiten hinzu. Klopstock, der es gut gemeint hat, ist zutiefst verletzt. Der Bruch zwischen den beiden lässt sich nicht mehr heilen.

Dennoch, Goethes literarischer Ruhm lockt Fremde an, die in seiner Nähe sein wollen oder sich Vorteile von seiner Protektion bzw. seinem Einfluss auf den regierenden Herzog versprechen. Der berühmte Jakob Michael Reinhold Lenz kommt nach Weimer, nachdem er sich seinerseits um Goethes ganz große Liebe, das Pfarrerstöchterchen Friederike Brion aus Sesenheim im Elsass, bemüht hat. Schon ist seine geistige Verwirrung spürbar. Die Weimarer Gesellschaft findet ihn unmöglich, und so ist man froh, als man ihn endlich abgeschoben hat.

Der Dichter Friedrich Maximilian Klinger, von dessen Drama der Epochenbegriff »Sturm und Drang« stammt, kommt, um ermunternde Worte über sein neues Werk von Goethe zu hören. Dieser stößt ihn vor den Kopf, indem er – offensichtlich desinteressiert – etwas von »närrischem Zeug« murmelt. Karl August zahlt dem jungen Dichter seine Hotelrechnung, und er reist ab.

Nur zu dem braven, betont biederen Wieland, der mit seiner zahlreichen Familie in Weimar lebt, entwickelt sich ein weitgehend störungsfreies Verhältnis. Durch die von ihm herausgegebene Zeitschrift »Merkur« hat Wieland Anteil an Goethes Ruhm: »So hat sich nie in Gottes Welt / ein Menschensohn uns dargestellt.« –

Goethe ist im Jahr 1775 nach Weimar gekommen, ein Stürmer und Dränger – und das keineswegs nur im Sinne des literarischen Epochenbegriffs. Aber wir wissen, dass damit seine Entwicklung noch nicht beendet ist. Schließlich wird er bis zu seinem Tod im Jahr 1832 in der bescheidenen thüringischen Kleinstadt bleiben.

Das Freundschaftsverhältnis zu Karl August hat bis zu dessen Ableben im Jahr 1828 Bestand, auch wenn der Herzog in einer anderen Welt lebt als der nun bald von aller Welt bewunderte und verehrte Olympier. Der größte Teil seines schriftstellerischen Œuvres, Weltliteratur, entsteht in den folgenden Jahren. Im Jahr 1782 wird er für seine Verdienste geadelt und heißt fortan Johann Wolfgang von Goethe.

Aus Weimar wird, vor allem auch durch das Wirken der Herzogin Anna Amalia, endlich der berühmte Weimarer Musenhof. Außer Goethe leben hier Christoph Martin Wieland, Johann Gottfried Herder und schließlich, neben vielen anderen bedeutenden Persönlichkeiten, Friedrich Schiller.

Es soll nicht vergessen werden, dass Johann Wolfgang Goethe sich zusätzlich zu seinen literarischen Bemühungen in Weimar auf ganz anderen Gebieten betätigt. Zuerst zögert er noch, als ihm Karl August ein Staatsamt anträgt. Doch dann macht er sich mit großem Eifer und ständig wachsender Sachkenntnis an die Arbeit: »Wär's auch nur auf ein paar Jahre, ist doch immer besser als das untätige Leben zu Hause, wo ich mit der größten Lust nichts tun kann. Hier hab ich doch ein paar Herzogtümer vor mir.«

Als Minister für mehrere Sachgebiete, u. a. Finanzwesen und Bergbau, hat er großen Anteil an der Verwaltung und der wirtschaftlichen Stärkung des kleinen Herzogtums.

Das Wunderkind

Wolfgang Amadeus Mozart (1756–1791)

Einer der bedeutendsten Komponisten abendländischer Musik ist er auf jeden Fall. Oder am Ende gar der bedeutendste? Diese Frage ist schwer zu entscheiden. Wie Joseph Haydn und Ludwig van Beethoven zählt er zur sogenannten Wiener Klassik, die unser Musikverständnis und unsere Hörgewohnheiten weitgehend geprägt hat. Dass er ein ganz ungewöhnliches musikalisches Genie war, ist allgemein unbestritten.

Musikalische Begabung zeigt sich oft im frühen Kindesalter. So ist es auch bei dem kleinen Joannes Chrysostomus Wolfgangus Theophilus, der im Januar 1756 in der Getreidegasse in Salzburg, wo die Familie Mozart wohnt, das Licht der Welt erblickt. Er hat noch eine Schwester, die fünf Jahre älter ist. Anna Maria wird in der Regel »Nannerl« genannt. – Das Geburtshaus des Komponisten ist heute eine viel besuchte Gedenkstätte und ein Museum.

Das Kind findet künstlerische Voraussetzungen vor, die seiner Entwicklung überaus förderlich sind. Der Vater Leopold Mozart ist Hofmusikus im Dienst des Landesherren, des Fürstbischofs von Salzburg. Im Jahr nach Wolfgangs Geburt wird er zum Hofkomponisten und sechs Jahre später zum Vizekapellmeister ernannt.

Als Musiker und Musikpädagoge erwirbt er sich durchaus eigene Verdienste und breite Anerkennung. Ein besonderer Glücksfall ist aber, dass er das ungewöhnliche Talent seines Sohnes früh erkennt, es mit großer Zielstrebigkeit fördert und alles dafür tut, dem Jungen eine diesem Talent entsprechende Karriere zu sichern.

Biografen haben oft die Ansicht vertreten, dass er sich seinen Kindern gegenüber gnadenlos fordernd verhalten und sie auf Höchstleistungen hin gedrillt habe. Für diese naheliegende Vermutung finden sich in den Aufzeichnungen der beiden Betroffenen jedoch keine Hinweise.

Auch Nannerl ist musikalisch begabt und wird in der Folgezeit eine bedeutende Pianistin. Im Jahr 1759 verfasst der Vater zu ihrem Namenstag ein Klavierbüchlein mit einfachen Übungsstücken. Es trägt den französischen Titel »Pour le Clavecin ce Livre appartient à Mademoiselle Marie Anne Mozart«.

Dieses Büchlein benutzt schon im Jahr darauf der noch keine vier Jahre alte Wolfgang. Überrascht und voller Stolz notiert Leopold Mozart: »Diese vorausgehenden acht Menuette hat der Wolfgangerl im vierten Jahr gelernt.« Schon kann der Vater auch erste Kompositionen seines Sohnes in Nannerls Notenbüchlein notieren.

Später, als Wolfgang bereits gestorben ist, gibt Nannerl einem Biografen ausführlich Auskunft über ihren Bruder. Unter anderem sagt sie: »Der Knabe zeigte gleich sein von Gott ihm zugeworfenes außerordentliches Talent.« Das Thema wird in einem späteren Brief noch einmal aufgenommen: »Der kleine Wolgangerl tauchte die Feder, aus Unverstand, allemal bis auf den Grund des Tintenfasses ein. Daher musste ihm, sobald er damit aufs Papier kam, ein Tintendolken entfallen. Aber er war gleich entschlossen, fuhr mit der flachen Hand drüberhin und wischte es auseinander und schrieb wieder drauf fort. Wir lachten anfänglich über dieses scheinbare Galimathias [verworrenes Zeug], aber der Papa fing hernach seine Betrachtungen über die Hauptsache, über die Noten, über die

Komposition an. Er hing lange Zeit steif bei seiner Betrachtung an dem Blatte, endlich fielen zwei Tränen, Tränen der Bewunderung und Freude aus seinen Augen. Sehen Sie, sagte er, wie alles richtig und regelmäßig gesetzt ist. Nur ist es nicht zu brauchen, weil es so außerordentlich schwer ist, dass es kein Mensch zu spielen im Stande wäre.«

Leider gibt es für Nannerl aber auch weniger Erfreuliches zu berichten: »Wolfgang war klein, hager, bleich von Farbe ...« Aber dabei bleibt es nicht: »Außer der Musik war und blieb er fast immer ein Kind; und dies ist ein Hauptzug seines Charakters auf der schattigen Seite. Immer hätte er eines Vaters, einer Mutter oder sonst eines Aufsehers bedurft.«

Doch fürs Erste ist er ein Kind und darf es – abgesehen von den hohen Erwartungen, die sich an ihn richten – auch bleiben. Dennoch, mit sechs Jahren hat er seine ersten öffentlichen Auftritte. Schnell verbreitet sich die Nachricht von dem musikalischen Wunderkind. Alle Welt, vor allem der an Zerstreuung und Amüsement interessierte Adel, will es sehen und spielen hören. Erste Reisen führen nach München und Wien.

Hier wird das junge Genie von Kaiserin Maria Theresia und ihrem Gemahl Franz I. sehr freundlich empfangen. Leopold Mozart berichtet darüber – in der Sprache der Zeit – in einem Brief: »Nun lässt die Zeit mehr nicht zu, in Eile zu sagen, als dass wir von den Majestäten so außerordentlich gnädig sind aufgenommen worden, dass, wenn ich es erzählen werde, man es für eine Fabel halten wird. Genug, der Wölferl ist der Kaiserin auf den Schoß gesprungen, sie um den Hals bekommen, und rechtschaffen abgeküsst.«

Im Jahr darauf folgt eine Konzertreise durch Deutschland und Westeuropa, die insgesamt dreieinhalb Jahre dauert. Wie nebenbei komponiert der Junge, und im Jahr 1764 werden seine ersten Werke, zwei Sonaten für Klavier und Violine,

Köchel-Verzeichnis 6 und 7, gedruckt. Überschwängliches Lob findet sich in der in Paris erscheinenden Zeitschrift »Corrrespondence littéraire«: »Er schreibt und komponiert mit einer unglaublichen Leichtigkeit, ohne das Klavier zu benutzen und nach Harmonien zu suchen ... Ich sehe es noch kommen, dass dieses Kind mir den Kopf verdreht, wenn ich es noch oft höre; es macht mir begreiflich, dass es schwierig ist, sich gegen den Wahnsinn zu schützen, wenn man Wunder sieht.«

Auf dieser Reise kommt Mozart auch nach London. Hier erhält er nicht nur die Gelegenheit, im Buckingham-Palast vor König Georg III. und Königin Charlotte Sophie zu musizieren, er kann sich auch mit den Besonderheiten der italienischen Symphonien und Opern vertraut machen. Wolfgang Amadeus schließt eine herzliche und überaus fruchtbare Freundschaft mit Johann Christian Bach, dem jüngsten Sohn des berühmten Johann Sebastian Bach und ebenfalls ein berühmter Komponist und bedeutender Vertreter der italienischen Oper.

Nach seiner Rückkehr erhält Mozart seine erste Anstellung. Mit dreizehn Jahren wird er vom Fürstbischof von Salzburg zum Dritten Konzertmeister der Hofkapelle ernannt, allerdings ohne Besoldung. Es dauert noch drei Jahre, bis ihm der Bischof ein Gehalt von 150 Floren (Gulden) bewilligt und ihm damit ein, wenn auch bescheidenes regelmäßiges Einkommen sichert.

Prägende Einflüsse auf den jungen Künstler haben drei Italienreisen, die Wolfgang Amadeus seit Ende 1769 mit seinem Vater unternimmt. Vom Papst wird er in Rom zum »Ritter vom Goldenen Sporn« ernannt. In Bologna besteht er die Aufnahmeprüfung der Accademia Filarmonica und findet so den Kontakt zu vielen namhaften italienischen Musikern. Hier in Italien, in Mailand, wird auch seine Oper »Mithridates, König von Pontos« (Mitridate, Rè di Ponto) mit großem Erfolg aufgeführt.

Trotz aller Anerkennung und Bewunderung, trotz der langen und weiten Reisen zu den Mächtigen der Welt, gelingt es nicht, für Wolfgang Amadeus eine feste und lukrative Anstellung zu bekommen. Erst nach seiner Rückkehr nach Salzburg wird er vom Fürstbischof zum besoldeten Konzertmeister ernannt. Er bleibt das so lange, bis er sich mit seinem Geldgeber überwirft. –

Die Zeit schreitet voran. Längst ist der geniale Junge kein Kind mehr. Die zärtliche Bewunderung, mit der ihm die feinen Leute begegnet sind, verstummt. Jetzt geht es darum, sich mit Fleiß und Diplomatie durchzukämpfen. Es kommt die Zeit der großen Opern und Sinfonien. Im Jahr 1782 heiratet er – übrigens gegen den Willen seines Vaters – Constanze Weber, eine Kusine des Komponisten Carl Maria von Weber.

Es ist eine Legende, dass der Komponist zeitlebens in ärmlichen Verhältnisse gelebt habe. Sicher verdient er durch seine Kompositionen und Auftritte gelegentlich viel Geld; ebenso sicher ist freilich, dass er damit nicht sonderlich bedacht umgeht und zur Verschwendung neigt. Er bleibt eben, wie seine Schwester meint, irgendwie ein Kind.

Eine Legende ist auch, dass er nach seinem frühen Tod im Jahr 1791 in einem Armengrab beerdigt wird. Zwar stimmt es, dass Kaiser Joseph II., der Sohn Maria Theresias, ein militanter Aufklärer, eine radikale Änderung der Bestattungsordnung befohlen hat und nunmehr viele Tote in Schachtgräbern, die für mehrere Leichname bestimmt sind, beerdigt werden. Bekannt ist auch, dass bei der Bestattung mit einer Klappe versehene Särge verwendet werden, die man mehrfach benutzen kann. Doch bei Wolfgang Amadeus Mozart muss es anders gewesen sein. Die Kostenabrechnung zeigt mit ziemlicher Sicherheit, dass er in einem eigenen Sarg beerdigt wurde.

Flucht in die Freiheit

Schiller auf dem Weg von Stuttgart
nach Mannheim (1782)

In der Karlsschule des Herzogs Carl Eugen herrscht ein strenges Regiment. Die sorgfältig ausgewählten Eleven werden mit militärischem Drill erzogen. Eines Tages sollen sie im württembergischen Staatsdienst wichtige Ämter ausüben.

Schillers Vater ist Werbeoffizier des Herzogs. Dem Sohn Friedrich wird die Gnade zuteil, auf der Militärakademie studieren zu dürfen. Fürs Erste befasst er sich mit Jura, wechselt aber dann zur Medizin über. Seine weitere Karriere scheint vorbestimmt: Nach seinem Examen wird er dem Herzog und seiner Armee als Regimentsmedikus dienen – und das ein Leben lang.

Der intelligente Junge hat freilich andere, ehrgeizigere Ziele. Er liest viel und verfasst erste eigene dichterische Texte. Bereits seit dem Jahr 1776 arbeitete er an seinem Schauspiel »Die Räuber«. Die Handlung geht auf die Erzählung »Zur Geschichte des menschlichen Herzens« des damals viel gelesenen Autors Christian Friedrich Daniel Schubart zurück. Das Hauptmotiv ist der Konflikt zweier, in ihrem Charakter grundverschiedener feindlicher Brüder.

Das Thema fasziniert. Für den jungen Schiller geht es aber nicht nur um die familiären Zerwürfnisse in einer Adelsfamilie, sondern auch um den überschwänglichen Freiheitsdrang eines der beiden Söhne. Karl Moor fühlt sich von seinem schmeichlerisch intriganten Bruder Franz hintergangen und um sein Erbe betrogen. Er zerreißt alle Bande, die ihn an die

Gesellschaft binden, erklärt ihr den Krieg und begründet in den böhmischen Wäldern eine Räuberbande.

In diesem frühen Drama spiegelt sich der Freiheitsdrang des jungen Dichters und seiner Freunde. Sie empfinden das strenge Regiment des Herzogs als Unterdrückung. Wie der literarische Entwurf auf die jungen Revolutionäre wirkt, belegt eine aus dieser frühen Zeit stammenden Skizze: Friedrich Schiller liest den anderen seinen Text an einem verborgenen Platz auf dem Bopser über Stuttgart vor. Das Bild zeigt die Szene, wie Karl Moor mit seinem, in einen Turm gefangen gehaltenen Vater spricht. Die Mitstudierenden der Karlsschule reagieren mit Begeisterung.

Dazu trägt nicht allein der Inhalt bei. Ganz bewusst meidet Schiller die konventionellen Stilmittel, wie sie z. B. von Gotthold Ephraim Lessing in seinen Dramen verwendet wurden. Seine Sprache ist die der Stürmer und Dränger, impulsiv und leidenschaftlich, formlos auf den ersten Blick. Aber er trifft damit das Lebensgefühl der jungen Leute.

Bis zur Fertigstellung und Aufführung des Stückes ist es freilich noch ein weiter Weg. Im Jahr 1781 lässt Schiller das Werk auf eigene Kosten drucken. Noch fehlt der Verfassername auf dem Titelblatt. Allerdings erregt das Werk schon jetzt Aufsehen. In der »Erfurtischen Gelehrten Zeitung« steht zu lesen: »Haben wir je einen deutschen Shakespeare zu erwarten, so ist es dieser.«

Und dann gelingt dem Autor der große Sprung: Der Intendant des Mannheimer Nationaltheaters Freiherr von Dalberg setzt die »Räuber« auf den Spielplan. Am 13. Januar des Jahres 1782 werden sie auf der weithin berühmten Bühne uraufgeführt.

Schiller ist insgeheim dorthin, nach damaliger Auffassung also ins Ausland gereist, um der Aufführung beizuwohnen.

Der Erfolg ist unvergleichlich. Ein Augenzeuge schreibt: »Das Theater glich einem Irrenhause, rollende Augen, geballte Fäuste, stampfende Füße, heisere Aufschreie im Zuschauerraum! Fremde Menschen fielen einander schluchzend in die Arme, Frauen wankten, einer Ohnmacht nahe, zur Tür. Es war eine allgemeine Auflösung wie im Chaos, aus dessen Nebel eine neue Schöpfung hervorbricht!«

Die Eigenmächtigkeit des jungen Dichters, der als Regimentsmedikus ja militärischen Gesetzen unterliegt, bleibt nicht ohne Folgen. Von Desertion ist nun die Rede, und Herzog Carl Eugen bestraft den Übeltäter mit einem vierzehntägigen Arrest. Jede weitere Verbindung zum Ausland wird ihm untersagt.

Bald folgt eine noch viel schmerzlichere Auflage: Der Herzog verbietet ihm jede literarische Tätigkeit, die über sein eigentliches Fach, die Medizin, hinausgeht, und droht ihm mit Festungshaft. Das bedeutet das Ende einer vielversprechenden literarischen Karriere! Der Versuch, Carl Eugen in einem sehr persönlich gehaltenen, die Formalitäten des Hoflebens berücksichtigenden Brief umzustimmen, misslingt. Der Herzog weigert sich, den Inhalt zur Kenntnis zu nehmen. – Was ist zu tun?

Unter diesen Umständen entschließt sich Friedrich Schiller zu einem dramatischen Schritt. Er wird Württemberg verlassen und versuchen, im Ausland sein Glück zu machen und sich seinen Lebensunterhalt künftig durch schriftstellerische Tätigkeit zu sichern. Noch hofft er darauf, dass der Mannheimer Intendant Freiherr von Dalberg ihm auf diesem Weg eine zuverlässige Hilfe sein wird. Da ihn der Herzog nicht freiwillig ziehen lässt, bleibt nur noch die Flucht.

Schiller verrät seiner Mutter den abenteuerlichen Plan. Der Vater wird nicht eingeweiht, weil er so dem Herzog bei seinem Ehrenwort beteuern kann, er habe von der Absicht seines Sohnes nichts gewusst.

Die Flucht ist für die Nacht vom 22. auf den 23. September 1782 vorgesehen. Der Musiker Andreas Streicher, ein treuer Freund Schillers, wird den jungen Dichter begleiten. – Übrigens hat er uns später ausführliche Einzelheiten über das gewagte Unternehmen hinterlassen.

Um zehn Uhr abends machen sich die beiden auf den Weg. Sie wählen den Umweg durch das Esslinger Tor, weil es hier besonders dunkel ist und weil an diesem Abend einer von Schillers Freunden die Besatzung kommandiert. Auf den Anruf der Schildwache geben sich Schiller und Streicher als Doktor Ritter und Doktor Wolf zu erkennen. Das Tor öffnet sich; die beiden Reisenden dürfen passieren.

Auf ihrem Weg in die Kurpfalz kommen sie an der herzoglichen Residenzstadt Ludwigsburg vorbei. Hier ist die Nacht durch ein festliches Feuerwerk, wie es der verschwenderische und prunksüchtige Herzog liebt, hell erleuchtet. Im Hintergrund lässt sich das hoch aufragende Schloss Solitude erkennen. Irgendwo in der Ferne liegen auch seine Geburtsstadt Marbach und sein Elternhaus. »Meine Mutter!«, seufzt der Dichter, als ihm dies in den Sinn kommt.

Die beiden Flüchtlinge gönnen sich nachts um zwei Uhr erstmals eine Rast. Es hat durchaus symbolische Bedeutung, dass Schiller seinem Freund hier in dieser Nacht ein Gedicht von Schubart, »Die Fürstengruft«, vorliest:

> *Nun ist die Hand herabgefault zum Knochen,*
> *die oft mit kaltem Federzug*
> *Den Weisen, der am Thron zu laut gesprochen,*
> *In harte Fesseln schlug.*

Nach acht Uhr am Morgen wird die Grenze der Kurpfalz erreicht und ohne Behinderungen überquert. Mit dem Blick auf die Landschaft ruft Schiller aus: »Ebenso freundlich ist auch der Geist der Regierung!«

Über Bretten, Waghäusel und Schwetzingen kommen die beiden Reisenden am darauffolgenden Morgen endlich nach Mannheim. Schiller ist am Ziel seiner Wünsche angelangt. Hier winken Freiheit und neues Glück. Längst warten neue literarische Pläne darauf, verwirklicht und vollendet zu werden. Zu diesem Zeitpunkt ahnt der junge Dichter freilich nicht, dass er noch einen langen und beschwerlichen Weg vor sich hat …

Sträflinge als Kolonisten

Die Besiedlung Australiens (1788)

Es ist gut, wenn man die Diebe und Posträuber, Kinderschänder und Vergewaltiger, Brandstifter und Totschläger nach Übersee abschieben kann. Das war seinerzeit die wohl allgemein anerkannte Auffassung. – Hier sind sie sicher untergebracht, und nach menschlichem Ermessen kehren sie nur in den allerseltensten Fällen in ihre Heimat zurück.

Vielleicht sogar, dass sie im fernen, unerschlossenen Niemandsland sinnvolle Arbeit leisten. Die Kolonien warten darauf, wirtschaftlich genutzt zu werden. Hier gibt es fruchtbare Böden, die für Ackerbau und Viehzucht taugen. In der Erde ruhen noch unentdeckte kostbare Bodenschätze.

Die Loslösung der 13 Kolonien in Nordamerika bereitet der britischen Justiz und Regierung Kopfzerbrechen. Die Zeit, in der man kriminelles Gesindel und andere ungeliebte Zeitgenossen einfach nach Nordamerika abschieben konnte, ist nun vorbei. Großbritannien braucht eine neue, vergleichsweise sichere Strafkolonie. Und so kommt das unsäglich weit entfernte, noch völlig unerschlossene und menschenleere Australien am buchstäblich anderen Ende der Welt in den Blick.

Man weiß, dass es da irgendwo südöstlich von Indonesien, tief im Indischen bzw. Pazifischen Ozean Land geben muss. Schon in der Antike wird von einem unbekannten Land im Süden gesprochen und geschrieben. Die Römer kennen den Begriff »Terra Australis«, fügen aber das Adjektiv »incognita«, unbekannt, hinzu.

Vielleicht ist dies das geheimnisvolle Land, von dem der venezianische Handelsreisende Marco Polo am Ende des 13. Jahrhunderts spricht, Australien. Im 16. und 17. Jahrhundert erreichen spanische und holländische Seefahrer die Küsten des fünften Kontinents, ohne dass dies erwähnenswerte Folgen zeitigt. Zwar kommt es sogar zu ersten Forschungsreisen. Aber anscheinend wirkt das neue Land so karg und abweisend, dass das Interesse daran rasch erlischt und es von Neuem weitgehend in Vergessenheit gerät.

Der englische Seefahrer und Entdecker James Cook geht da systematischer zu Werke, vielleicht auch deshalb, weil ihm Australien ein freundlicheres Aussehen bietet. Am 28. April 1770 betreten der Kapitän der »Endeavour« und seine Leute als erste Europäer die Ostküste des neuen Kontinents. Cook nimmt das Land offiziell für die britische Krone in Besitz und gibt ihm den Namen »Neu-Süd-Wales«.

Nun unternimmt er eine Erkundungs- und Forschungsfahrt nach Norden. Die Reise der »Endeavour« scheint zu Ende zu sein, als das Schiff auf dem Großen-Barriere-Riff aufläuft und schwer beschädigt wird. Es gelingt der Mannschaft aber, es nach einiger Zeit wieder flott zu machen und die Fahrt fortzusetzen.

Übrigens stammt die Idee, das ferne Land als Sträflingskolonie zu nutzen, von einem Teilnehmer der cookschen Expedition. Der Vorschlag, den er dem Unterhaus in London unterbreitet, findet zunächst allerdings wenig Widerhall. Erst als sich die englischen Kolonien in Nordamerika endgültig von Großbritannien getrennt haben und zwischen den dort streitenden Parteien Frieden geschlossen worden ist, wird der Gedanke wieder aufgenommen.

Das hängt auch damit zusammen, dass die Unterbringung und Versorgung der Gesetzesbrecher in Großbritannien die allergrößten Schwierigkeiten bereitet. Die Gefängnisse und die provisorischen Verliese auf ausgedienten Schiffen quellen über. Der gesellschaftliche Wandel, bedingt durch ein rasches Bevölkerungswachstum und die mit Macht einsetzende industrielle Revolution machen sich höchst unerfreulich bemerkbar.

Das wichtige neue Kapitel beginnt 18 Jahre später. Im Januar 1788 laufen mehrere britische Schiffe die Südostküste des neuen Kontinents an. Sie gehen als die »Erste Flotte« (First Fleet) in die Geschichte Australiens und seiner Besiedlung ein. Die seinerzeit hier an Land gesetzten Sträflinge und Begleitpersonen gelten als Gründer Australiens.

In Botany Bay machen zunächst elf Schiffe fest. Es handelt sich um zwei Marineschiffe, drei Proviantschiffe und sechs Schiffe mit Sträflingen. Insgesamt gehen 718 Strafgefangene, davon 565 Männer, 153 Frauen und 11 Kinder an Land. Die überlieferten Zahlen weichen jedoch in den unterschiedlichen Quellen leicht voneinander ab. Hinzu kommen zahlreiche Begleitpersonen, Seeleute, Marinesoldaten und Beamte, sowie eine Reihe von Frauen und Kindern. Sie sollen die Deportierten bewachen und ihnen beim Aufbau einer lebensfähigen Kolonie behilflich sein.

Die Schiffe haben auch Versorgungsgüter an Bord, die das Überleben in den ersten beiden Jahren sichern sollen. Die Proviantlisten sprechen u. a. von Pferden, Rindern und Schweinen, Hühnern, Gänsen, Enten und Truthähnen.

Da sich die erste Landungsstelle als zu sumpfig und damit für eine dauerhafte Siedlung als ungeeignet erweist, macht sich die Expedition unter Kapitän Arthur Phillip auf die Suche nach einem günstigeren Platz. Er wählt die Stelle, an der sich heute die größte Stadt Australiens befindet, und benennt die junge Kolonie nach dem gerade amtierenden britischen Innenminister Lord Sydney.

Die offizielle Gründung geschieht in einem Festakt am 7. Februar 1788. Auf einem von Bäumen und Gestrüpp frei geräumten Platz verliest der britische Kriegsgerichtsrat eine Urkunde, in der Kapitän Phillip zum Gouverneur des Territoriums Neu-Süd-Wales ernannt wird.

Der neue Gouverneur versäumt es in seiner anschließenden Rede nicht, den Strafgefangenen klare Verhaltensregeln ins Bewusstsein zu rufen. Viele von ihnen hätten in der Heimat ihr Leben verwirkt und seien nur durch einen großzügigen Gnadenakt gerettet worden. Wer sich hier erneut etwas zuschulden kommen lasse, könne mit Nachsicht nicht mehr rechnen.

Ihm ist durchaus bewusst, dass das Miteinander von Männern und Frauen auf engstem Raum zu den allergrößten Schwierigkeiten führen kann, und empfiehlt als Heilmittel gegen geschlechtliche Verirrungen die Heirat. Das ändert nichts daran, dass – wie in wohl allen Kolonialgebieten – das Verhältnis zwischen den beiden Geschlechtern unausgeglichen bleibt. Immerhin, einige nehmen sich die Mahnung zu Herzen und schließen den Bund fürs Leben. In der ersten Woche heiraten bereits 14 Paare.

Die Neusiedler sind bei ihrer Ankunft auf dem fünften Kontinent von den Ureinwohnern freundlich empfangen worden. Noch ahnen die »Aborigenes« nicht, dass die Besiedlung des Landes für sie eine völlige Veränderung der Lebensverhältnisse bedeuten wird. Nicht nur, dass sich die Weißen nach und nach das Land mit seinen Ressourcen aneignen. Viele der Eingeborenen sterben auch an den von ihnen eingeschleppten Krankheiten. Insofern ist ihr Schicksal in mehrfacher Hinsicht dem der amerikanischen Indianer und Indios ähnlich.

Allerdings müssen die weißen Siedler eine schlimme Übergangszeit durchstehen. Sie leben zunächst vor allem von dem, was die Schiffe aus England mitgebracht haben. Bald müssen die Rationen vom Gouverneur halbiert werden. Die Böden sind mager und nur wenige einheimische Pflanzen essbar. Auch haben die Neuankömmlinge oft nur bescheidene Kenntnisse und Fähigkeiten in Bezug auf Ackerbau und Viehzucht. Die Fischerei bringt nicht den erhofften Erfolg. In der Not werden Hunde und Ratten, Krähen und wohl auch einmal ein Känguru gekocht. Für lange Zeit bleibt die Kolonie für das Mutterland und die Regierung in London ein lästiger Zuschussbetrieb.

Vor Ort gibt es viele andere Probleme. Zu lösen sind sie eigentlich nicht, jedenfalls nicht kurzfristig. Die hier anwesenden Soldaten weigern sich, irgendetwas anderes als eben ihren Soldatendienst zu tun. Der Alkohol spielt eine unrühmliche Rolle. Besonders verheerend wirkt er sich bei den Ureinwohnern aus.

Der Einfluss der anglikanischen Kirche, die durch einen einzigen Geistlichen, Reverend Johnson, vertreten wird, bleibt gering. Was soll er auch anderes tun, als den hoffnungslosen und nicht selten widerspenstigen Menschen die Freuden eines Lebens nach dem Tode zu predigen!

Immerhin gelingt es ihm, Ausschreitungen gegenüber den Aborigenes zu verhindern. Das wird sich freilich bald ändern. Wer in diesem Kampf der Stärkere ist, versteht sich von selbst!

Immerhin, langsam bessert sich die Lage für die Kolonisten. In Sydney gibt es nun eine aus Stein errichtete Gouverneurs-Residenz und ein Krankenhaus, bald auch eine Kirche und Kasernen für das Militär.

Seit 1793 kommen die ersten Siedler aus freien Stücken nach Australien. Sie sind entschlossen, sich hier am Ende der Welt freiwillig und aus eigener Kraft eine neue Heimat zu schaffen.

Aber noch lange bleibt das Land Strafkolonie. Die Zahl der über die Jahrzehnte hierher Deportierten beläuft sich schließlich auf über 160.000 Menschen. Erst im Jahr 1868 wird die Verschickung von Strafgefangenen nach Australien wieder aufgegeben.

Symbol der Unterdrückung

Der Sturm auf die Bastille (1789)

Die politischen und wirtschaftlichen Zustände in Frankreich sind unhaltbar geworden. Kriege und verschwenderische Misswirtschaft haben den Staat in eine tiefe Krise gestürzt. Weite Teile des Bürgertums sind nun nicht mehr bereit, das uneingeschränkte, absolutistische Herrschaftssystem hinzunehmen. König Ludwig XVI. befindet sich in einer verzweifelten Lage.

Die Einberufung der Generalstände – übrigens zum ersten Mal seit 1614 – bringt nicht die erhoffte Lösung. Im Gegenteil: Nun werden die Gegensätze in der Gesellschaft noch deutlicher.

Als die unterschiedlichen Auffassungen innerhalb der Versammlung nicht überwunden werden können und sich der König nur zu halbherzigen Kompromissen bereitfindet, wagt der Dritte Stand einen überraschenden Handstreich: Seine vor allem aus dem Bürgertum stammenden Vertreter erklären sich kurzerhand zur Nationalversammlung. Sie fordern die Abgeordneten des Adels und der Geistlichkeit auf, dieser neu geschaffenen Einrichtung beizutreten. Fortan sollen alle Mitglieder, unabhängig von ihrer ständischen Herkunft, gleiche politische Rechte haben. Dem König bleibt nichts anderes übrig, als diesen revolutionären Schritt zu billigen. Das besitzende, gebildete Bürgertum hat einen ersten großen Sieg errungen. –

Die Unruhe in der Bevölkerung beschränkt sich freilich keineswegs auf das gebildete Bürgertum, das von den Ideen und Schriften der aufklärerischen Staatsdenker beeinflusst worden ist. Vor allem Kleinbürger und Arbeiter leiden unter der wirtschaftlichen Not. Brot, Fleisch und andere Nahrungsmittel werden immer knapper und teurer. Rasch verbreitet sich unter der Pariser Bevölkerung auch das Gerücht, dass der König einen militärischen Gegenschlag plane, um die Revolution im Keim zu ersticken.

Die Aufmerksamkeit der erregten Menschen richtet sich vor allem auf die mitten in der Vorstadt Saint-Antoine gelegene Bastille, die als Festung und Staatsgefängnis dient. Mit ihren zehn Meter dicken Mauern, der militärischen Besatzung und den auf die Stadt gerichteten Kanonen erscheint sie als dauernde Bedrohung. Von hier aus kann der König, wenn die Lage allzu bedrohlich wird, ganze Straßenzüge und Stadtviertel in Schutt und Asche legen lassen.

Tatsächlich sind in der Nacht vom 12. auf den 13. Juli neue Pulvervorräte in die Bastille geschafft worden. Schon kommt es zu ersten, allerdings wenig folgenreichen Schusswechseln. Bedrohlich wird die Lage erst, als es der erregten Bevölkerung gelingt, im Arsenal des Hôtel des Invalides 32.000 Gewehre und einige Kanonen zu erbeuten. Bald überschwemmen Tausende von Menschen die Straßen. Eine riesige, aufgeheizte Volksmasse drängt sich um die Bastille zusammen.

Der Kommandant der Festung, Marquis de Launay, sieht sich in einer schwierigen Lage. Er verfügt nur über 114 Mann, 84 Invaliden und 30 Schweizer. Verzweifelt versucht er, Zeit zu gewinnen. Er lädt die Abgesandten des Volkes zum Frühstück ein und lässt die hinter den Schießscharten stehenden Kanonen zurückfahren, so dass sie von der Straße aus nicht mehr gesehen werden können. Die Schießscharten werden mit Brettern vernagelt.

Die Erregung der Massen wächst indessen von Stunde zu Stunde. Schon kommt es auf den Wällen vor der Bastille zu

Schießereien zwischen den Invaliden und den andrängenden Demonstranten. »Wir wollen die Bastille! Herunter mit den Brücken!«, ruft die Menge.

Tatsächlich gelingt es den bewaffneten Aufständischen, die ersten Zugbrücken herabzulassen und die schweren Festungstore mit Äxten zu sprengen. Die Verteidiger wehren sich erbittert und kämpfen um ihr Leben. Gewehrsalven prasseln in die Menge. Schon donnern die Kanonen.

Am Morgen hat de Launay versprochen, nur zu schießen, wenn er angegriffen wird. Nun sieht das Volk in ihm den Schuldigen. Er habe das gegebene Wort gebrochen und lasse unerbittlich in die Menge feuern. Die Kämpfenden sind außer sich vor Erregung und Wut.

Den letzten Akt leitet ein Kommando von Nationalgardisten und bewaffneten Bürgern ein, die von dem Soldaten Hulin angeführt werden. Rasch rücken sie mit ihren fünf Kanonen vor die Bastille und bringen sie in etwa dreißig Metern Entfernung vor einem Portal, das noch nicht aufgesprengt ist, in Stellung. Nun bleibt es nur noch eine Frage der Zeit, bis sich die ganze Festung in der Hand der Revolutionäre befindet.

In dieser Lage begreift Kommandant de Launay, dass weiterer Widerstand sinnlos ist. Er ergibt sich, um sein Leben und das Leben seiner Männer zu retten. Eine weiße Fahne verkündet seinen Entschluss. Die Trommler übermitteln den Befehl, das Feuer einzustellen.

Eine Zeit lang gehen die Verhandlungen hin und her. Rasch wird deutlich, dass die Belagerer nicht zu einem Kompromiss bereit sind. Schließlich übergibt ihnen der Kommandant den Schlüssel, der den Weg ins Innere der Festung öffnet. Im Handumdrehen sind die Invaliden und die Schweizer entwaffnet. De Launay wird gefangen genommen und soll im Triumph zum Rathaus geführt werden.

Noch kann der Kommandant vor der Wut der Menge geschützt werden. Zwei der Revolutionäre decken ihn mit ihren Leibern und bringen sich selbst damit in äußerste Gefahr.

Im allgemeinen Tumult aber ist er plötzlich verschwunden. Augenblicke später steckt sein Kopf auf einer hoch aufgerichteten Pike. Stolz trägt ihn der Mörder der siegestrunkenen Menge voran. Einige weitere Soldaten aus der Besatzung der Bastille werden niedergemetzelt. –

Auch hier, auf den Straßen von Paris, hat die Revolution gesiegt. Die Zwingburg des Absolutismus ist gefallen. Das einfache Volk genießt das Gefühl seiner Macht, die es eben unter Beweis gestellt hat. Von nun an ist der gesellschaftliche und politische Wandel nicht mehr nur Sache der Wohlhabenden und der Gebildeten.

Im öffentlichen Bewusstsein der Franzosen gilt der 14. Juli bis heute als eigentlicher Beginn und erster Höhepunkt der Französischen Revolution. Er wird in jedem Jahr als nationaler Feiertag begangen.

Freilich ist der Sturm auf die Bastille nur ein Anfang. Die Tage der Königsherrschaft sind gezählt. Krieg und blutiger Terror stehen dem Land bevor. Es wird lange dauern, bis Frankreich zu einer neuen, stabilen Staatsordnung findet.

Tod dem Tyrannen!

Sturz und Hinrichtung Robespierres (1794)

In Paris ist niemand mehr seines Lebens sicher. Die Guillotine rast. Tausende, ja, Zehntausende fallen dem Terror des Wohlfahrtsausschusses zum Opfer. Noch ist kein Ende abzusehen.

Am 8. Thermidor, dem 26. Juli 1794, hält Robespierre im Konvent eine lange Rede. Wie so oft lobt er seine Tugend und klagt alle, die sich seinen Absichten widersetzen, als Verräter an. Die Feinde der Revolution sitzen angeblich nicht nur im Konvent, sondern auch im Wohlfahrts- und im Sicherheitsausschuss. Er bestreitet, nach der Diktatur zu streben, verlangt indirekt aber mehr Macht für sich und seine Anhänger.

Bisher haben seine Gegner es nicht gewagt, ihm offen zu widersprechen. Jedes Wort birgt Gefahren. Allzu schnell wird man als Feind der Revolution gebrandmarkt und dem Schafott überantwortet. Die Angst hat über lange Zeit jeden Widerstand gelähmt.

Mit einem Mal aber brechen im Konvent unterschiedliche Meinungen auf. Die Angegriffenen, die ohnehin um ihr Leben fürchten müssen, setzen sich zur Wehr. »Wenn man sich rühmt, Mut zur Tugend zu haben«, ruft der Abgeordnete Charlier mit zitternder Stimme, »dann muss man auch den Mut zur Wahrheit aufbringen.« Er fordert Robespierre auf, die Namen der Verräter zu nennen. Der Angesprochene aber schweigt. Wen kann er gemeint haben?

Am Abend wiederholt Robespierre seine Rede im Jakobinerklub. Hier fühlt er sich sicher. Die Versammelten zeigen Begeisterung und spenden reichlich Beifall. Sie bestätigen ihm damit – jedenfalls nach außen hin – die Richtigkeit seiner Ansichten: Noch lange sind nicht alle Verräter an der Revolution ausgelöscht. Nein, es gibt keinen Grund, vorschnell auf den Terror und die Guillotine zu verzichten.

Robespierre will nicht wahrhaben, dass seine Anhängerschaft längst zusammengeschmolzen ist. Viele Menschen in Paris und in den Departements sind des ewigen Blutvergießens überdrüssig. Zudem hat die Armee an verschiedenen Fronten bemerkenswerte Erfolge erzielt. Ist es eigentlich noch erforderlich, die eigene Bevölkerung durch Terror in Schach zu halten? Auch die Arbeiter wenden sich nun ab, weil ein enger Freund Robespierres in Paris Maximallöhne verordnet hat. Damit schwindet die lange gehegte Hoffnung der einfachen Leute auf höhere Einkommen und andere soziale Verbesserungen.

In der Nacht zum 27. Juli 1794 sammelt sich die Opposition. Unterschiedliche politische Gruppen – getrieben von der allgemeinen Angst – vereinigen sich in der Absicht, den Tyrannen zu stürzen und unschädlich zu machen. Sie verabreden, ihn und seinen treuesten Anhänger Saint-Just am nächsten Tag im Konvent gar nicht erst zu Wort kommen zu lassen.

Die Sitzung beginnt am 9. Thermidor, dem 27. Juli 1794, um elf Uhr. Eine Stunde später tritt Saint-Just an das Rednerpult und beginnt mit einer vorbereiteten Rede. Da springt einer von den Verschworenen auf, fordert das Wort zur Geschäftsordnung und ruft in den Saal: »Welches Recht haben Robespierre und Saint-Just, im Namen der Ausschüsse zu sprechen? Sie verfolgen die Ausschüsse.«

Das ist das Signal zu einem allgemeinen Tumult, zum Aufstand gegen Robespierre und seine Getreuen. »Nehmt ihn fest! Nehmt ihn fest!«, schreien die Abgeordneten wild durcheinander. Und dann: »Nieder mit dem Tyrannen! Nieder mit dem Tyrannen!«

Robespierre ist verwirrt. Aber das bleibt vielleicht seine letzte Chance: Jetzt muss er retten, was noch zu retten ist. Er betritt selbst die Rednertribüne.

Der Anfang seiner Ausführungen geht im allgemeinen Chaos unter. Der Abgeordnete Tallien lässt ihn nicht ausreden, sondern überhäuft ihn erregt mit Anklagen: Er, Robespierre, habe bei sich zu Hause Verhaftungslisten mit den Namen von Konventsmitgliedern zusammengestellt. Er habe einen Staatsstreich vorbereitet und die Nationalgarde und das Revolutionstribunal auf seine Seite gezogen.

Dann stellt er den Antrag, Robespierre zu verhaften. Er, Tallien, trage einen Dolch bei sich und werde den Tyrannen eigenhändig damit umbringen, wenn der Konvent seinem Vorschlag nicht folge.

Noch einmal nutzt der Angegriffene seine Chance und richtet das Wort an die Versammelten. Diesmal herrscht bedrohliche Stille. Unruhig suchen seine Augen auf den verschiedenen Rängen nach Anhängern. Doch viele der ehemaligen Gesinnungsfreunde weichen seinem Blick aus und sind nicht mehr bereit, mit ihm weiterhin gemeinsame Sache zu machen.

Dann wird über die Verhaftung Robespierres abgestimmt. Einstimmig beschließt der Konvent, ihn unter Anklage zu stellen. Saint-Just und sein Gesinnungsgenosse Couthon erleiden das gleiche Schicksal. Lebas bittet um die Ehre, ebenfalls verhaftet und angeklagt zu werden. Robespierres jüngerer Bruder Lucien fordert: »Ich will das Schicksal meines Bruders teilen.«

Maximilien Robespierre, der Motor der Revolution, steht da und begreift nicht, was um ihn herum geschieht. Er ist blass. Seine Lippen sind schmal und blutleer. Unsicher versucht er, sich mit der ausgestreckten Rechten Gehör zu verschaffen, kommentiert die dramatischen Ereignisse bitter mit den Worten: »Die Republik ist verloren. Die Gauner triumphieren.«

Die fünf Männer werden von der Saalwache gefangen genommen und in verschiedene Pariser Gefängnisse überführt. Nun aber zeigt sich, dass die endgültige Entscheidung noch keineswegs gefallen ist. Als sich die Gerüchte von der Verhaftung Robespierres in Paris verbreiten, rückt Hanriot mit der Nationalgarde heran, um ihn zu befreien. Der betrunkene Kommandant wird allerdings bald selbst von konventstreuen Gendarmen verhaftet.

Robespierre soll im Luxembourg festgesetzt werden. Die Gefängnisverwaltung weigert sich aber, ihn aufzunehmen. Der Bürgermeister von Paris, ein Freund des Verhafteten, hat es ausdrücklich verboten. Wider alles Erwarten ist der Gefangene plötzlich frei. Nun erhält er die allerletzte Gelegenheit, sein Schicksal doch noch zu wenden. Wenn er sich beeilt und die Kommune, die revolutionäre Stadtregierung, auf seine Seite zieht, dann kann er dem Konvent trotzen und seinen Willen am Ende doch noch durchsetzen.

Aber etwas Eigenartiges, etwas ganz Unerwartetes geschieht. Robespierre gibt sich verloren und resigniert. Er will nicht frei sein und überantwortet sich der Polizeiverwaltung am Quai des Orfèvres. Noch einmal unternehmen seine engsten Vertrauten einen Rettungsversuch und bringen ihn – fast mit Gewalt – aufs Rathaus, wo sich der Widerstand gegen den Konvent konzentriert.

Sehr bald zeigt sich aber, dass Robespierre und Saint-Just in der Bevölkerung keinen Rückhalt mehr haben. Der erhoffte Aufstand der Kleinbürger und Arbeiter bleibt aus. Als es zu regnen beginnt, zucken die Kanoniere der Nationalgarde die Schultern und machen sich einfach aus dem Staub. Sie haben keine Lust, ihre Knochen für ein paar radikale Fanatiker hinzuhalten.

Gegen zwei Uhr in der Nacht besetzen die Anhänger des Konvents das Pariser Rathaus im Handstreich. Sie finden keinen Widerstand. Ein junger Gendarm feuert mit seiner Pistole auf Robespierre und zerschmettert ihm die Kinnlade. Lebas erschießt sich selbst. Lucien Robespierre springt von einer Brüstung des dritten Stockwerks und bleibt mit gebrochenen Gliedmaßen auf dem Platz liegen. –

Am nächsten Abend werden Robespierre, Saint-Just und neunzehn ihrer Anhänger auf Karren zum Schafott gefahren. Nun geht es ihnen selbst wie Tausenden anderen. Ohne Urteil werden sie geköpft.

Die Hinrichtung ist ein gesellschaftliches Ereignis. Die Damen tragen ihren Schmuck und kostbare Kleider. Die Anwohner am Richtplatz haben ihre Fenster zu Wucherpreisen an Schaulustige vermietet …

Die Zeit des Terrors ist zu Ende. Die Gegner der Revolution können triumphieren. Allerdings wird es noch lange Zeit brauchen, bis in Frankreich endlich wieder Ruhe einkehrt.

Die Macht der Bajonette

Der Staatsstreich Napoleons (1799)

Der ägyptische Feldzug des Generals Napoleon Bonaparte bringt Erfolg und Misserfolg zugleich. In der Seeschlacht von Abukir wird die französische Flotte durch die Engländer unter Admiral Nelson vernichtet. Nun sind keine Schiffe mehr vorhanden, um das französische Expeditionskorps in die Heimat zurückzuführen.

Napoleon weiß, dass sich die politischen Verhältnisse in Paris dramatisch zuspitzen. Die Tage des ungeliebten Direktoriums sind gezählt. Wenn er seinen Ehrgeiz befriedigen und noch mehr Macht für sich erringen will, dann muss er so rasch wie möglich in die Hauptstadt zurückkehren.

Ein Befehl von dort entspricht seinen Wünschen. Eilig und insgeheim verlässt er seine Truppen, segelt mit den beiden Fregatten, die die Vernichtungsschlacht von Abukir überstanden haben, nach Westen und landet am 9. Oktober 1799 in Frejus an der südfranzösischen Küste.

Seine Ankunft in Frankreich erweckt Begeisterung und neue Hoffnung. »Alle Welt erwartet Napoleon mit Ungeduld«, schreibt der »Messager des relations exterieurs«. »Bonaparte hat bewiesen, dass man den Sieg mit Mäßigung und den Frieden mit Menschlichkeit paaren kann.« Der »Moniteur« berichtet von begeisterten Beifallsrufen, als die Nachricht von der Landung bekannt wird. »Allenthalben rief man: ›Es lebe die Republik! Es lebe Bonaparte!‹ … Jedermann war wie im Taumel.«

Die allgemeine Zustimmung ermutigt den volkstümlichen General, in Paris nach Verbündeten zu suchen, die ihm auf dem Weg zur Macht behilflich sein könnten. Unterstützung kommt aus dem Direktorium selbst. Der zu Beginn der Revolution durch seine Schrift »Was ist der Dritte Stand?« berühmt gewordene Abbé Sieyès bietet Napoleon die Hand zum Putsch. Er soll die Verhältnisse zum Besseren wenden.

Für den Morgen des 18. Brumaire, den 9. November 1799, kündigen die beiden Verschwörer eine Militärparade an. Bereits um sieben Uhr morgens kommen zahlreiche Offiziere beim Haus Napoleons zusammen. Als er erscheint, reagieren die Anwesenden mit Begeisterung. Schon sitzt der General auf seinem Pferd, mustert die Schar seiner Anhänger und drängt mit gezogenem Degen voran: »Befreien wir das Vaterland!«

Der Rat der Alten ist ebenfalls bereits um sieben Uhr in den Tuilerien zusammengekommen. Irgendjemand hat das Gerücht ausgestreut, dass ein jakobinischer Umsturz geplant sei. Die schlimme Zeit der Schreckensherrschaft mit Terror und Mord scheint wiederzukehren. Für viele Abgeordnete ist Napoleon die einzige Rettung. Nun eilt er in den Saal und tritt auf die Rednertribüne. Wenn es ihm gelingt, den Rat der Alten auf seine Seite zu ziehen, dann ist eine erste Hürde auf dem Weg zur Macht genommen. Die Spannung ist ungeheuer.

Tatsächlich überträgt ihm der Rat den Oberbefehl über die in Paris anwesenden Truppen. Ihn selbst kümmert es nicht, dass dieser Beschluss eigentlich gesetzwidrig ist. Einige der Direktoren aber organisieren den Widerstand und befehlen ihrer Garde, gegen den machtlüsternen General einzuschreiten, ohne Erfolg freilich. Die Soldaten des Direktoriums verweigern den Befehl und laufen zu Napoleon über.

In der Nacht beraten die Verschwörer um Napoleon ihr weiteres Vorgehen. An die Stelle des ungeliebten Direktoriums mit seinen fünf Mitgliedern soll ein aus drei Personen gebildetes Konsulat treten. Selbstverständlich wird der General hier die führende Rolle spielen. Sieyès, der ihm den Weg zur Macht geebnet hat, ist mit von der Partie. Noch ist allerdings keineswegs sicher, dass der Staatsstreich Erfolg haben wird.

Am folgenden Tag, dem 10. November, steht noch einmal alles auf des Messers Schneide. Um ein Uhr mittags beginnt die Sitzung des Rats der Alten und des Rats der Fünfhundert. Hier vor allem zeigt sich Widerstand. Einflussreiche Abgeordnete der Linken, die Jakobiner, fordern, dass der Treueschwur auf die geltende Verfassung erneuert wird. Damit soll ein politischer Umsturz verhindert werden.

Lange zieht sich die Abstimmung hin. Am Ende haben alle Abgeordneten den geforderten Eid geleistet – selbst Lucien Bonaparte, der Bruder des Generals, der mit ihm unter einer Decke steckt. Im Saal wächst der Beifall zum Tumult. Von verschiedenen Seiten dröhnt der Ruf: »Ächtet Napoleon!« Fatale Erinnerungen an den 9. Thermidor des Jahres 1794 werden wach, als Robespierre im Konvent entmachtet, verhaftet und bald darauf auf dem Schafott hingerichtet wurde.

Die Abgeordneten wissen, dass Tausende von Soldaten vor dem Schloss, in dem sie tagen, in Bereitschaft stehen. Aber sie lassen sich nicht einschüchtern. Nun vertraut General Napoleon Bonaparte auf seine Autorität und die Wirkung seiner Person.

Zusammen mit vier Grenadieren bahnt er sich entschlossen den Weg zur Rednertribüne. Als er erkannt wird, ist die Hölle los. Jakobinische Abgeordnete werfen sich auf ihn und traktieren ihn mit Fäusten: »Nieder mit dem Tyrannen!« Dem General bleibt keine Wahl. Notdürftig von seinen Grenadieren geschützt, zieht er sich zum Eingang zurück.

Draußen bei seinen Soldaten ist er sicher. »Ich wollte ihnen Mittel zeigen, die Republik zu retten. Sie aber haben mit Dolchen geantwortet!«, ruft er – wahrheitswidrig – den

Wartenden zu. Er wirkt erschöpft und unsicher. In diesem Augenblick ist er alles andere als der strahlende Sieger, wie ihn seine Soldaten kennen. – War vielleicht doch alles umsonst?

Lucien Bonaparte, der Bruder, rettet die Situation. Er tritt ins Freie und schwingt sich auf sein Pferd. Die Mehrheit des Rates der Fünfhundert, verkündet er, befinde sich in der Gewalt der jakobinischen Minderheit, die vom Ausland her, von England, gekauft sei. Kurzerhand erklärt er die Versammlung, deren Präsident er ist, für aufgelöst.

Als die Soldaten zögern, reißt er einem Offizier den Degen aus der Hand und setzt ihn seinem Bruder auf die Brust. Eher werde er diesen töten, ruft er theatralisch, als die Freiheit Frankreichs antasten zu lassen.

Diese Geste bringt die Entscheidung. Schon sind Napoleons Soldaten in Bewegung, fällen die Bajonette, dringen in den Versammlungsraum ein. Die widerstrebenden Abgeordneten haben keine Chance. Sie stürzen über Stühle und Bänke. Viele bringen sich durch das Fenster in Sicherheit. »Es lebe die Republik!«, rufen einige, als sie dem Saal entfliehen. Es ist der Mut der Verzweiflung.

Am Abend treten der Rat der Alten und der Rat der Fünfhundert – die wenigen Abgeordneten, die davon noch übrig sind – noch einmal zusammen. Die Spuren der gewaltsamen Auseinandersetzung vom Nachmittag sind noch überall zu sehen. Gemeinsam beschließen die Versammelten das Ende der alten Verfassung und des Direktoriums und vereidigen die drei vorläufigen Konsuln: Napoleon Bonaparte, Sieyès und Roges-Duclos.

Der General ist am Ziel seiner Träume: Die ihm treu ergebenen Truppen garantieren ihm die Macht, die er braucht, um Frankreich in den folgenden Wochen und Monaten in eine auf seine Person zugeschnittene Militärdiktatur umzugestalten. Die Bedeutung der übrigen beiden Konsuln bleibt gering.

Am 15. Dezember 1799 erlässt das Konsulat eine Proklamation, die ganz bewusst auf die Wünsche und Hoffnungen der Bevölkerung eingeht. Sie endet mit den Worten: »Bürger, die Revolution hat zu den Grundsätzen, von denen sie ausgegangen ist, zurückgefunden. Sie ist damit beendet.«

Wenige Jahre später, im Jahr 1804, wird sich der Erste Konsul Napoleon Bonaparte in der Kathedrale von Notre Dame in Paris selbst zum Kaiser der Franzosen krönen.

Militärischer Größenwahn

Der Untergang der napoleonischen Armee in Russland (1813)

Napoleon scheint am Ziel seiner Wünsche zu sein. Im September 1812 erreicht er mit der Großen Armee, die aus Franzosen und Verbündeten besteht, die alte russische Hauptstadt Moskau und nimmt hier Quartier. Da die Truppen durch den langen Marsch und mehrere Schlachten geschwächt sind und sich der Nachschub über die ungeheure Entfernung als sehr schwierig erweist, bietet er seinem Gegner, dem Zaren, Friedensverhandlungen an. Dieser aber lehnt ab. Er und seine Generäle sind sicher, dass die Zeit und der russische Winter für sie arbeiten.

Zwischen dem 15. und dem 20. September wütet in Moskau ein verheerender Brand. Vermutlich haben die Russen selbst die größtenteils aus Holzhäusern bestehende Stadt angezündet, um den fremden Eindringlingen die Winterquartiere zu rauben.

Immer noch wartet Kaiser Napoleon auf ein Friedenszeichen des Zaren. Einen endlos langen Monat zwingt er sich zur Geduld, bis er seinen Truppen endlich, viel zu spät, den Befehl zum Rückmarsch gibt. Inzwischen ist es Ende Oktober geworden. Der Winter ist nicht mehr fern.

Hunderte und Aberhunderte von Kilometern müssen überwunden werden. Schon liegen die Temperaturen unter dem Gefrierpunkt. Sie sinken im November und Dezember schließlich auf bis zu minus 38 Grad Celsius. Diesem verheerenden Klima sind die Soldaten nicht gewachsen. Ihre Zahl verringert sich von Tag zu Tag.

Die schlimmste Katastrophe ereignet sich aber, als die Reste der Großen Armee Ende November in der Nähe von Borissow den Versuch unternehmen, die Beresina zu überqueren.

Napoleon und seine Offiziere versuchen, eine möglichst günstige Stelle für den Übergang zu finden. Eine Furt scheint wegen der geringen Wassertiefe besonders geeignet zu sein. Als sich die Pioniere aber an die Arbeit machen, um eine Brücke über den Strom zu schlagen, ist das Wasser gestiegen. Die Soldaten stehen bis zum Hals in der eisigen Flut. Einige von ihnen erfrieren oder ertrinken. Jeden Augenblick können die Kanonen des Feindes, die auf dem gegenüberliegenden Ufer bereitstehen, das Feuer eröffnen. Wider Erwarten halten sich die Russen jedoch auch diesmal zurück.

In der Nacht findet Napoleon keinen Schlaf. Er weiß, dass eine schwere Entscheidung bevorsteht. Vielleicht ist das Ende nicht mehr fern. Am Morgen kommt Marschall Murat, sein Schwager, zu ihm und erklärt, dass er den Übergang über die Beresina für unmöglich halte. Jetzt gehe es fürs Erste darum, dass sich Napoleon selbst rette, um neue Truppen zu sammeln und den Kampf gegebenenfalls fortzusetzen.

Der Kaiser lehnt den Vorschlag ab. Er will seine Armee nicht verlassen, solange sie in höchster Gefahr ist.

Noch einmal scheint sich das Schicksal zu wenden. Tatsächlich greifen die Russen nicht an. Unverständlicherweise ziehen sie sich mit ihren Soldaten und Geschützen sogar zurück. Bis zum Mittag gelingt es den Pionieren, eine erste Brücke für die Infanterie fertigzustellen. Stunden später ist ein zweiter Übergang, der mit Kanonen und Fuhrwerken befahren werden kann, zusammengezimmert.

Zwei Tage und zwei Nächte lang kann die Große Armee die beiden Brücken nutzen. Mehrmals freilich stockt der Strom der Fliehenden, weil der notdürftig hergestellte Fahrweg unter der Last der Fuhrwerke einstürzt. Die Reparatur durch die Pioniersoldaten dauert kostbare Stunden.

Inzwischen haben die russischen Generäle die Lage an der Beresina richtig erfasst. Auf beiden Seiten des Stromes rücken sie nun heran und nehmen die Fliehenden in die Zange. Als die Geschütze zu donnern beginnen, verbreitet sich unter den Franzosen und ihren Verbündeten am Ufer wilde Panik. Alle strömen auf die Brücken zu, um in letzter Minute den Fluss zu überqueren und das rettende Ufer auf der anderen Seite zu erreichen. Eine Zeit lang können die Soldaten der Großen Armee den russischen Angriff zurückhalten. Als aber die ersten Kugeln in die Menge einschlagen, ist das Chaos fürchterlich. Es entbrennt ein entsetzlicher Kampf ums Überleben. Soldaten schlagen sich mit ihren Säbeln eine Gasse. Andere Fliehende peitschen ihre Pferde voran. Ihre unglücklichen Landsleute werden von der schmalen Brücke in die eisige Flut gestürzt, geraten unter die Hufe der Pferde oder werden von den eisernen Reifen der Wagen zermalmt. Überall herrscht entsetzliches Schreien, Klagen und Wimmern. Der eine oder andere Verwundete, der keine Hoffnung mehr sieht, schleicht sich zur Seite oder wirft sich in den Schnee, um hier möglichst unbehelligt zu sterben.

Als die Artilleriebrücke auseinanderbricht, werden zahllose Menschen von der nachdrängenden Menge in die eisige Flut gestoßen. Frauen, die zum Tross gehören, halten ihre Kinder so lange jammernd und klagend in die Höhe, bis sie mit ihnen im Wasser versinken.

Noch einmal steigert sich das Elend, als die französischen Truppen, die den Feind aufgehalten und die Flucht gedeckt haben, sich rücksichtslos eine Gasse bahnen, um sich selbst nach Westen abzusetzen.

Als die Russen bedrohlich nahe herangekommen sind, zünden die Franzosen die notdürftig errichtete Holzbrücke über die Beresina an. Mehrere tausend Soldaten mit Fuhrwerken und drei Kanonen sowie Frauen und Kinder bleiben am feindlichen Ufer zurück. Manche versuchen durch den Strom zu schwimmen oder ihn auf dem Treibeis zu überqueren. Andere hoffen durch das Feuer hindurch die rettende Seite zu erreichen. Alle Mühe und alles Leid bleiben indessen vergeblich. In der Beresina lauert der Tod.

Der Versuch, den Fluss zu überqueren, bezeichnet das Ende der Großen Armee. Napoleon ist vernichtend geschlagen.

Aber noch gibt er nicht auf. Nun sammelt er all diejenigen, welche die Katastrophe überlebt haben. Das restliche Heer ist freilich nur noch ein wirres, ungeordnetes Durcheinander von erschöpfen, kranken und verwundeten Männern. Auf verschiedenen Wegen, Tausende von Kilometern weit kämpft sich die hungrige und entmutigte Schar nach Westen.

Jetzt erst folgt der Kaiser dem Rat seines Schwagers Murat: Er verlässt das Heer, um einem Aufstand in Paris zuvorzukommen und in der Heimat neue Truppen zu mobilisieren. Fest rechnet er damit, dass Österreich und Preußen die Gunst der Stunde nutzen und in einen Krieg gegen ihn eintreten werden.

Am 19. Dezember 1812 trifft er nach seiner hastigen Flucht unerwartet in Paris ein. Zynisch lässt er durch ein Bulletin verkünden: »Die Gesundheit seiner Majestät war nie besser.« –

Auch nach dem Untergang der Großen Armee in den Weiten Russlands ist nicht alles verloren. Doch die Gegner sind entschlossen, der Herrschaft des fremden Usurpators ein Ende zu bereiten. In der Völkerschlacht bei Leipzig im Oktober 1813 wird Napoleon von den verbündeten Russen, Österreichern und Preußen vernichtend geschlagen.

Die Schlacht von Waterloo südlich von Brüssel im Jahr 1815 bedeutet das endgültige Aus für seine Herrschaft. Napoleon wird gefangen genommen und auf die ferne Insel Sankt Helena im südlichen Atlantik verbannt.

Freiheit und Einheit

Das Hambacher Fest (1832)

Nach den Befreiungskriegen gegen Napoleon sind die Hoffnungen vieler Menschen nicht in Erfüllung gegangen.
Deutschland bleibt in zahlreiche Einzelstaaten zersplittert. Die
Fürsten weigern sich, den Freiheitsforderungen ihrer Bürger
nachzugeben.

Die nun beginnende Zeit der Restauration ist durch Be-
hördenwillkür und Unterdrückung gekennzeichnet. Das zeigt
sich zum Beispiel beim Wartburgfest im Jahr 1817. Die Studenten, die hier bei einer Jubiläumsfeier zur Erinnerung an
die Reformation Martin Luthers für die Einheit Deutschlands
und für freiheitliche Verfassungen demonstriert haben, werden unnachsichtig verfolgt.

Die liberale Bewegung erhält durch die französische Julire-
volution des Jahres 1830 neuen Auftrieb. Den Belgiern gelingt
es, sich aus dem Staatsverband der Niederlande zu lösen und
einen eigenen Staat zu begründen. Kein Glück haben dagegen
die Polen. Ihr Versuch, sich von Russland zu trennen, wird
blutig niedergeschlagen. Tausende von Polen fliehen aus ihrer Heimat und sind auf die Hilfsbereitschaft und das Mitleid
fremder Menschen angewiesen.

Auch in Deutschland kommt es zu revolutionären Unruhen.
In einigen Ländern können die Demonstranten Erfolge erzie-
len. Der erhoffte politische Durchbruch bleibt allerdings aus.
Immerhin, die liberale und nationale Bewegung fassen neuen
Mut. Wie sehr sie inzwischen angewachsen ist, zeigt das Ham-
bacher Fest im Mai des Jahres 1832.

Dabei fängt alles ganz harmlos an: Seit dem Wiener Kongress gehört die Pfalz wieder zum Königreich Bayern. Im April 1832 lädt ein Geschäftsmann in mehreren Zeitungen zu einer Feier auf die über Neustadt an der Weinstraße gelegene Burgruine Hambach ein. Hier solle dem König Max I. Joseph gehuldigt und für die von ihm erlassene bayerische Verfassung gedankt werden.

Die Pfälzer Liberalen nutzen die Gunst der Stunde für ihre Zwecke. Geschickt gelingt es ihnen, die ursprüngliche Absicht in ihr Gegenteil zu verkehren. Sie drucken in mehreren, auch außerhalb der Pfalz erscheinenden Zeitungen einen Aufruf, der von dem Journalisten Philipp Jakob Siebenpfeiffer verfasst worden ist. Die Leser sollen die bereits ergangene Einladung »als nicht geschehen ... betrachten« und sich nicht am 26., sondern erst am 27. Mai auf der Burg Hambach versammeln.

Es gehe nicht darum, Errungenes zu feiern. Das Fest gelte »dem zu Erringenden, ... dem Kampfe für Abschüttelung innerer und äußerer Gewalt, für Erstrebung gesetzlicher Freiheit und deutscher Nationalwürde«.

Was dann geschieht, zeigt deutlich, dass die Behörden durch die liberale Volksbewegung in hohem Maß beunruhigt, aber auch verunsichert sind. Sie reagieren zunächst mit einem Verbot. Als sich eine unerwartet starke Protestwelle erhebt, nehmen sie dieses aber vollständig zurück.

Das Volksfest beginnt bereits am 26. Mai. Es wird durch Glockengeläut, Böllerschüsse und Freudenfeuer eingeleitet. Für die zahlreich erwarteten Gäste stehen Privatquartiere und Unterkünfte in den Schulen bereit. Um den Behörden keinen Anlass zu einem neuen Verbot zu geben, ist das Waffentragen untersagt. Viele der Festteilnehmer treffen sich am Abend in den Weinwirtschaften von Neustadt und diskutieren mit heißen Köpfen ihre freiheitlichen Forderungen. Die Stimmung ist ausgezeichnet.

Am folgenden Morgen versammeln sich die Festgäste auf dem Marktplatz und ziehen dann in einem geordneten Zug den Burgberg hinauf. Wieder läuten die Glocken; Kanonen donnern Salut. Überall sind schwarz-rot-goldene Fahnen zu sehen. – Inzwischen gelten die Farben der Deutschen Burschenschaft längst als Symbol für das Freiheits- und Einheitsstreben der liberalen Bürger und Studenten. Die auffallend große schwarz-rot-goldene Fahne von Neustadt trägt die Aufschrift: »Deutschlands Wiedergeburt«.

Die politische Gesinnung der Demonstranten kommt auch in ihren Liedern zum Ausdruck. Dreihundert Neustädter Handwerksgesellen stimmen einen Festgesang an, der von Siebenpfeiffer verfasst und eingeübt worden ist:

> *»Was tändelt der Badner mit Gold und Rot,*
> *Mit Weiß, Blau, Rot Bayer und Hesse?*
> *Die vielen Farben sind Deutschlands Not.*
> *Vereinigte Kraft nur zeugt Größe:*
> *Drum weg mit der Farben buntem Tand!*
> *Nur eine Farb' und ein Vaterland!«*

Rund 30.000 Menschen versammeln sich um die Ruine der Burg Hambach, auf der nun eine schwarz-rot-goldene und eine weiß-rote polnische Fahne flattern. Damit wird das Fest zur ersten großen politischen Massenkundgebung in Deutschland. Hier treffen sich vor allem Mitglieder des Bildungs- und Besitzbürgertums, z. B. Handwerksmeister, Kaufleute, Akademiker und Studenten. Aber auch viele Kleinbürger, etwa Handwerksgesellen und kleinere Bauern, sind vertreten.

Am Vormittag und am Nachmittag werden mehr als zwanzig politische Reden gehalten. Leidenschaftlich setzen sich die Redner für die Einheit und Freiheit Deutschlands ein. Der Journalist Siebenpfeiffer beendet seine Rede mit folgenden programmatischen Sätzen: »Es lebe das freie, das einige Deutschland! Hoch leben die Polen, der Deutschen Verbündete! Hoch leben die Franken, der Deutschen Brüder, die unsere Nationalität und Selbständigkeit achten! Hoch lebe jedes Volk, das seine Ketten bricht und mit uns den Bund der Freiheit schwört! Vaterland, Volkshoheit, Völkerbund hoch!«

Die Versammelten begreifen gut, was gemeint ist. Die Polen haben sich gegen die zaristische Unterdrückung zur Wehr gesetzt – freilich ohne Erfolg. Den Franzosen, hier altertümlich als Franken bezeichnet, ist es in zwei Revolutionen gelungen, das Joch des Absolutismus abzuschütteln.

Allerdings erinnert sie Siebenpfeiffer an ihre Verpflichtung, auch die Rechte der anderen Nationen zu achten. Immer noch gibt es viele Franzosen, die darauf hoffen, deutsches Land – die Pfalz und Teile des Rheinlands – bis zur Rheingrenze, wie es schon einmal in den Revolutionskriegen geschehen ist, dauerhaft für sich zu gewinnen.

Gesellig hat das Fest am Vorabend begonnen. Mittags können sich mehr als eintausend Personen an vorbereiteten Tischen stärken. Nur kurz wird das Essen durch einen Regenschauer unterbrochen.

Die Mehrzahl der Teilnehmer kann sich das Festmahl, das einen Gulden und fünfundvierzig Kreuzer kostete, freilich nicht leisten. An einer Reihe von Ständen werden preiswertere Speisen und Getränke feilgeboten. Viele der Festgäste haben sich auch mit eigenem Proviant versorgt.

Fröhlich und ausgelassen endet der Festtag. Ein Hambacher Winzer beschreibt die Stimmung recht drastisch, aber wohl durchaus treffend: »Die ganze Nacht wurde geschossen, gefressen, gesoffen und jubiliert.«

Insgesamt ist das Hambacher Fest ein gewaltiger propagandistischer Erfolg für die Freiheitsbewegung in Deutschland. Viele Zeitungen berichten darüber. Die offizielle Festbeschreibung, die auch die meisten Reden enthält, findet weite Verbreitung. Tücher, Schürzen und Pfeifenköpfe werden mit Motiven des Hambacher Festes verziert und werben indirekt für deutsche Einheit und Freiheit.

Einige der regierenden Fürsten haben Beobachter nach Hambach entsandt, um die Stimmung im Volk zu erkunden. Die Nachricht, dass das Fest einen insgesamt ruhigen Verlauf genommen hat, kann sie aber kaum beschwichtigen. Die Hauptverantwortlichen werden angeklagt und schließlich wegen Beleidigung verurteilt. Der Journalist Siebenpfeiffer kann aus dem Gefängnis fliehen und rettet sich in die Schweiz. Ähnlich ergeht es seinem Gesinnungsgenossen, dem Schriftsteller Johann Georg August Wirth.

Inzwischen ist der Liberalismus aber zu einer beachtlichen Massenbewegung angewachsen und bietet den Regierenden Anlass zu tiefster Besorgnis. Noch immer glauben sie, ihn durch Unterdrückungsmaßnahmen ausmerzen zu können. Die Revolution des Jahres 1848 zeigt, dass dieser Versuch fehlgeschlagen ist.

Symbol einer neuen Zeit

Die erste deutsche Eisenbahn (1835)

Seit der Erfindung der Lokomotive in England sind inzwischen viele Jahre vergangen. Am 27. September 1825 verkehrt dort der erste dampfgetriebene Personenzug, und zwar zwischen Stockton und Darlington. Der Ingenieur George Stephenson hat die Lokomotive gebaut.

Es dauert allerdings noch ganze zehn Jahre, bis in Deutschland die erste Eisenbahnlinie eröffnet werden kann. Sie verbindet die benachbarten Städte Nürnberg und Fürth miteinander.

Am 7. Dezember 1835, einem Montag, ist es endlich so weit. Zu Tausenden sind die Nürnberger bereits am frühen Morgen erschienen, um ja die erste Fahrt des seltsamen Vehikels nicht zu verpassen.

Die aufregendsten Gerüchte sind im Umlauf. So hat das bayerische Obermedizinalkollegium ein warnendes Gutachten erstellt: »Die schnelle Bewegung muss bei den Reisenden unfehlbar eine Gehirnkrankheit erzeugen. Wollen aber Reisende trotzdem dieser grässlichen Gefahr trotzen, so muss der Staat wenigstens die Zuschauer schützen, denn sonst verfallen diese beim Anblick des schnell dahinfahrenden Dampfwagens genau derselben Gehirnkrankheit. Es ist daher notwendig, die Bahnstrecke auf beiden Seiten mit einem hohen, dichten Bretterzaun einzufassen.« – All dies steigert die Erregung des Publikums nur noch mehr.

Der Platz um den Bahnhof oder um das »Verwaltungslokal der Eisenbahngesellschaft«, wie er damals noch heißt, ist mit

Girlanden und blau- und rotweißen Fahnen geschmückt. Am Schienenstrang stehen in festlicher Kleidung die Direktoren der Gesellschaft und zahlreiche Aktionäre. Sie haben insgesamt 175.000 Gulden für die Bahn aufgebracht. Viele von ihnen stellen sich in diesen Minuten wohl die Frage, ob sich der gewaltige Aufwand auch lohnen wird.

Die Zuschauer betrachten neugierig den Zug, der auf das Signal zur Abfahrt wartet. Die Lokomotive trägt den vielversprechenden Namen »Adler«. Sie ist – wie übrigens auch die Wagen – in England von George Stephenson gebaut worden. So verwundert es nicht, wenn ein englischer Maschinist auf dem offenen Führerstand steht und dort, von allen aufmerksam beobachtet, die geheimnisvollen Hebel bedient. Er trägt Frack und Zylinder und bezieht mit 1500 Gulden im Jahr ein doppelt so hohes Gehalt wie die bestbezahlten deutschen Angestellten der Gesellschaft.

Die Personenwagen sehen aus wie große Pferdekutschen. Sie sind gelb oder grün angestrichen und nur zum Teil mit einem Dach versehen. Rund zweihundert Ehrengäste haben in ihnen Platz genommen, um an der allerersten Fahrt teilzunehmen.

Inzwischen wird der Kessel beheizt. Schwarze Qualmwolken fahren aus dem Schornstein und lassen große Rußflocken auf die Fahrgäste hinabschweben.

Nach einem Hoch auf den bayerischen König Ludwig I. gibt ein Kanonenschuss das Zeichen zur Abfahrt. Langsam und prustend setzt sich die Lokomotive mit ihren Anhängern in Bewegung. Pferde scheuen und bäumen sich auf. Die Menschen entlang der Geleise aber schauen dem Zug nach und jubeln.

Die erste Fahrt dauert nur wenige Minuten. Immerhin ist mancher Zweifel, ob sich das seltsame Gefährt überhaupt in Bewegung setzen würde, dadurch besiegt.

Nun dürfen auch Journalisten, die für ihre Zeitungen berichten wollen, mitfahren. Der Reporter des »Stuttgarter Morgenblattes« notiert unter anderem: »Wer zum Schwindel geneigt ist, muss es freilich vermeiden, die vorüberfliegenden, näher gelegenen Gegenstände ins Auge zu fassen.«

Die erste deutsche Eisenbahn besteht ihre Bewährungsprobe. Aber an diesem kühlen Dezembertag ahnt kaum jemand, wie rasch sich das neue Verkehrsmittel durchsetzen wird. Wenige Jahrzehnte später ist Deutschland, ja ganz Europa von einem dichten Eisenbahnnetz überzogen.

Rückkehr nach Frankreich

Die Überführung Napoleons von Sankt Helena nach Paris (1840)

Napoleon hat versucht, in zahlreichen Kriegen Europa seinem Willen zu unterwerfen. In der Völkerschlacht bei Leipzig im Oktober 1813 und schließlich im Juni 1815 bei Waterloo südlich von Brüssel versinkt der Traum von einer neuen Welt.

In Paris wird er gezwungen, die Kaiserkrone niederzulegen. Diesmal lassen sich die siegreichen Alliierten auf keine Zugeständnisse ein: Der gestürzte Monarch wird auf die im Atlantischen Ozean zweitausend Kilometer westlich von Angola gelegene Insel Sankt Helena verbannt und hier von englischen Soldaten argwöhnisch bewacht. – Verbittert stirbt er dort bereits im Jahr 1821.

Für Frankreich und für Europa insgesamt ist er der machtlüsterne Usurpator, der den Völkern Krieg und Tod beschert hat. So verwundert es nicht, dass nach seinem Sturz das bourbonische Herrschaftshaus erneut an die Macht kommt. Die Brüder des in der Revolution ermordeten Königs Ludwig XVI. verstehen es allerdings nicht, das Volk für sich zu gewinnen. Die Herrschaft Ludwigs XVIII. und Karls X. bleibt ausgesprochen unpopulär. Mancher beginnt von den angeblich guten Zeiten Napoleons zu träumen.

Die allgemeine Unzufriedenheit führt zu einer zweiten Revolution. Sie bringt im Jahr 1830 den sogenannten »Bürgerkönig« Louis Philippe an die Macht. Er versucht durch Sparsamkeit und Volkstümlichkeit öffentliche Anerkennung zu gewinnen. So mischt er sich mit seinem Regenschirm unter die Spaziergänger und verwickelt sie in leutselige Gespräche. Das wohlhabende Bürgertum genießt die ihm eingeräumten Privilegien. Die angestammten europäischen Monarchen nehmen Louis Philippe aber nicht sonderlich ernst.

Von Neuem erinnern sich die Franzosen an die vermeintlich glorreiche Zeit Napoleons. Die Opfer und Leiden des Krieges sind nun weitgehend vergessen. In Erinnerung bleibt der geniale Feldherr, der die große Nation, »la grande nation«, zur Herrin Europas gemacht hat. Verglichen mit der Vergangenheit wirkt die Gegenwart langweilig und erniedrigend. Eine Woge nostalgischer Napoleon-Verehrung überschwemmt das Land.

König Louis Philippe begreift, dass die Begeisterung für den toten Kaiser in der Unzufriedenheit mit der Gegenwart und mit seiner eigenen Herrschaft wurzelt. So entschließt er sich zu einer ungewöhnlichen Geste: Im Mai 1840 verkündet sein Innenminister vor dem Abgeordnetenhaus: »Meine Herren, der König hat seiner Königlichen Hoheit, dem Prinzen von Joinville, befohlen, mit seiner Fregatte zu der Insel Sankt Helena zu segeln und die sterblichen Überreste des Kaisers Napoleon heimzuholen. Wir bitten Sie um die Mittel für einen würdigen Empfang auf Frankreichs Erde und zur Errichtung einer endgültigen Grabstätte für Napoleon.« Die Abgeordneten der Kammer reagieren mit großem Beifall und bewilligten großzügig den geforderten Kredit. –

Im Juli des Jahres 1840 macht sich der Prinz von Toulon aus auf die lange Reise. Er wird von vier Männern begleitet, die Kaiser Napoleon in seiner Gefangenschaft Gesellschaft geleistet haben. Es handelt sich um die Generäle Bertrand und Gourgaud, den Grafen de la Cases, dem der Gefangene seine Lebenserinnerungen in die Feder diktiert hatte, und den Kammerdiener Marchand.

Anfang Oktober erreicht die Fregatte »La Belle Poule« die Insel Sankt Helena. Eine Woche später wird das Grab des Kaisers geöffnet. Er hat sich in seinem Sarg überraschend gut erhalten. Der Tote trägt eine dunkelgrüne Uniform mit roten Aufschlägen.

Nach zwei Minuten wird der Sarg wieder geschlossen. Zwei Tage später sticht die Fregatte des Prinzen erneut in See und macht sich mit den Gebeinen Napoleons an Bord auf den Weg nach Frankreich. Am 3. November landet sie in Cherbourg.

Die Rückkehr Napoleons nach Paris gleicht einem Triumphzug. Die Straßen sind reich beflaggt. Zu beiden Seiten stehen in doppelter Reihe Soldaten und Nationalgardisten, um die Schaulustigen zurückzuhalten. Von den Kirchtürmen läuten die Glocken. Die Artillerie feuert Salut. Dazwischen spielen Militärkapellen.

Der Sarg ruht auf einem großen Schild, der von zwölf vergoldeten Statuen getragen wird. Sie symbolisieren die Siege des Kaisers. Der Leichenwagen wird von Hunderten von Infanteristen, Kavalleristen und Matrosen begleitet. Schließlich hält er im Ehrenhof des Hôtel des Invalides, das König Ludwig XIV. einst für kriegsversehrte Veteranen errichtet hat. Der Sarg wird vom Wagen gehoben und in das Innere der Kirche gebracht. Dort herrscht tiefes, feierliches Schweigen.

Der Prinz tritt nun vor seinen Vater König Louis Philippe und meldet ergriffen: »Sire, ich übergebe Ihnen die sterbliche Hülle des Kaisers Napoleon I.« Nicht wenige der Anwesenden haben Tränen in den Augen. Aber vielleicht denkt der eine oder andere auch an das Leid und die ungeheuren Zerstörungen, die der Kaiser der Franzosen über Europa gebracht hat. – Endlich beginnt die Totenmesse.

Zwanzig Jahre lang steht der Sarg in der Kapelle des heiligen Hieronymus. Erst im Jahr 1861 wird die Krypta vollendet, in der Napoleon seine letzte Ruhestätte finden soll. In Anwesenheit Kaiser Napoleons III., seines Neffen, stellt man dort den sechsfachen Sarkophag auf. Über der Tür zur Krypta stehen noch immer die Worte, die Napoleon in seinem Testament niedergeschrieben hatte: »Ich wünsche, dass meine Asche an den Ufern der Seine ruhen möge – inmitten des französischen Volkes, dem meine ganze Liebe gehört.«

Für die Franzosen ist der Kaiser längst zur Legende geworden. Die historische Wahrheit trat in den Hintergrund. Auch heute noch ist der Invalidendom mit dem mächtigen Porphyrsarg, in dem die Gebeine des Toten ruhen, eine Art nationales Heiligtum.

Arbeiterelend

Die Lage der arbeitenden Klasse in England (1845)

Im Jahr 1845 veröffentlicht Friedrich Engels, der Sohn eines Textilfabrikanten aus Wuppertal-Barmen, sein Buch »Die Lage der arbeitenden Klasse in England«. Er kennt die Verhältnisse dort aus eigener Anschauung. Sein Buch ist eine erschütternde Dokumentation der Zustände zu Beginn der sogenannten industriellen Revolution.

Engels führt uns in die Stadtviertel der Armen und zeigt uns, wie die Menschen dort leben. Die Häuser sind meist ein- oder zweistöckige Ziegelgebäude mit drei oder vier Zimmern und einer Küche. Nicht selten werden auch die Kellerräume bewohnt. Türpfosten und Fensterrahmen sind oft zerbrochen, die Mauern bröckelig und die Fenster ohne Scheiben. Die Türen bestehen aus grob zusammengenagelten Brettern, wenn sie nicht überhaupt fehlen.

Auf den Straßen, die holprig und ungepflastert zwischen den Häusern liegen, sammelt sich in Pfützen und auf Haufen aller erdenklicher Unrat. In manchen Stadtteilen gibt es fast keine Aborte, und in jeder Nacht werden der Kot und der Urin von Zehntausenden von Menschen einfach in den Rinnstein geschüttet. Jedoch hindert der Dreck die Bewohner nicht daran, tagsüber ihre Wäsche von Haus zu Haus über die Straße zu spannen. Wo sonst sollten sie sie auch trocknen?

Die Händler verkaufen hier ihre Waren. Oft sind sie schlecht und kaum mehr genießbar, so dass sie sich anderswo nicht mehr absetzen lassen. Der Speck zum Beispiel ist ranzig, und das Fleisch stammt von kranken oder eingegangenen Tieren.

Die Ärmsten der Arbeiter kaufen ihre Lebensmittel zum Teil erst am Samstagabend zwischen zehn und zwölf Uhr ein. Sie wissen, dass am Sonntag nichts mehr verkauft werden darf, und so schlagen die Händler die verderblichen Nahrungsmittel in dieser Zeit zu stark herabgesetzten Preisen los.

Manche Waren sind auch verfälscht, um sie billiger zu machen oder den Profit der Kaufleute zu erhöhen. So werden dem Tee geröstete Schlehenblätter beigemischt oder dem Kakaopulver feine braune Erde.

In Häusern und Wohnungen herrschen fast unbeschreibliche Zustände. Ein besonders krasser Fall wird bekannt, als im Januar 1844 zwei Jungen der Polizei vorgeführt werden, weil sie aus Hunger einen halb gekochten Kuhfuß aus einem Laden gestohlen haben.

Bei der Untersuchung stellt sich heraus, dass sie mit ihrer Mutter, einer Witwe, und vier weiteren Geschwistern in größtem Elend leben. Ein kleines Hinterzimmer ist die ganze Wohnung. Außer zwei alten Binsenstühlen ohne Boden und einem Tischchen mit zwei zerbrochenen Beinen gibt es keine Möbel. Eine zerbrochene Tasse und eine kleine Schüssel sind das gesamte Geschirr. Die karge Kleidung dient zugleich als Zudecke, weil die Frau ihr Bett und ihre Betttücher aus Not verkauft und verpfändet hat.

Wie groß das Elend ist, zeigt sich auch an der Sterblichkeitsziffer. In Manchester zum Beispiel sterben 57 Prozent der Arbeiterkinder vor dem 5. Lebensjahr, während es bei den höheren Klassen nur 20 Prozent sind.

Überhaupt leiden die Kinder mehr als die Erwachsenen unter diesem Elend. In einzelnen Fällen werden sie bereits mit fünf Jahren von Fabrikanten beschäftigt, häufig mit sechs, sehr oft mit sieben, meist mit acht bis neun Jahren. Die tägliche Arbeitszeit beträgt bis zu 16 Stunden.

Die Aufseher scheuen sich nicht, die Kinder zu schlagen und zu misshandeln. Von einem schottischen Fabrikanten wird berichtet, er sei einem entlaufenen sechzehnjährigen Arbeiter nachgeritten und habe ihn gestellt. Dann habe er den Jungen gezwungen, vor dem trabenden Pferd herzulaufen und ihn zugleich mit der Peitsche verprügelt.

Die Kinder, die in frühem Alter bereits hinter der Maschine stehen müssen, können werktags die Schule nicht besuchen. In den Sonntagsschulen der Glaubensgemeinschaften schlafen sie, sofern sie überhaupt erscheinen, vor Erschöpfung immer wieder ein.

Entsprechend ist es um ihre Bildung und um ihr Wissen bestellt. Ein Kind hat fünf Jahre lang die Sonntagsschule besucht. Es weiß nicht, wer Jesus Christus ist, hat den Namen aber gehört, nie dagegen die der zwölf Apostel. Andere Sonntagsschüler meinen, Jesus Christus sei Adam, ein Apostel oder »Sohn des Herrn des Erlösers«. Viele wissen nicht, wie viel zwei mal zwei ist.

In den Betrieben wird in gebrochenem Licht und stickiger Luft, bei Maschinenlärm und schwirrenden, gefährlichen Transmissionsriemen gearbeitet. Zudem herrschen strenge Vorschriften. So wird zum Beispiel den Webern, die keine Schere bei sich haben, ein Penny von ihrem Lohn abgezogen. Alle zerbrochenen Weberschiffchen, Bürsten, Ölkannen, Räder usw. müssen von ihnen selbst bezahlt werden. Wer mit jemand anderem spricht, wer singt oder pfeift, zahlt sechs Pence Strafe.

Kein Wunder, wenn diese Arbeits- und Lebensverhältnisse tückische Krankheiten ausbrüten, vor allem die Lungenschwindsucht. Kein Wunder auch, wenn sie überall die Zahl der Verbrechen sprunghaft in die Höhe schnellen lassen. In dieser frühen Zeit sind die Industriearbeiter ein Millionenheer ohne Hoffnung, und sie werden noch manches Jahrzehnt brauchen, um ihre Lage aus eigener Kraft oder mit fremder Hilfe zu bessern.

Barrikadenkampf

Der bedeutende Dichter Theodor Fontane hat uns seine Erlebnisse während der Revolution in Berlin am 18. März 1848 aufgeschrieben. Damals arbeitet er als Apotheker in der Nähe des Alexanderplatzes. So kann er gut beobachten, wie sich die Stimmung der Bevölkerung im Herzen der preußischen Hauptstadt entwickelt.

Seit die Nachrichten von der Revolution in Paris bekannt sind und als endlich die Berichte vom Aufstand der Wiener Bevölkerung eintreffen, werden die Berliner ungeduldig. Nun möchten auch sie die bürgerlichen Freiheiten erlangen, die König Friedrich Wilhelm IV. ihnen vorenthält. Sie fordern eine Verfassung für Preußen, verlangen Versammlungs- und Pressefreiheit und viele andere Rechte.

Immer wieder kommt es in diesen Tagen zu ersten Straßenkrawallen. Die Armee greift rasch durch und jagt die Demonstranten auseinander. Die Erbitterung der Bürger wächst und richtet sich vor allem gegen die Soldaten.

Am 18. März, einem Samstag, verbreitet sich freudige Erregung, als man erfährt, dass der König großmütig alle Forderungen bewilligt habe. Viele Bürger ziehen ihre Festtagskleidung an und strömen nach Mittag auf den Platz vor dem Schloss, um ihm zu danken. Als der König auf dem Balkon erscheint, wird er mit jubelndem Vivat empfangen. Die Menschenmenge drängt sich nach vorn, um ihm näher zu sein. In Berlin wird es – anders als in Paris und Wien – kein Blutvergießen geben!

Vor dem Portal des Schlosses jedoch sind zum Schutz Seiner Majestät unter den Befehl des Generals von Prittwitz Gardedragoner aufgestellt worden. Sie reiten im Schritt auf die Versammelten zu, um sie am Betreten des Schlosses zu hindern und behutsam abzudrängen.

Die Krawalle der vergangenen Tage haben die Bürger zutiefst gegen das Heer erbittert. Was hier geschieht, empfinden sie als Provokation! So drängen sie jetzt umso heftiger gegen die Soldaten an, fallen ihnen in die Zügel und versuchen sie von ihren Pferden zu reißen.

In diesem Augenblick eilt aus dem Schlossportal eine Schützenlinie herbei. Zwei Schüsse krachen, ohne dass die genauen Umstände erkennbar sind. Niemand wird verletzt. Wie und warum es zu diesem Vorfall gekommen ist, lässt sich auch in der Folgezeit nicht klären.

Die Menschenmenge ist urplötzlich wie verwandelt. Die Stimmung hat sich völlig ins Gegenteil verkehrt. In Windeseile zerstreuen sich die versammelten Bürger, schäumen vor Wut über den vermeintlichen Verrat des Königs und schwören Rache.

Theodor Fontane erfährt die Vorgänge von seinem Chef, der auf dem Schlossplatz dabei gewesen ist. Entrüstet fasst dieser seine Ansicht am Schluss der Erzählung zusammen: »Ja, meine Herren, so was ist noch nicht dagewesen. Das ist ja die reine Verhöhnung: Alles versprechen und dann schießen lassen, und auf wen? Auf uns, auf ganz achtbare Leute, die Front machen und grüßen, wenn eine Prinzessin vorbeifährt, und die prompt ihre Steuern bezahlen.«

Theodor Fontane macht sich selbst auf, von plötzlicher Revolutionsbegeisterung ergriffen. Er sieht, wie die Bürger unterwegs Wagen und Droschken anhalten, umstürzen und zu Barrikaden ineinander keilen. Überall fehlt es an Waffen. So dringt er mit einem Trupp Aufständischer in das Königstädter Theater ein, wo Degen, Speere, Hellebarden und wohl mehrere Dutzend altertümliche Gewehre erbeutet werden. Das Pulver gibt der Kaufmann an der Ecke ohne Bezahlung her. Rasch zeigt sich aber, dass die Flinten völlig verrostet sind und beim ersten Schuss auseinanderfliegen würden.

Auf der Königsstraße bietet sich ein ungewöhnliches Bild. Die Revolutionäre haben die Dächer von ganzen Häuserblocks abgedeckt und lauern nun zwischen den Dachsparren auf die Ankunft des Heeres. Mit schnell zusammengerafften Gewehren und mit Dachziegeln wollen sie die Soldaten empfangen.

Unterdessen rücken vom Schloss her Truppen heran und bringen ihre Geschütze in Stellung. Eine Salve kracht nach der anderen. Aber es ist ein ungleicher Kampf. Die Bürger können das Feuer der Soldaten nur notdürftig erwidern. Es fehlt an allem.

In Kölln (Neukölln) haben die Aufständischen das Rathaus besetzt. Ein Trupp Soldaten rückt zum Schein von vorn her gegen sie vor, während ein anderer zugleich unbeobachtet das Gebäude umgeht und sich von der Rückseite nähert. Als die Verteidiger die schweren Soldatenstiefel auf der Treppe herankommen hören, lassen sie ihre Waffen fallen und suchen hinter einem großen schwarzen Kachelofen Deckung. Freilich vergeblich. Fast niemand von ihnen entgeht den Kugeln der Soldaten.

In den folgenden Stunden ziehen sich die Truppen – trotz ihrer Überlegenheit – mehr und mehr zurück. Nur langsam wird die Ursache dafür bekannt. Der König hat, zutiefst erschrocken über das blutige Gemetzel in den Straßen seiner Hauptstadt, den Rückzug befohlen und erneut alle Forderungen der Bürger bewilligt.

Fürs Erste hat die Revolution auch hier in Berlin gesiegt. Aber bald wird sich zeigen, dass dies nicht das letzte Wort ist …

Die Aufständischen zwingen den König, sich vor den Toten der Straßenschlacht zu verneigen. Insgesamt hat der Kampf unter der Zivilbevölkerung und unter den Soldaten mehrere hundert Tote gefordert.

Sono fratelli

Die Gründung des Roten Kreuzes durch Henri Dunant (1859)

24. Juni 1859 – Seit dem frühen Morgen tobt bei Solferino südlich des Gardasees die Schlacht. Italiener und Franzosen auf der einen und Österreicher auf der anderen Seite liefern sich ein erbittertes und blutiges Treffen. Diesmal muss sich entscheiden, wer in Italien herrschen soll, ob es zu einem großen, einigen Königreich aller Italiener kommt oder ob Österreich seine gewaltigen Besitzungen in Oberitalien zu verteidigen vermag.

Durch Zufall wird der reiche Genfer Geschäftsmann Henri Dunant Zeuge dieses Ringens. Er hat sich eine Kutsche gemietet und ist, mit weißem Anzug und weißem Strohhut wie ein Tourist gekleidet, auf dem Weg ins Lager des französischen Kaisers Napoleon III., um ihm eine geschäftliche Bitte vorzutragen.

Doch dazu soll es nicht mehr kommen. Gespannt und erschüttert zugleich steht er mit anderen Beobachtern auf einem Hügel und sieht, wie die mehr als 300.000 Soldaten aufeinanderprallen und ein entsetzliches Gemetzel entfachen. Kanonenkugeln schwirren durch die Luft und reißen tiefe Breschen in die Linien. Die Fußtruppen feuern, solange es geht. Dann schmettern sie im Nahkampf mit ihren Gewehrkolben auf die Gegner ein oder stoßen ihnen die Bajonette in den Leib.

Die Kavallerie setzt ohne Rücksicht über die Gestürzten hinweg. Alle, die im Weg liegen, werden erbarmungslos zerstampft. Hier zertrampeln die Pferdehufen eine Schädeldecke oder eine Kinnlade, dort einen Arm oder einen Brustkorb.

Viele Stunden lang währt dieses furchtbare Blutbad. Die Soldaten auf beiden Seiten kämpfen verbissen und wie im Rausch. Oft wissen sie selbst nicht recht, wofür sie sich eigentlich gegenseitig morden. –

Endlich ist die Schlacht vorbei. Die Österreicher sind unterlegen; die überlebenden Italiener triumphieren.

Als sich der Pulverdampf verzogen hat, offenbart sich neues, entsetzliches Grauen. Rund vierzigtausend Gefallene und noch einmal vierzigtausend Verwundete bedecken das Schlachtfeld. Die wenigen Militärärzte wissen nicht, wo sie mit ihrer blutigen Arbeit anfangen sollen. Pausenlos werden im Lazarett zerschmetterte Arme und Beine mit der Knochensäge amputiert. Hin und wieder sinkt einer der Ärzte vor Erschöpfung in sich zusammen.

Henri Dunant sieht dieses Elend, und sein Gewissen gebietet ihm zu helfen. In den Dörfern ringsum wirbt er um Menschen, die ihn unterstützen wollen. Und tatsächlich hat er Erfolg. Verbandsleinen erbettelt er bei den französischen Behörden. Dann geht er mit seinen Helfern zurück auf das Schlachtfeld, um mit der schrecklichen Arbeit zu beginnen.

Stöhnend liegen die Verwundeten auf dem regennassen Boden verstreut. Selbst können sie sich nicht mehr helfen. Sie leiden unter furchtbaren Schmerzen, flehen verzweifelt um Hilfe oder auch nur um einen Trunk Wasser. Inzwischen sind unzählige Insekten von der Hitze und dem Geruch des Blutes angelockt worden und haben sich auf ihren offenen Wunden gesammelt.

Henri Dunant und seine Begleiter helfen, wo Hilfe noch möglich ist. Sie waschen das Blut ab und verbinden die Wunden, sprechen Trost zu und notieren die letzten Wünsche der

Sterbenden, um den Angehörigen Bescheid geben zu können.

In Kirchen und Klöstern, in Scheunen und Ställen lässt Dunant notdürftige Lazarette errichten, damit die Unglücklichen wenigstens ein Dach über dem Kopf haben. Immer mehr Frauen und Männer strömen herbei, um sich ihrer anzunehmen. In einer dieser Unterkünfte fällt dann das Wort, das zur Losung für eine weltweite Bewegung werden soll: »Sono fratelli, sono tutti fratelli – Wir sind Brüder, wir alle sind Brüder.«

Niemand weiß, ob Dunant selbst oder ob eine italienische Bäuerin es zum ersten Mal gesprochen hat. Wie dem auch sei: Alle verstehen diesen Satz. Verwundete von Solferino oder von sonst irgendwoher sind nicht mehr nur Italiener, Franzosen oder Österreicher. Sie sind zu allererst Menschen, denen in ihrer Not und Verzweiflung geholfen werden muss.

Im Jahr 1862 veröffentlicht Dunant seine »Erinnerungen an Solferino«. Dieses ergreifende Buch aber enthält mehr, als der Titel sagt. Es ist zugleich ein Aufruf zur Gründung einer internationalen Organisation, die das Elend zukünftiger Kriege mildern soll.

Im August 1864 ist er dann so weit. In Genf, der Vaterstadt Dunants, unterzeichnen die Vertreter von 16 Staaten die sogenannte Erste Genfer Konvention und begründen damit das Rote Kreuz.

Gegen die Sklaverei

Abraham Lincoln und der Kampf um die Einheit der Nation (1863)

Im Jahr 1860 wird Abraham Lincoln zum Präsidenten der Vereinigten Staaten von Amerika gewählt. Der aus ärmlichen Verhältnissen stammende Rechtsanwalt hat sich mit Energie, Fleiß und Ehrgeiz emporgearbeitet. Nun verwaltet er das höchste Amt im Staat.

Seine Anhänger und seine Gegner wissen, was sie von ihm zu erwarten haben. Noch immer existiert in den südlichen Staaten der Union die Sklaverei. Die Plantagenbesitzer sind der Ansicht, dass die riesigen Baumwoll-, Tabak- und Zuckerrohrfelder nur mit Hilfe von Negersklaven bewirtschaftet werden können, weil die Weißen für die schwere und Kraft zehrende Arbeit nicht taugen.

Seit Jahren allerdings wächst der Widerstand. Unter anderem trägt der volkstümliche Roman »Onkel Toms Hütte« von Harriet Beecher Stowe, der im Jahr 1852 erschienen ist, dazu bei, die Zahl der Gegner der Sklaverei drastisch zu erhöhen.

Für Abraham Lincoln steht die Einheit des Staates im Vordergrund. Gern zitiert er einen Satz aus dem Matthäus-Evangelium: »Ein Haus, das in sich uneins ist, hat keinen Bestand.« Und er fügt hinzu: »Ich bin der Ansicht, dass diese Regierung auf die Dauer nicht halb für und halb gegen die Sklaverei sein kann.«

Die Südstaaten, in denen die Sklaverei noch erlaubt ist, verstehen den Sinn dieser Worte. Sie ahnen, dass eine Entscheidung gegen sie unmittelbar bevorsteht. Vorsorglich erklärt Süd-Carolina seinen Austritt aus der Union. Zehn weitere

Staaten folgen und gründen im Jahr 1861 die »Konföderierten Staaten von Amerika«, also ein eigenes, vom Norden unabhängiges Staatswesen.

Präsident Lincoln steht bereits zu Beginn seiner Amtszeit vor einer schwierigen Situation. Er ist jedoch nicht bereit, die Einheit der USA aufzugeben, und erklärt deshalb die Abspaltung der Südstaaten, die sogenannte Sezession, für verfassungswidrig.

Im April 1861 antworten die Konföderierten mit einem Angriff auf die Truppen der Union und geben damit das Zeichen zum Krieg. Vier Jahre lang dauert das blutige Ringen, das mit äußerster Erbitterung geführt wird und insgesamt 600.000 Tote fordert. Am Ende des Krieges sind weite Gebiete des amerikanischen Südens verwüstet. Noch jahrzehntelang hält sich tiefer Hass zwischen den verfeindeten Parteien.

Noch während des Krieges, am 1. Januar 1863, hat Präsident Lincoln das Ende der Sklaverei proklamiert: »Kraft meiner Macht ... ordne ich an und verkünde, dass alle ... als Sklaven gehaltenen Personen frei sind und frei bleiben sollen.«

Auf dem Schlachtfeld von Gettysburg in Pennsylvania, wo das blutigste Treffen des Krieges mit etwa 50.000 Opfern stattgefunden hat, nennt Lincoln anlässlich der Totenehrung im November 1863 noch einmal die Beweggründe für sein Handeln: »Vor 87 Jahren brachten unsere Väter auf diesem Kontinent eine neue Nation zustande, empfangen in Freiheit und dem Grundsatz geweiht, dass alle Menschen gleich geschaffen sind ... Es ist an uns ..., dass diese Toten nicht umsonst gestorben sind, dass diese Nation mit Gott eine neue Geburt der Freiheit erlebt, dass die Regierung des Volkes durch das Volk und für das Volk nicht untergeht.«

Tatsächlich gelingt es den regierungstreuen Truppen Lincolns, eine militärische Entscheidung zu ihren Gunsten zu erzwingen. Am 9. April 1865 kapitulieren die Einheiten der Konföderierten. Der grausame Kampf ist – von Ausnahmen abgesehen – zu Ende. Die Zukunft erscheint hoffnungsvoll. Am Abend des 14. April 1865 besucht Abraham Lincoln mit seiner Frau und Freunden »Ford's Theater« in Washington, um das Stück »Unser amerikanischer Vetter« anzuschauen. Die Komödie hat bereits begonnen, als der Präsident in seiner Loge eintrifft. Kurz unterbrechen die Schauspieler ihre Aufführung. Zu Ehren des hohen Gastes spielt die Kapelle die Präsidentenhymne. Dann geht das Spiel weiter. Die Zuschauer in dem bis zum letzten Platz gefüllten Theatersaal amüsieren sich köstlich.

Im dritten Akt dröhnt plötzlich ein Schuss. Die Zuschauer fahren auf, denken zuerst aber, dass er irgendwie mit der Handlung zu tun habe. Was inzwischen geschehen ist, wird ihnen bald klar: Ein junger Mann schwingt sich über die Brüstung der Präsidentenloge und eilt auf die Bühne. Mit erhobenem Dolch ruft er in die fassungslose Zuschauermenge hinein: »Sic semper tyrannis! – So soll es stets allen Tyrannen ergehen!« Dann verschwindet er in den Kulissen und entflieht durch den Hinterausgang des Theaters.

Im Zuschauerraum verbreitet sich Panik. Viele drängen zur Loge des Präsidenten, um zu sehen, was geschehen ist. Anwesende rufen erregt nach einem Arzt.

Lincoln liegt in seinem Blut. Die Kugel des Attentäters ist durch seinen Kopf hindurchgedrungen. Aber noch lebt der Präsident.

Selbstverständlich wird die Theateraufführung sofort abgebrochen. Man trägt den Verletzten in ein benachbartes Privathaus und lässt dieses von einer Wache umstellen. Der Generalarzt der Armee und andere Ärzte versuchen zu retten, was noch zu retten ist. Behutsam wird die draußen wartende

Menge darauf vorbereitet, dass die Überlebenschancen des Patienten äußerst gering sind.

In der Nacht versammelt sich das ganze Kabinett an seinem Krankenbett. Präsident Lincoln ist bewusstlos und offensichtlich gelähmt. Der Atem geht nur noch schwach.

Acht Stunden nach dem feigen Attentat, am Morgen des 15. April, stirbt er.

Sein Tod ruft in Amerika, aber auch in Europa tiefe Erschütterung und Anteilnahme hervor. Die »Leipziger Illustrierte Zeitung« schreibt: »Die Weltgeschichte ... wird ihm die Palme unsterblichen Ruhmes reichen, dem edeln vortrefflichen Menschen, dem weisen Staatsmann, dem Vorkämpfer und Märtyrer der Freiheit.«

Erst zwölf Tage nach dem Attentat wird der Mörder, ein Schauspieler namens John Wilkes Booth, entdeckt und auf der Flucht erschossen. Sein politischer Fanatismus – er war ein erbitterter Anhänger der Konföderierten und der Unabhängigkeit der Südstaaten – hatte ihn zu seiner schrecklichen Tat veranlasst.

Gemeinsam handeln

Frühe Genossenschaften in Deutschland (seit 1864)

In der Not ist der Mensch ganz besonders auf die Hilfe anderer angewiesen. Allein gelingt es ihm oft nicht, den verhängnisvollen Teufelskreis von Armut und Ausbeutung zu durchbrechen. Das im christlichen Glauben verankerte Gebot der Nächstenliebe verpflichtet. Freilich kommt es darauf an, dass der edlen Gesinnung auch Taten folgen, dass der Stärkere dem Schwächeren hilft oder dass sich viele, die in einer vergleichbar schwierigen Lage leben, zu gemeinsamem Tun vereinigen.

Diesem Zweck dient seit Menschengedenken der Staat. Eigentlich ist er ein Zusammenschluss der in einem bestimmten Gebiet lebenden Menschen, um die alle betreffenden Aufgaben gemeinsam zu meistern. Das alte Ägypten im fruchtbaren Nildelta mag als Beispiel dienen. Gemeinsam wird das fruchtbare Land verwaltet und bebaut; gemeinsam wehrt man sich gegen die vernichtende Kraft des Wassers; gemeinsam verteidigt man das Land gegen beutegierige feindliche Völkerschaften.

Andere Zusammenschlüsse widmen sich besonderen Einzelaufgaben. So vereinigen sich die friesischen Bauern an der Küste, um gegen die andrängende Flut der Nordsee einen Hunderte von Kilometern langen Deich aufzuschütten und zu erhalten. Die Alpengenossenschaften ermöglichen – übrigens bis zum heutigen Tag – eine gemeinsame Nutzung des schwierigen Geländes, z. B. in Form der Alm- bzw. Sennwirtschaft.

Die mittelalterlichen Zünfte sind genossenschaftliche Zusammenschlüsse der Handwerker eines Gewerkes, z. B. der

Bäcker und Metzger, der Gürtler und Zinngießer. Sie regeln nicht nur die Herstellungsweise und die Qualität der erzeugten Waren sowie die Ausbildung des handwerklichen Nachwuchses, sondern widmen sich auch sozialen Anliegen im eigentlichen Sinn. Sie helfen, wenn ein Mitglied der Zunft in Not gerät, und kümmern sich um die Witwe eines verstorbenen Handwerksmeisters. Für sein Seelenheil lassen sie Messen lesen.

Die sogenannte Dorfarmut hat es immer gegeben. Zwar werden die Besitzlosen und Nicht-Bodenständigen verachtet und verspottet, aber christliche Mildtätigkeit Einzelner, der Gemeinde oder der Kirche bewahrt sie in der Regel wenigstens vor dem Verhungern.

Große Hungersnöte, wie sie in vorindustrieller Zeit gar nicht selten waren und wie sie in manchen Teilen der Erde bis heute vorkommen, schaffen eine bedrohlich neue Lage. In Deutschland sind die Notjahre 1816–17 und 1845–49 nie ganz vergessen worden. Wie schrecklich die Folgen der damaligen Missernten waren, die durch einen Vulkanausbruch in Indonesien und durch die Kartoffelfäule ausgelöst wurden, zeigt am deutlichsten das irische Beispiel: Angeblich verhungerten auf der Insel in den späten vierziger Jahren 1,5 Millionen Menschen. Hunderttausende suchten ihr Heil in der Flucht und wanderten nach Nordamerika aus.

Die allgemeine Not veranlasst Einzelne zu klugem und beherztem Handeln. Friedrich Wilhelm Raiffeisen, nacheinander Bürgermeister in Weyersbusch, Flammersfeld und Heddesdorf im und am Westerwald, lässt bereits 1846 Brot für die Armen backen. Er baut Schulen und verbessert die Straßenverbindungen.

Wichtiger noch ist seine Hilfe für die armen Bauern, die auf fremde Darlehen angewiesen sind, um zu überleben. Nicht selten wird ihre Not von skrupellosen Wucherern ausgenutzt. Kennzeichnend ist, wie der Reformer sein Handeln begründet: Er beruft sich auf die christliche Nächstenliebe, die »je mehr geübt, um so kräftiger, um so nachhaltiger wird«. – Die Betonung liegt hier ganz besonders auf dem Gesichtspunkt der Nachhaltigkeit.

Raiffeisen gründet den Flammersfelder »Hilfsverein zur Unterstützung unbemittelter Landwirte«. Hier können die Bauern Geld ansparen und bei Bedarf zinsgünstige Kredite für den Ankauf von Saatgut, Vieh und landwirtschaftlichen Geräten erhalten. Im Jahr 1864 gründet er den »Heddesdorfer Darlehnskassenverein« und schafft damit das Modell für die zahlreichen Genossenschaftsbanken, die es heute überall auf der Welt gibt.

Hermann Schulze-Delitzsch sieht die Not einer anderen Bevölkerungsgruppe, die der Konkurrenz der aufstrebenden Industrie nicht mehr gewachsen ist. Nach seiner Auffassung kann sie ihr Los nur dadurch bessern, dass sie sich in Genossenschaften vereinigt.

Bereits im Jahr 1849 begründet er eine Schuhmachergenossenschaft im sächsischen Delitzsch nördlich von Leipzig. Er wirbt für Spar- und Kreditvereine, für Verteilungs- und Produktivgenossenschaften. Grundprinzip ist für ihn die Hilfe durch Selbsthilfe. Nur wer Mitglied einer Genossenschaft ist, hat Anspruch auf deren Leistung.

Schulze-Delitzsch, bekennender Liberaler, lehnt die unmittelbare Einflussnahme und Unterstützung durch den Staat ab. Folgerichtig wird er zum Mitbegründer der linksliberalen Fortschrittspartei; folgerichtig zieht er für die Liberalen in das preußische Abgeordnetenhaus und den norddeutschen Reichstag ein. Hier kämpft er für ein Genossenschaftsgesetz und damit für eine gesetzliche Grundlage des Genossenschaftswesens. Ab 1871 gehört Schulze-Delitzsch dem Deutschen Reichstag an. Sein Werk ist der »Allgemeine Verband der auf Selbsthilfe beruhenden Deutschen Erwerbs- und Wirtschaftsgenossenschaften«.

In der Ablehnung der unmittelbaren Staatshilfe unterscheidet er sich grundsätzlich von Ferdinand Lassalle, dem Gründer des Allgemeinen Deutschen Arbeitervereins, aus dem dann die Sozialdemokratische Partei Deutschlands hervorgeht.

Es ist leicht nachzuvollziehen, dass der Genossenschaftsgedanke auch in der neu entstehenden Arbeiterbewegung seine Anhänger findet. Anders als beim Mittelstand sind hier allerdings die erforderlichen finanziellen Mittel kaum aufzubringen. Die Baumwollspinnerei New Lanark, die Robert Owen, also ein Privatunternehmer, im Jahr 1799 in Schottland gründete, bleibt eine Ausnahme.

Owen verbessert die Arbeitsbedingungen der Beschäftigten. So verringert er deren Arbeitszeit, gründet eine Kranken- und Altersversicherung, lässt gesunde und erschwingliche Arbeiterwohnungen und eine Schule bauen und verbietet die Arbeit für Kinder unter zehn Jahren. Er erbringt den Beweis, dass sich die Produktivität eines Unternehmens auch so verbessern lässt und nicht notwendigerweise das Elend der Arbeiter voraussetzt.

Der bereits genannte Ferdinand Lassalle fordert in seinen programmatischen Reden und Schriften »Produktivassoziationen«, also genossenschaftlich organisierte Fabriken mit Staatshilfe. So, meint er, lässt sich die von den Kapitalisten betriebene Ausbeutung vermeiden, weil der produzierte Mehrwert nicht mehr Einzelnen, sondern der Gemeinschaft zugute kommt.

Ähnlich verhält es sich bei den Konsumgenossenschaften. Sie ermöglichen den Mitgliedern einen vergleichsweise billigen

Einkauf, weil die Gewinne an die Organisation zurückfließen. Stark sind vor allem die der SPD und den freien, d. h. sozialdemokratischen Gewerkschaften nahestehenden Konsumvereine, die sich im Jahr 1903 in Hamburg zum »Zentralverband deutscher Konsumvereine« zusammenschließen.

Es gibt auch vergleichbare Genossenschaften im Umfeld der christlichen Arbeiterbewegung, der christlichen Gewerkschaften und des Kolping-Vereins. Nicht vergessen werden sollten die privaten, von sozial eingestellten Fabrikanten ausgehenden Unternehmungen wie die im Jahr 1868 von Alfred Krupp gegründete »Kruppsche Konsumanstalt«, die der Belegschaft seiner Werke günstige Waren des täglichen Bedarfs anbietet. Sie bindet die Arbeiter – wie andere soziale Einrichtungen – aber auch an das Werk und verstärkt das allgemeine Wir-Gefühl.

Politische Klugheit

(Otto von Bismarck und
die Zukunft Deutschlands 1866)

Die mörderische Entscheidungsschlacht bei Königgrätz im
Jahr 1866 ist zu Ende. Das preußische Heer hat hier in Nord-
ostböhmen einen überwältigenden Sieg errungen. Nun lassen
die unterlegenen Österreicher ihre Bereitschaft zu einem Waffenstillstand und zu einem Frieden erkennen.

Im preußischen Lager aber gehen die Meinungen darüber weit auseinander. Auf der einen Seite stehen die hohen
Offiziere und der inzwischen fast siebzig Jahre alte König
Wilhelm I. Sie wollen den eben erst errungenen Waffen-
ruhm noch vergrößern, wollen nach Österreich einmar-
schieren und die Bevölkerung durch eine Parade auf den
Straßen der Hauptstadt Wien demütigen. Weil der Gegner
den Krieg angeblich begonnen hat, soll er zudem als Strafe zum Verzicht auf einige Teile seines Landes gezwungen
werden.

Otto von Bismarck, der sich als preußischer Ministerpräsident in der Nähe der Truppen aufhält, ist entschieden anderer
Meinung. Das Selbstgefühl Österreichs – so rät er – dürfe unter
keinen Umständen verletzt werden, und zwar aus zwei Gründen: Österreich werde sich sonst mit jedem Gegner Preußens
zusammenschließen, um bei günstiger Gelegenheit Rache zu
nehmen. Darüber hinaus seien Preußen bzw. Deutschland
auf Frieden mit dem südlichen Nachbarn angewiesen, und
vielleicht lasse sich eines Tages sogar einmal ein Bündnis mit
ihm schließen. Die militärischen Führer sind über Bismarcks

Haltung außerordentlich verärgert. Aber noch steht König Wilhelm I. auf ihrer Seite.

Am 23. Juli, also knapp drei Wochen nach der entscheidenden Schlacht, lässt der König den Kriegsrat zusammentreten, der über das österreichische Friedensangebot beraten soll. An diesem Tag leidet Bismarck an einer schmerzhaften Krankheit, und so versammeln sich die hohen Offiziere in seinem Zimmer. Auch hier trägt der Ministerpräsident seine Ansicht vor. Der König aber lässt sich nicht überzeugen.

Die vergangenen Tage und Wochen, die vielen Verhandlungen und die entsetzlichen Eindrücke auf den Schlachtfeldern haben an der Nervenkraft Bismarcks gezehrt. Nun steht er schweigend auf und geht in sein Schlafzimmer nebenan. Ein heftiger Weinkrampf schüttelt den Mann, der nach außen hin oft so hart und gefühllos erscheint.

Unterdessen brechen der König und die Offiziere auf. Bismarck setzt sich an seinen Schreibtisch und bringt seine Ansicht noch einmal zu Papier. Wenn der König sich auch diesmal nicht umstimmen lässt, dann will er nicht länger preußischer Ministerpräsident sein.

Mit seinem schriftlichen Entwurf begibt er sich am folgenden Tag zum mündlichen Vortrag. Der König hört ihn ruhig an und erhebt keine Einwände. Am Schluss aber lässt er deutlich erkennen, dass sich seine Meinung nicht geändert hat. Nach wie vor fordert er die Bestrafung des vermeintlich »Hauptschuldigen«.

Bismarck entgegnet, Preußen habe hier nicht den Richter zu spielen, sondern Deutschland unter seiner Leitung zu einigen.

Das Gespräch wird immer härter und heftiger. Keiner der beiden Streitenden kann nachgeben. Jeder ist von der Richtigkeit seiner Auffassung überzeugt. Immer leidenschaftlicher werden die Worte. Schließlich hat die Auseinandersetzung einen Grad erreicht, dass das Gespräch abgebrochen werden muss.

Bismarck eilt niedergeschlagen in sein Zimmer zurück. Was soll er tun? Sein Vorschlag ist abgelehnt. Daran kann er nicht zweifeln. Ihm kommt der Gedanke in den Sinn, ob es nicht besser sei, sich aus dem vier Stockwerke hohen Fenster zu stürzen.

Da wird hinter ihm behutsam eine Tür geöffnet. Aber er dreht sich nicht um. Es ist der Kronprinz Friedrich, der an ihn herantritt und ihm seine Hand auf die Schulter legt. »Sie wissen, dass ich gegen den Krieg gewesen bin«, sagt der Kronprinz besänftigend. »Wenn jetzt Friede geschlossen werden muss, so bin ich bereit, Ihre Meinung bei meinem Vater zu vertreten.«

Damit geht er zum König. Eine knappe halbe Stunde voller Ungewissheit verstreicht. Endlich kommt Friedrich zurück und berichtet mit ruhigen und freundlichen Worten: »Es hat schwer gehalten, aber mein Vater hat zugestimmt.«

König Wilhelm aber hat, wie Bismarck später erfährt, nach diesem Gespräch folgende Sätze auf einem Aktenstück notiert: »Nachdem mein Ministerpräsident mich vor dem Feinde im Stich lässt und ich hier außerstande bin, ihn zu ersetzen, sehe ich mich zu meinem Schmerze gezwungen, nach so glänzenden Siegen der Armee in diesen sauren Apfel zu beißen und einen so schmachvollen Frieden anzunehmen.«

Diesmal hat die politische Vernunft über das militärische Machtdenken gesiegt!

Quer durch den Kontinent

Die erste transkontinentale Eisenbahn in Amerika (1869)

Der Wilde Westen ist das Land der Abenteuer. Jeder Junge und so manches Mädchen haben in ihrer Fantasie die unendlichen Weiten der Prärie und die bizarre Felslandschaft der Rocky Mountains durchstreift. Hier, wo wilde Bisons und Bären leben, ist die Zivilisation fern. Vielleicht, dass sich einzelne unerschrockene Weiße in diese ferne Welt wagen; vielleicht dass Indianer, die Eingeborenen Nordamerikas, auf ihren Streifzügen diese Gebiete durchqueren.

Aber irgendwann erobert die von den Städten des amerikanischen Ostens ins Niemandsland vordringende Zivilisation doch die weithin unberührte Wildnis. Eisenbahngleise schlängeln sich durch die Ebenen, das Hügelland und die nur schwer zugängliche Bergwelt. Und endlich fauchen Lokomotiven mit ihren Waggons durch die Landschaft, befördern Menschen und Material, die dort draußen gebraucht werden. Neben der Bahnlinie entstehen Dörfer und Städte, in denen bald das Leben pulsiert.

Abenteuerfilme berichten von den qualmenden Ungeheuern, von skurrilen Reisenden und dramatischen Überfällen, die von den Indianern oder herumvagabundierenden Bahnräubern verübt werden.

Zumindest ebenso abenteuerlich wie diese Western-Geschichten ist der Bau der Eisenbahnen selbst. Als eines der größten Abenteuer, vielleicht das größte überhaupt in diesem Zusammenhang gilt zu Recht die Errichtung der ersten

Transkontinentaleisenbahn, die den Osten der USA mit ihrem äußersten Westen, die Küste des Atlantischen Ozeans mit der des Pazifischen Ozeans verbindet. Am 10. Mai 1869 ist es so weit. An diesem Tag wird das allerletzte Schienenstück gelegt, das die beiden von Osten und von Westen vorangetriebenen Teilstücke miteinander verbindet.

Die Zeitgenossen sind sich der Bedeutung dieses Ereignisses wohl bewusst. Sonderzüge haben eine Reihe bedeutender und einflussreicher Persönlichkeiten des öffentlichen Lebens, hohe Bahnbeamte und Journalisten nach Promontory Summit nördlich des Großen Salzsees gebracht, wo sie dem geschichtlichen Ereignis beiwohnen sollen. Das letzte Schienenpaar wird verlegt. Unter den letzten Schienenstoß schieben die Arbeiter eine eigens angefertigte, polierte Schwelle aus Lorbeerholz. Symbolisch werden letzte Nägel an den Schienen und Schwellen befestigt. Sie sind eigens für diesen Zweck aus Gold und Silber geschmiedet worden.

Auf den beiden soeben erst verbundenen Teilstücken dampfen zwei Lokomotiven der beteiligten Bahngesellschaften, die der Union Pacific von Osten und die der Central Pacific von Westen, heran und berühren sich mit ihren Kuhfängern. Das Ereignis ist auf einem eindrucksvollen historischen Dokumentarfoto verewigt. Zwei hohe Bahnbeamte schütteln einander vor einer Riesenschar von Arbeitern die Hände, während andere Eisenbahner Sektflaschen austauschen.

Heute befindet sich dort, wo im Jahr 1869 die Lücke zwischen den beiden Teilstücken geschlossen wurde, eine Gedenkstätte, die nach dem goldenen Schwellennagel »Golden Spike« benannt wurde.

Der Plan einer Transkontinentalbahn ist nicht neu. Schon in den fünfziger Jahren wird das überaus schwierige Gelände sondiert, um eine geeignete Trasse für das gewaltige Projekt ausfindig zu machen. In dieser Zeit ist der Westen noch weithin unerforscht und menschenleer. Fürs Erste gebietet der amerikanische Sezessionskrieg zwischen 1861 und 1865 den Vorbereitungen Einhalt. Allerdings beweist er überdeutlich die strategische Bedeutung von Schienenwegen für den Transport von Soldaten und Material.

Schon im Jahr 1862 hat der Kongress auf Antrag von Präsident Abraham Lincoln eine Bahnverbindung nach Kalifornien – und damit die verkehrstechnische Durchquerung des Subkontinents – beschlossen. Die eigentlichen Arbeiten beginnen, als der Krieg zu Ende ist. Von der am Missouri gelegenen Stadt Omaha im Staat Nebraska wird die Eisenbahnlinie nach Westen vorangetrieben. Gleichzeitig erfolgt der Bau der Bahnlinie von Sacramento im Staat Kalifornien aus nach Osten. Irgendwo in der Wildnis müssen sich die beiden Projekte begegnen.

Kein Mensch kann sich zu diesem Zeitpunkt so recht vorstellen, welche Strapazen auf die Ingenieure und ihre Arbeiter warten und welche geografischen Schwierigkeiten zu überwinden sind. Aber die Arbeit muss schnell gehen. Zwischen den beiden beteiligten Bahngesellschaften, der Union Pacific und der Central Pacific, beginnt ein regelrechter Wettlauf, weil die Zentralregierung der Union in Washington den Bau, bezogen auf die fertig gestellte Schienenlänge, großzügig subventioniert.

Natürlich werden für die Arbeiten Tausende von Arbeitern benötigt. Die leitenden Beamten nehmen, wen sie bekommen. In der bunt zusammengewürfelten Schar finden sich Iren, die wegen der Hungersnot ihre Heimat verlassen haben, ausgemusterte Soldaten und gescheiterte Farmer, Abenteurer jeder Couleur, die auch jetzt bereit sind, sich auf jedes neue Wagnis einzulassen.

Vorbehalte gibt es gegenüber den Chinesen, die der Gold-
rausch ins Land gespült hat. Aber sie erweisen sich als erstaunlich fleißig, als umsichtig auch bei schwierigsten und gefähr-
lichsten Arbeiten und als zuverlässiger als mancher andere.

Die Arbeit schreitet rasch voran. Und so ist auch der Tross
in ständiger Bewegung. Menschen und Werkzeuge werden in
Arbeitszügen transportiert und Etappe für Etappe an die je-
weilige Baustelle herangeführt. Um Eisenbahnwagen zu spa-
ren und die Züge zu verkürzen, leben die Arbeiter in drei-
stöckigen »Hotels«. Im Speisewagen, der mit einem einzigen
langen Tisch ausgestattet ist, können 125 Personen gleichzeitig
versorgt werden. Viehherden wandern mit dem Arbeitszug
den Schienenstrang entlang. Nach Bedarf werden die Tiere ge-
schlachtet und von den hungrigen Streckenarbeitern verzehrt.

Natürlich wittern viele Abenteurer im Umfeld des Bahn-
baus das große Geschäft. Mit Alkohol und Glücksspiel wird
den Männern das sauer verdiente Geld aus der Tasche gezogen. Huren und Zuhälter tummeln sich in der Nähe der Bau-
stellen und in den am Schienenstrang entstehenden Ansied-
lungen. Gewalttätigkeiten und Morde sind zahlreich. Fast
jedem, bemerken zeitgenössische Kommentatoren, scheint der
Sinn nach Zuchtlosigkeit und Ausschweifung zu stehen.

Die Hindernisse beim Bau erscheinen bisweilen schier un-
überwindlich. Dabei geht es nicht nur um die Notwendigkeit,
Dämme und Brücken zu errichten oder in der Sierra einen
Tunnel durch festen Granit zu sprengen und zu meißeln. Die
Blizzards fegen über das Gebirge – einer 13 Tage lang ohne
Unterbrechung – und schütten ungeheure Mengen Schnee
auf Gleise und Baustelle. Die Central Pacific sieht sich gezwungen, einen Schneepflug zu bauen. Aber nicht einmal
zwölf Lokomotiven reichen aus, um ihn durch die Schnee-
masse zu bugsieren.

Das Verhältnis zu den Indianern gestaltet sich unterschiedlich. Manchmal gelingt es, friedlich mit ihnen auszukommen und sich in Verträgen zu einigen. Heftig sind freilich die Auseinandersetzungen mit den kriegerischen Prärieindianern, z. B. den Sioux und den Cheyenne. Jeder Angriff der Farbigen ist für die weißen Eroberer die Rechtfertigung für entschlossene, blutige Gegenwehr. Die Indianer werden wie wilde Tiere gejagt und aus ihren angestammten Jagd- und Siedlungsgründen vertrieben. Viele von ihnen werden getötet.

Für die Eingeborenen ist das fauchende »Dampfross« ein geradezu mythisches Wesen, das ihnen Angst und Respekt einflößt. Einmal versuchen sie, einen Zug anzuhalten, indem sie ein starkes Lederseil über die Gleise spannen und die Enden an ihren Sattelknöpfen festbinden. Natürlich taugt das Hindernis nicht, den Koloss aufzuhalten. Die Indianer werden von der Wucht des Aufpralls mitgerissen und von den Rädern der Lokomotive zermalmt.

Der durch Bundesmittel angestachelte Wettlauf der beiden Kontrahenten führt dazu, dass die beiden Bahnlinien von Sacramento und von Omaha aus schließlich völlig überflüssigerweise ein Stück weit parallel zueinander verlaufen. Erst ein Machtwort der Regierung beendete den Unfug. Mit mehr oder weniger sanftem Druck werden die Vorstände der Bahnlinien veranlasst, sich auf einen Punkt zu einigen, an dem die beiden Teilstücke zu einer durchgehenden Strecke miteinander verbunden werden sollen.

Dieser Punkt ist Promontory Summit am Rande des Großen Salzsees, nicht weit von Salt Lake City im Staat Utah entfernt. Wie gesagt: Am 10. Mai 1869 findet das gewaltige Abenteuer ein beeindruckend feierliches Ende. Promontory Summit ist ein weiterer, aber ein ganz besonders wichtiger

Meilenstein für die innere Erschließung des nordamerikanischen Subkontinents.

In den kommenden Jahren werden weitere Transkontinentalbahnen folgen. Es liegt aber im Wesen der Sache, dass ihr Bau und ihre Fertigstellung, obwohl es sich auch hier um bewundernswerte Pionierleistungen handelt, vergleichsweise geringere Aufmerksamkeit erfahren.

Zu Schiff durch die Wüste

Die Eröffnung des Suezkanals (1869)

Früh schon kommt der Gedanke auf, das Mittelmeer durch eine Wasserstraße mit dem Roten Meer zu verbinden und damit den Weg in den Indischen Ozean zu öffnen. Im 14. Jahrhundert v. Chr. lassen die ägyptischen Könige Sethos I. und Ramses II. einen Kanal vom Nildelta zum Golf von Suez graben.

Größer noch ist das Werk, das von dem Ägypterkönig Necho begonnen und von dem Perserkönig Darius I. um 500 v. Chr. beendet wird. Der Kanal ist so breit, dass zwei Dreiruderer ihn nebeneinander durchqueren können. Angeblich lassen allein unter König Necho 120.000 Arbeiter beim Bau des Kanals ihr Leben. Noch heute sind seine Überreste zu sehen. Der Plan, einen neuen Kanal zu bauen, kommt bereits im 15. Jahrhundert auf.

Napoleon I. von Frankreich unternimmt einen Anlauf, die über 300 Jahre alte Idee zu verwirklichen. Er lässt das in Frage kommende Gelände vermessen. Der Plan wird aber nicht ausgeführt. Bis um die Mitte des 19. Jahrhunderts hält sich nämlich hartnäckig die irrige Auffassung, dass das Rote Meer etwa zehn Meter höher gelegen sei als das Mittelmeer. Der Höhenunterschied erscheint damals technisch nicht oder nur mit unverhältnismäßig großem Aufwand überwindbar.

Seit 1847 wird durch eine internationale Kommission ein ernsthafter Versuch unternommen, den Kanal endlich doch zu verwirklichen. Das Vorhaben schreitet aber erst richtig voran, nachdem der Franzose Ferdinand de Lesseps die Oberleitung übernommen und die Kanalbaugesellschaft »Compagnie universelle du canal maritime de Suez« gegründet hat. Von den 400.000 Aktien, die ausgegeben werden, übernimmt der französische Staat mehr als die Hälfte.

Die Bauarbeiten beginnen im Jahr 1859. Der Aufwand erweist sich als ungeheuer, zumal die Trasse für den zu grabenden Kanal durch menschenfeindliche Wüste führt. Tag für Tag sind 1600 Kamele unterwegs, um die 25.000 bis 40.000 Arbeiter mit Trinkwasser, Nahrungsmitteln und Werkzeugen zu versorgen.

Nach zehn mühevollen Jahren ist das gewaltige Werk vollendet. Von nun an müssen die Schiffe nicht mehr das Kap der Guten Hoffnung in Südafrika umrunden, um nach Ostafrika, Indien, Ostasien oder Australien zu gelangen. Der Handel mit diesen Gebieten nimmt einen raschen Aufschwung; der Kanalbau fördert die Entwicklung der Dampfschifffahrt.

Die Eröffnung des Suezkanals am 17. November 1869 ist ein sensationelles Ereignis. Vor dem Hafen von Port Said am Mittelmeer versammeln sich Schiffe zahlreicher Länder in reichem Flaggenschmuck. Musikkapellen spielen; Kanonen schießen Salut.

Um drei Uhr am Nachmittag beginnt die eigentliche Feier. Nacheinander machen die Boote der Ehrengäste am Landeplatz fest. Als erster tritt der Khedive, der Vizekönig von Ägypten, an Land. Damals steht das Gebiet am Nil und am Roten Meer unter türkischer Oberhoheit. Anschließend folgen der Prinz der Niederlande, der österreichische Kaiser Franz Joseph und der preußische Kronprinz Friedrich Wilhelm, der spätere Kaiser Friedrich III.

Besonders beachtet wird Kaiserin Eugenie, die Gattin des französischen Herrschers Napoleon III. Die Zeitungen berichten, wie sie gekleidet ist: Sie trägt ein »reich mit Spitzenvolants garniertes perlgraues Seidenkleid« und »ein schwarzes Hütchen auf dem schönen Kopf«. Kaiser Franz Joseph bietet ihr den Arm und führt sie zu ihrem Platz auf der Tribüne, wo sich auch die anderen Ehrengäste niederlassen.

Das Hafengelände und die noch unfertig wirkende Stadt Port Said sind von Menschen überschwemmt. Hier tummeln sich Tausende von Reisenden, Kanalarbeitern und Einwohnern, die sich den großen Augenblick nicht entgehen lassen wollen.

Die Zeremonie beginnt mit einem in arabischer Sprache vorgetragenen islamischen Gebet. Dann nimmt der katholische Erzbischof vom Berg Sinai die eigentliche Weihe vor. Anschließend hält der Beichtvater der Kaiserin Eugenie eine Ansprache, in der er unter anderem den Vizekönig von Ägypten und den Erbauer des Kanals, Ferdinand de Lesseps, feiert. Am Abend sind die Stadt und die vor dem Hafen liegenden Schiffe festlich erleuchtet.

Am folgenden Tag gegen acht Uhr beginnt die feierliche erste Fahrt. Zwei aus Holz und Leinwand aufgerichtete Obelisken bezeichnen den Eingang des Kanals. Der Khedive macht mit seinem Schiff den Anfang. Dann folgen Kaiserin Eugenie auf der »Aigle« (Adler), Kaiser Franz Joseph auf der »Greif« und Kronprinz Friedrich Wilhelm von Preußen auf der »Grille«. Andere hohe Würdenträger mit ihren Fahrzeugen und verschiedene Kriegsschiffe schließen sich der Prozession an.

Die Fahrt durch den Kanal, der links und rechts von der Wüste gesäumt wird, bringt wenig Neues. Die »Leipziger Illustrierte Zeitung« meldet: » ... die öde, wüste, nur von Flamingos, Pelikanen und ähnlichem Getier belebte Gegend bietet nichts Anziehendes.«

Übrigens wird aus Anlass der Eröffnung des Suezkanals von Guiseppe Verdi die Oper »Aida« komponiert. Der Khedive von Ägypten hat dazu den Auftrag erteilt. Die Uraufführung findet allerdings erst im Dezember 1871 im Italienischen Theater von Kairo statt.

Der Suezkanal bleibt über Generationen die Lebensader des Orient- und Asienhandels. Für die Engländer ist er besonders wichtig, weil er unter anderem den Weg nach Indien öffnet. Im Jahr 1875 nutzen sie eine historische Chance: Sie kaufen die Aktien des verschwenderischen, hoch verschuldeten Vizekönigs zu einem Spottpreis und sichern sich damit die Herrschaft über den Kanal.

Im Jahr 1957 wird er durch den ägyptischen Präsidenten Gamal Abdel Nasser verstaatlicht und geht damit in den Besitz seines Landes über.

Fantasie und Wirklichkeit

Der Erfolgsautor Karl May (1842–1912)

Dass der arme Webersohn Karl Friedrich May aus dem erz-
gebirgischen (Hohenstein-)Ernstthal eines Tages zu den
meistgelesenen Schriftstellern Deutschlands gehören wird, ist
zunächst wohl kaum zu erwarten. Immerhin, das fünfte von
vierzehn Kindern sehnt sich nach Anerkennung und sozialem
Aufstieg. Weil es sich früh als fantasievoll und intelligent erweist, bietet sich ihm eine besondere Chance. Karl darf das
Lehrerseminar im sächsischen Waldenburg besuchen und wird
auf den Beruf des Volksschullehrers vorbereitet.

Aber schon hier gibt es erste ernste Probleme. Eine Woche
lang ist er – im Wechsel mit anderen Seminaristen – für die
Kerzenbeleuchtung im Unterrichtsraum zuständig. Das gibt
ihm die Möglichkeit, sechs Kerzen für die Weihnachtsfeier
zu Hause verschwinden zu lassen. Offensichtlich hat sein Ruf
schon vorher gelitten. Von »schwachem religiösem Gefühl« ist
in den Seminarakten die Rede und auch von »arger Lügenhaf-
tigkeit und rüdem Wesen«. Jedenfalls wird der Diebstahl entdeckt und mit dem Verweis aus dem Lehrerseminar geahndet.

Da der Delinquent Reue zeigt, erhält er eine zweite Chance.
Er darf seine Lehrerausbildung am Seminar in Plauen fortsetzen und kann dort im Jahr 1861 erfolgreich abschließen.

Doch auch seine Tätigkeit als Hilfslehrer an der Glauchauer
Armenschule steht unter keinem guten Stern. Karl May ist nun
19 Jahre alt, genauso alt wie die junge Ehefrau des Kaufmanns
Meinhold, in dessen Haus er logiert und beköstigt wird. Nach
wenigen Tagen meldet Meinhold, dass er seine Frau und den

Gast beim vertraulichen Küssen erwischt habe. Schon nach zwei Wochen ist die frühe Lehrerkarriere zu Ende.

Von beruflichem Aufstieg kann nun wahrlich keine Rede mehr sein. Jetzt geht es darum, zu nehmen, was sich überhaupt noch bietet. Tatsächlich erhält Karl May die Lehrerstelle an den Fabrikschulen zweier Spinnereien in Altchemnitz. Hier werden zehn- bis vierzehnjährige Kinder unterrichtet, die im Übrigen zehn Stunden Fabrikarbeit am Tag zu leisten haben. Es versteht sich von selbst, dass hier ein verzweifelter Kampf gegen Erschöpfung und Lustlosigkeit zu führen ist und dass die Erfolgserlebnisse, die ein junger Lehrer verbuchen kann, außerordentlich karg bleiben.

Die Spinnereien, welche die Fabrikschulen unterhalten, haben dem Anwärter freie Wohnung zugesagt. Nun muss er sich das Zimmer mit einem Buchhalter, der davon überhaupt nicht begeistert ist, teilen. Dennoch leiht ihm der Zimmergenosse seine alte Taschenuhr. Sie begleitet Karl May in seinen Unterricht, um ihm die richtige Zeit anzuzeigen, und wird danach wieder ordnungsgemäß an einen Nagel an der Wand gehängt.

So geht es bis zu den Weihnachtsferien. Dann lässt sich der junge Fabriklehrer zu einer eigentlich unbedeutenden Dummheit hinreißen. Er hängt die Uhr nicht mehr an den dafür bestimmten Nagel, sondern nimmt sie mit nach Hause in den Urlaub.

Vielleicht kommt dem Buchhalter diese Nachlässigkeit gelegen. Er zeigt seinen Zimmergenossen kurzerhand wegen Diebstahls an. Die Polizei geht der Sache nach und nimmt die Verfolgung auf. Der vermeintliche Übeltäter wird in Hohenstein im Gasthof »Drei Schwanen« gefasst, als er dort gerade Billard spielt. Die Strafe ist ungewöhnlich hart. Der junge Mann wird zu sechs Wochen Gefängnis verurteilt. Doch damit nicht genug: Die sächsische Behörde streicht Karl May dauerhaft und endgültig aus der Liste der Schulamtskandidaten. Damit ist seine Lehrerkarriere auf Lebenszeit beendet!

Karl May behauptet später, nach Ende des Gefängnisaufenthalts erstmals nach Nordamerika gereist zu sein. Hier habe er die Indianergebiete durchquert und die Rocky Mountains kennengelernt, als Hauslehrer und Eisenbahnarbeiter sein Geld verdient. Die dort angeblich erworbenen Eindrücke und Kenntnisse finden sich später in seinem berühmten ersten Winnetou-Roman wieder.

Wir wissen, dass dieser Aufenthalt in Nordamerika – allen Beteuerungen seiner Anhänger und aller angeblich vorhandenen Dokumente zum Trotz – nie stattgefunden hat. Zutreffend ist nur, dass seine späteren Romane die angeblich bereisten Weltgegenden erstaunlich authentisch schildern und dass Millionen von Menschen den Eindruck gewinnen, er habe sie mit eigenen Augen gesehen und durchstreift.

Gewiss durchlebt der gescheiterte Pädagoge nun eine schwierige Zeit, weil er über kein sicheres Einkommen verfügt. Unklar ist, ob und wie seine ersten literarischen Versuche aufgenommen werden. Er kennt den Verleger Münchmeyer, der mit volkstümlichen Kolportageromanen, trivialer Unterhaltungsliteratur, Geld verdienen möchte. Sicher ist Wunschdenken am Werk, wenn May später berichtet, die Zusammenarbeit habe sich »vortrefflich entwickelt«. Der Möchtegern-Autor ist und bleibt fürs Erste ein armer Schlucker.

Was nun folgt, verwirrt auch den gutwilligen Leser, der dem späteren Bestsellerautor, dem Kämpfer für Recht und Gerechtigkeit warme Sympathie entgegenbringt. Von einer Reihe krimineller Delikte ist in der Folgezeit die Rede. Karl May rächt sich für das, was ihm vermeintlich angetan wurde. Seine tief sitzenden Minderwertigkeitsgefühle veranlassen ihn, unkonventionell Großartiges zu unternehmen. Vielleicht auch, dass hier – zumindest zeitweise – ein psychischer Defekt durchbricht.

Karl May lässt sich teure Kleidungsstücke schneidern und tritt als Dr. med. Heilig, Augenarzt und Militär, auf. Gern folgt er der Bitte, einen Kranken zu untersuchen, und schreibt ihm anschließend ein Rezept. Dann verschwindet er, ohne seine Schneiderrechnung zu bezahlen.

Bald darauf tritt er als Seminarlehrer Ferdinand Lohse aus Plauen auf. Schließlich mietet er sich in Leipzig als Noten- und Formenstecher Hermin ein. In dieser Rolle kauft er einen wertvollen Pelz – ohne ihn zu bezahlen – und lässt ihn am darauffolgenden Tag ins Leihhaus tragen, um zu Bargeld zu kommen. Doch das Betrugsmanöver fliegt auf – und wieder einmal wandert Karl May ins Gefängnis, diesmal für vier Jahre, von denen er dreieinhalb Jahre absitzen muss. Rege nutzt er die dortige, von ihm betreute Anstaltsbibliothek. Hier liest er vor allem auch Reiseschilderungen.

Noch lange ist die Phase krimineller und psychopathischer Verirrungen nicht zu Ende. Von Diebstählen und Betrügereien, auch von Amtsanmaßung ist die Rede. Nicht selten steht die Beute in keinem Verhältnis zur Schwere der begangenen Tat.

Seit 1874 normalisieren sich seine Lebensumstände, und langsam reift der uns heute bekannte, überaus erfolgreiche Volksschriftsteller heran. Karl May wird Redakteur bei dem bereits erwähnten Verleger Münchmeyer und etabliert sich schließlich als freier Schriftsteller. Seit 1892 erscheinen seine »Gesammelten Reiseromane«.

Auch hier verschwimmt die Grenze zwischen Realität und Fantasie. Der Autor behauptet, die Romaninhalte selbst erlebt zu haben, beispielsweise als Old Shatterhand oder Kara Ben Nemsi. Er schmückte sich mit dem »Bärentöter« und der

»Silberbüchse« Winnetous, die er sich von einem Büchsenmacher hat anfertigen lassen. Im Jahr 1895 zieht er in die »Villa Shatterhand« in Radebeul bei Dresden, die noch heute das Karl-May-Museum beherbergt.

Der sich anbahnende Erfolg des Autors ist überwältigend. Mit seinen Winnetou- und Old-Surehand-Romanen, dem »Schatz im Silbersee« und dem »Vermächtnis des Inka« sowie den Orientromanen und vielen anderen Werken erreicht er astronomische Auflagen. Angeblich wurden seine Werke in 33 Sprachen übersetzt und erreichten eine Gesamtauflage von 200 Millionen Exemplaren (davon etwa 100 Millionen in Deutschland).

Noch heute fesseln die abenteuerlichen Werke des Autors eine unendlich große, meist, aber nicht ausschließlich jugendliche Leserschar. Die Verfilmung einzelner Titel hat ihre Popularität noch weiter gesteigert.

Beim Studium seiner Romane vergisst der Leser gern, dass der edle Kämpfer für Recht und Gerechtigkeit, der Anwalt der in der Zeit des Imperialismus verachteten und unterdrückten Naturvölker eine so bewegte und zuweilen durchaus befremdliche Lebensgeschichte hatte. Er glaubt an das Gute, weil er an das Gute glauben will!

Bücher für alle

Die Reclam-Universal-Bibliothek (1867)

Bücher sind teuer und damit ein Privileg für diejenigen, die sie sich leisten können. Das gilt. Aber es gilt, wie wir sehen werden, nicht uneingeschränkt. Da kommt der Leserbrief in den Sinn, den Kurt Tucholsky einem breiteren Publikum weitergegeben hat:

»Lieber Herr Tucholsky! ... Hoffentlich sterben Sie recht bald, damit Ihre Bücher billiger werden (so wie Goethe zum Beispiel). Ihr letztes Buch ist wieder so teuer, dass man es sich nicht kaufen kann.«

Der Autor nimmt dieses Schreiben zum Anlass, um seinen und alle anderen Verleger zu ermahnen: »Lieber Meister Rowohlt, liebe Herren Verleger! Macht unsre Bücher billiger! Macht unsre Bücher billiger! Macht unsre Bücher billiger!«

Das es heute eine ganze Reihe wohlfeiler Buchreihen gibt, verdanken wir insbesondere dem Einfallsreichtum und der Tatkraft eines Mannes: Der Buchhändler und Verleger Anton Philipp Reclam nutzt die gesetzliche Neuregelung des Urheberrechts im Deutschen Bund (ein Deutsches Reich gibt es noch nicht) im Jahr 1867. Danach werden literarische Werke dreißig Jahre nach dem Tode des Autors »gemeinfrei«, d. h. sie können von nun an honorarfrei nachgedruckt werden. Dies ist insbesondere in Bezug auf die viel gelesenen Klassiker, z. B. die in den Jahren 1805 bzw. 1832 gestorbenen Dichter Schiller und Goethe von Bedeutung.

Der Verleger Reclam begründet im gleichen Jahr seine »Universal-Bibliothek« und beginnt, in rascher Folge Klassikerausgaben zu veröffentlichen. Das erste Werk dieser Reihe ist, durchaus kennzeichnend, Johann Wolfgang von Goethes »Faust. Der Tragödie erster Teil«. Bis zum heutigen Tag trägt dieser Titel die Nummer 1 der Reclam-Universal-Bibliothek.

Der Verlag verkündet: »Das Erscheinen sämtlicher klassischer Werke unserer Literatur, die ein allgemeines Interesse in Anspruch nehmen und deren Umfang es gestattet, wird versprochen. Hierdurch sollen aber keineswegs Werke, denen das Prädikat ›klassisch‹ nicht zukommt, die aber nichtsdestoweniger sich einer allgemeinen Beliebtheit erfreuen, ausgeschlossen werden. … Die besten Werke fremder und toter Literaturen werden in guten deutschen Übersetzungen in derselben ihren Platz finden.«

Nach einem Jahr sind 100 Titel, nach etwa 10 Jahren 1000 Titel im Angebot. Die Büchlein werden im handlichen Postkartenformat gedruckt und typografisch einheitlich gestaltet. Es versteht sich von selbst, dass sich das Äußere der Reclam-Bändchen dem Zeitgeschmack gemäß immer wieder einmal verändert. Die Grundkonzeption bleibt aber im Wesentlichen erhalten.

Natürlich versuchen auch andere Verleger, die neue Rechtslage zu nutzen und in ähnlicher Weise wie Anton Philipp Reclam ihr Glück zu machen. Aber letzten Endes setzt sich seine Idee auf dem Buchmarkt durch. Der Name des Verlags und das kennzeichnende Aussehen der Reclam-Bändchen prägen sich unauslöschlich in den Köpfen von Millionen Menschen, vor allem von Schülerinnen und Schülern ein. Wer hat nicht irgendwo in seinem persönlichen Fundus ein abgegriffenes und mit Bleistiftgraffiti verziertes Exemplar von Friedrich von Schillers »Wilhelm Tell« oder Gottfried Kellers »Kleider machen Leute«, von William Shakespeares »Hamlet« oder von Thomas Manns »Tristan«!

Für Schulklassen werden in aller Regel »Klassensätze« von zwanzig, dreißig oder vierzig Exemplaren angeschafft, was den Absatz enorm steigert. Ab 1912 gibt es dann noch etwas Zusätzliches: Auf Bahnhöfen und anderwärts stehen rund 2000 Automaten, an denen man Reclam-Bändchen wie eine Schachtel Zigaretten oder eine Tafel Schokolade ziehen kann.

Im Jahr 1908 erscheint die Nummer 5000 der Reclam-Universal-Bibliothek. Die Zahl der Titel steigt weiter, obwohl die nationalsozialistische Machtergreifung zu Einschnitten zwingt. U. a. verschwinden die jüdischen Autoren Ludwig Börne und Heinrich Heine aus dem Programm. Aber auch zeitgenössische Schriftsteller wie Heinrich und Thomas Mann oder Stefan Zweig und Franz Werfel sind betroffen.

Den schmerzlichsten Einschnitt in der Geschichte des erfolgreichen Unternehmens bedeuten die verheerenden Luftangriffe auf Leipzig im Jahr 1943. Inzwischen umfasst die Universal-Bibliothek 7500 Nummern. In einer Nacht werden 9000 Zentner fertig gedruckter Reclam-Bändchen Opfer der Flammen.

Nach dem Krieg, im März 1946, wird der Reclam-Verlag durch eine Lizenz der Sowjetischen Militärverwaltung in Leipzig wiederbegründet. Nun erscheinen die ersten neu gedruckten Exemplare der Universal-Bibliothek, z. B. Gotthold Ephraim Lessings »Nathan der Weise« und Eduard Mörikes »Mozart auf der Reise nach Prag«.

Ein Jahr später wird in Stuttgart der westdeutsche Reclam-Verlag gegründet und erhält von der amerikanischen Militärregierung eine Lizenz. Ein Vertrag zwischen dem Stammhaus in Leipzig und dem Stuttgarter Unternehmen gestattet die Nutzung der Verlagsrechte der Universal-Bibliothek für die drei westlichen Besatzungszonen. Reclam druckt fürs Erste im Auftrag des Stuttgarter Kultusministeriums Lektürehefte für die Schulen, u. a. von den Autoren Gerstäcker, Keller, Schiller und Storm.

Bis zum Jahr 1992 existieren nebeneinander zwei Reclam-Verlage, der in Leipzig und der in Stuttgart. Das Programm ist teilweise gleich, teilweise aber auch abweichend, den politischen und kulturellen Unterschieden zwischen der Bundesrepublik und der Deutschen Demokratischen Republik geschuldet. In der Sowjetischen Besatzungszone und in der DDR wird zunächst das traditionelle Äußere der Bändchen beibehalten. In den sechziger Jahren ändern sich die Einbandgestaltung und das Format.

Die Reclam-Universal-Bibliothek bedeutet ein Stück Kultur- und Bildungsgeschichte. Gute Literatur wird für alle erschwinglich. Gleichzeitig signalisiert das umfangreiche Programm des Verlags auch, was er unter »guter« Literatur versteht.

Die Konkurrenz ist schon damals sehr groß. Es versteht sich von selbst, dass ähnliche Versuche, allerdings mit einer anderen Akzentsetzung, folgen. Bis heute gibt es die »Insel-Bücherei« mit ihren bibliophil gestalteten, fest gebundenen Bänden. Im Jahr 1912 erscheint darin als erstes, überaus erfolgreiches Werk »Die Weise von Liebe und Tod des Cornets Christoph Rilke« von Rainer Maria Rilke.

Ein ganz anderes Profil bietet die »Sammlung Göschen«. Zwar beginnt auch sie im Jahr 1889 mit klassischer Literatur. Der erste Band enthält die Oden Klopstocks. Es folgen mehrere Werke Lessings. Doch dann kommen für rund einhundert Jahre vor allem wissenschaftliche und technische Titel von hoher Qualität auf den Markt: »Zweck und Ziel der ›Sammlung Göschen‹ ist, in Einzeldarstellungen eine klare, leicht verständliche und übersichtliche Einführung in sämtliche Gebiete der Wissenschaft und Technik zu geben.«

Nach dem Zweiten Weltkrieg macht der Verleger Ernst Rowohlt aus der Not eine Tugend. Er bietet Weltliteratur auf Zeitungspapier und im Zeitungsformat, die sogenannten »Rowohlts Rotations-Romane (rororo)«. Der erste Titel, der im Jahr 1946 erscheint, ist – durchaus kennzeichnend – Hans Falladas »Kleiner Mann – was nun?«. Rowohlt präsentiert der lesehungrigen Nachkriegsgesellschaft viele Titel, die ihr in nationalsozialistischer Zeit vorenthalten geblieben sind, z. B. Ernest Hemingways Roman »In einem anderen Land« oder Kurt Tucholskys »Schloss Gripsholm«.

Seit 1950 werden die Bücher im Zeitungsformat durch handliche Taschenbücher mit Leinenrücken, die ebenfalls im Rotationsdruck hergestellt werden, ersetzt. Der Rowohlt-Verlag ergänzt diese ungeheuer erfolgreiche Reihe mit »Rowohlts deutsche Enzyklopädie« (ab 1955) und »Rowohlts Monographien« (seit 1958).

Seit 1952 erscheint die überaus erfolgreiche und programmatisch vielfältige Fischer-Bücherei im S.-Fischer-Verlag.

Ein neuer Akzent auf dem Büchermarkt ist die Taschenbuchreihe »dtv« (Deutscher Taschenbuch-Verlag), die im Jahr 1960 von elf verschiedenen Verlagen begründet wird und die inzwischen etwa 4000 Titel anbietet. Der revolutionär neu gestaltete weiße Einband mit den knappen, modernen Illustrationen von Celestino de Piatti verspricht dem Literaturbegeisterten Neues. Als erster Titel erscheint im Jahr 1961 Heinrich Bölls »Irisches Tagebuch«.

Der Traum von Troja

Heinrich Schliemann als Archäologe (1871)

Bücher haben ihre Schicksale – aber manchmal gewinnen sie auch für den einen oder anderen Menschen schicksalhafte Bedeutung. Im Jahr 1829 erhält der knapp acht Jahre alte Heinrich Schliemann, Sohn eines protestantischen Predigers in Mecklenburg, ein faszinierendes Weihnachtsgeschenk: Jerrers »Weltgeschichte für Kinder« enthält nicht nur eine bewegende Schilderung des Kampfes um Troja und des Untergangs der blühenden Stadt. Die Ereignisse sind auch mit eindrucksvollen Abbildungen veranschaulicht.

Der Junge ist außer sich. Das, was dort geschrieben steht und gezeichnet wurde, kann nicht nur Ausdruck dichterischen Einfallsreichtums, es muss wahr sein. Irgendwo schlummern im Verborgenen die Reste des alten Troja: »Vater«, sagt er, »wenn solche Mauern einmal dagewesen sind, so können sie nicht ganz vernichtet sein, sondern sind wohl unter dem Staub und Schutt von Jahrhunderten verborgen.« Heinrich Schliemann ist ganz sicher, dass er eines Tages die Ruinen finden und ausgraben wird.

Fürs Erste freilich muss er sich mit den geschichtlichen Relikten seiner Heimat begnügen. Ungeheuer ist die Wirkung, die davon, vor allem aber auch von den örtlichen Sagen und Überlieferungen ausgeht. Von einer gespenstischen Jungfrau ist die Rede, die um Mitternacht dem nahen Teich entsteigt. Im Garten des Gutsbesitzers ruhen ungeheure Schätze neben einem alten verwitterten runden Turm. Ein naher vorgeschichtlicher Begräbnishügel, ein sogenanntes Hünengrab, in dem ein

Raubritter sein liebstes Kind in einer goldenen Wiege begraben haben soll, liefert der kindlichen Fantasie reiche Nahrung.

Die großen Pläne sind fürs Erste zum Scheitern verurteilt. Zwar hat Schliemann das Gymnasium in Neustrelitz begonnen, muss es aber aus finanziellen Gründen nach kurzer Zeit wieder verlassen. Er besucht fortan die Realschule und bereitet sich damit auf einen eher bescheidenen »bürgerlichen Beruf« vor. Mit vierzehn Jahren verlässt er die Schule und tritt als Lehrling in einen kleinen Krämerladen im mecklenburgischen Fürstenberg ein.

Schliemann hat diese Zeit in seinen Lebenserinnerungen anschaulich geschildert: »Fünf und ein halbes Jahr diente ich in dem kleinen Krämerladen in Fürstenberg: das erste Jahr bei Herrn Holtz und später bei seinem Nachfolger, dem trefflichen Herrn Theodor Hückstaedt. Meine Tätigkeit bestand in dem Einzelverkauf von Heringen, Butter, Kartoffelbranntwein, Milch, Salz, Kaffee, Zucker, Öl, Talglichtern usw., in dem Mahlen der Kartoffeln für die Brennerei, in dem Ausfegen des Ladens und ähnlichen Dingen. Unser Geschäft war so unbedeutend, dass unser ganzer Absatz jährlich kaum 3000 Taler betrug; hielten wir es doch für ein ganz besonderes Glück, wenn wir einmal im Laufe eines Tages für zehn bis fünfzehn Taler Materialwaren verkauften. Natürlich kam ich hierbei nur mit den untersten Schichten der Gesellschaft in Berührung. Von fünf Uhr morgens bis elf Uhr abends war ich in dieser Weise beschäftigt, und mir blieb kein freier Augenblick zum Studieren. Überdies vergaß ich das wenige, was ich in meiner Kindheit gelernt hatte, nur zu schnell, aber die Liebe zur Wissenschaft verlor ich trotzdem nicht – verlor ich sie doch niemals …«

Und dann erzählt Schliemann die ergreifende Geschichte von dem heruntergekommenen Müllergesellen, auch Sohn eines protestantischen Predigers, der eines Tages betrunken in den Materialwarenladen kommt und dort plötzlich mit großem Pathos Verse des griechischen Dichters Homer in der Ursprungssprache, auf Griechisch, zitiert. Der Müller hat zeitweise das Gymnasium in Neuruppin besucht, ist aber wegen seines schlechten Betragens von der Schule verwiesen worden. Schliemann ist tief beeindruckt und vergießt heiße Tränen. Dreimal muss der trunksüchtige Geselle die Verse wiederholen und bekommt als Lohn dafür jeweils ein Glas Branntwein, dass ihm der Ladendiener von seinem kargen Salär bezahlt.

Noch ahnt der mittellose Ladengehilfe nicht, dass er eines Tages seinen Kindheitstraum wird verwirklichen können. Durch seine ungewöhnliche Tatkraft, durch kaufmännisches Talent und günstige Umstände gelangt er über die Jahre zu einem riesigen Vermögen. Er gründet ein Handelshaus in Sankt Petersburg und dann, zur Zeit des »gold rush« eine Bank für den Goldhandel in Kalifornien. Großen Gewinn erbringen seine Investitionen in das rasch wachsende amerikanische Eisenbahnnetz und die Waffenverkäufe an die russische Armee im Krimkrieg.

Inzwischen hat Schliemann eine ganze Reihe von fremden Sprachen erlernt. Er studiert an der Sorbonne in Paris Altertumswissenschaft und promoviert im Jahr 1869 in Rostock zum Doktor der Philosophie.

Der Traum von Troja hat ihn nie verlassen. Jetzt besitzt er die Mittel, um ihn – wenn es Troja tatsächlich gegeben hat – in die Wirklichkeit umzusetzen. Schon vor ihm gab es die Vermutung, dass sich das zerstörte Troja oder Ilion, wie es auch hieß, unter dem Hügel von Hissarlik in Westanatolien befindet. Noch einmal prüft Schliemann sorgfältig den Text der homerischen »Ilias«, um diese Vermutung anhand des Epos zu überprüfen. Dann macht er sich im Jahr 1870 – diesmal noch inoffiziell – an die Arbeit.

Die offiziellen Grabungen beginnen im folgenden Jahr. Längst ist für Schliemann der Beweis erbracht, dass es sich bei den archäologischen Funden um die Überreste der einst mächtigen vorgeschichtlichen Stadt Troja handelt. Unübersehbar ist, dass hier auf diesem Hügel im Lauf der Jahrhunderte mehrere Städte übereinander gebaut worden sind. Vor den Augen der Archäologen offenbart sich das weit zurückliegende Werden und Vergehen menschlichen Bemühens.

Der Höhepunkt der Grabungsarbeiten ereignet sich 1873. In diesem Jahr fördert Schliemann einen Schatz ans Licht, der nach seiner Auffassung nur dem mächtigen und reichen König Priamos gehört haben kann. Er berichtet selbst: »Wollte ich den wertvollen Fund für die Altertumswissenschaft retten, so war es zunächst geboten, ihn mit allergrößter Eile und Vorsicht in Sicherheit zu bringen: deshalb ließ ich denn, obgleich es noch nicht die Zeit der Frühstückspause war, unverzüglich zur Pause rufen. Während nun meine Leute durch Ausruhen und Essen in Anspruch genommen worden waren, löste ich den Schatz mit einem großen Messer aus seiner steinharten Umgebung, ein Unternehmen, das die größte Anstrengung erforderte und zugleich in höchstem Maße lebensgefährlich war, denn die große Befestigungsmauer, unter welcher ich graben musste, drohte jeden Augenblick auf mich herabzustürzen. Aber der Anblick so zahlreicher Gegenstände, deren jeder einzelne für die Archäologie von unschätzbarem Werte sein musste, machte mich tollkühn und ließ mich an die Gefahr gar nicht denken. Doch würde trotzdem die Fortschaffung des Schatzes mir nicht geglückt sein, wenn nicht meine Gattin mir dabei behilflich gewesen wäre; sie stand, während ich arbeitete, neben mir, immer bereit, die von mir ausgegrabenen Gegenstände in ihren Schal zu packen und fortzutragen.«

Troja ist entdeckt. Das hat Heinrich Schliemann nun auch offiziell verkündet, und daran gibt es keinen Zweifel mehr. Der »Schatz des Priamos«, der nach zuverlässigen archäologischen Expertisen jedoch keinesfalls von Priamos stammen kann, vervollständigt seinen Ruhm.

Die etwa 8000 Gegenstände aus Gold und Silber macht Schliemann dem deutschen Volk zum Geschenk. Sie werden in der Reichshauptstadt Berlin im Museum für Vor- und Frühgeschichte aufbewahrt.

Nach dem Zweiten Weltkrieg nehmen die Sowjets den Schatz als sogenannte Beutekunst mit nach Russland. Lange Zeit ist sein Verbleib unbekannt. Inzwischen haben die Russen seine Existenz immerhin bestätigt. Von einer Rückgabe an die Deutschen ist aber nicht die Rede.

Die Gunst der Stunde

Der Deutsch-Französische Krieg (1870)

Im Jahr 1862 wird Otto von Bismarck von König Wilhelm I. zum preußischen Ministerpräsidenten ernannt. Die Lage erscheint bis dahin aussichtslos. Der verzweifelte Monarch spielt mit dem Gedanken, dem Thron zu entsagen, weil er seine Vorstellungen im Abgeordnetenhaus nicht durchsetzen kann. Besonders umstritten ist die geplante Heeresvermehrung.

Bismarck regiert rücksichtslos und brutal. Diktatorisch setzt er sich über die Beschlüsse des Parlaments hinweg, knebelt die oppositionelle Presse und entlässt Beamte, die mit seiner Politik nicht einverstanden sind, ohne Weiteres aus dem Dienst. In dieser Zeit ist er der meistgehasste Mann in Preußen.

Die Stimmung schlägt um, als die preußische Armee aus den beiden Kriegen gegen Dänemark im Jahr 1864 und gegen Österreich und den Deutschen Bund im Jahr 1866 als Sieger zurückkehrt. Die militärische Aufrüstung, die Bismarck erzwungen hat, erscheint nun als wohlbedachte, notwendige Voraussetzung für den Erfolg auf dem Schlachtfeld.

Der preußische Ministerpräsident weiß die beiden Siege politisch zu nutzen. Im Jahr 1867 begründet er den Norddeutschen Bund. Dieser neue Bundesstaat vereinigt alle deutschen Länder nördlich der sogenannten Mainlinie. Er trägt einen ausgesprochen preußischen Charakter.

Bismarck ist Ministerpräsident geworden, um die Stellung des Königs im Staat zu verteidigen und um seinen persönlichen Beitrag für die Größe und Macht Preußens zu leisten. Nun begreift er, dass sich darüber hinaus eine seltene geschichtliche

Chance bietet. Vielleicht gelingt es, den Norddeutschen Bund zu einem Deutschen Reich zu erweitern. Danach sehnen sich viele Menschen in Deutschland seit den Zeiten Napoleons. Der erste große Einigungsversuch ist in den Jahren 1848/49 kläglich gescheitert.

Die deutsche Einheit ist jedoch nur unter zwei Voraussetzungen möglich: Zum Ersten muss es dem preußischen Ministerpräsidenten, der nun auch Bundeskanzler des Norddeutschen Bundes ist, gelingen, die süddeutschen Länder Bayern, Württemberg, Baden und Hessen-Darmstadt für einen gesamtdeutschen Staat zu gewinnen.

Zum anderen ist es erforderlich, den französischen Nachbarn zu beschwichtigen oder durch geschickte diplomatische Schachzüge dahin zu bringen, dass er seinen Widerstand gegen den Zusammenschluss der norddeutschen und der süddeutschen Länder aufgibt. Es ist unvermeidlich, dass Kaiser Napoleon III. in einem starken, preußisch geführten Deutschen Reich jenseits der französischen Ostgrenze eine dauerhafte Bedrohung seines Landes sieht.

Der Kaiser der Franzosen befindet sich um diese Zeit in einer schwierigen Lage. Unaufhaltsam vergrößert sich der politische Widerstand im eigenen Land. Seine Tage sind gezählt, wenn es ihm nicht gelingt, einen großen außenpolitischen Erfolg vorzuweisen, der das Selbstwertgefühl der Franzosen befriedigt. Fieberhaft sucht er nach einer Gelegenheit, Belgien oder doch zumindest Luxemburg für Frankreich zu erwerben.

Bismarck nutzt diese Situation mit kühler Berechnung. Geschickt schürt er in München, Stuttgart, Karlsruhe und Darmstadt die Furcht vor dem aggressiven, landhungrigen französischen Nachbarn. Tatsächlich gelingt es ihm, die bayerische, württembergische, badische und hessische Regierung dazu zu bewegen, mit Preußen geheime Schutz- und Trutzbündnisse abzuschließen, die für den Fall eines französischen Angriffs gegenseitige Waffenhilfe vorsehen.

Ein überraschender Zufall schafft eine neue Situation: Im Jahr 1868 haben die Spanier ihre Königin Isabella II. abgesetzt. Die Nationalversammlung bietet die Krone dem Prinzen Leopold von Hohenzollern-Sigmaringen an. Er gehört zum süddeutsch-katholischen Zweig des Hauses Hohenzollern, ist also mit dem in Preußen regierenden König Wilhelm I. nur entfernt verwandt.

Leopold reagiert ausgesprochen unentschlossen. Vielleicht ahnt er, dass seine Thronkandidatur in Madrid zu großen politischen Verwicklungen führen wird. Erst als ihm Bismarck ausdrücklich zugeredet und König Wilhelm I. als Chef des Hauses Hohenzollern seine Zustimmung erteilt hat, erklärt er seine Bereitschaft, die spanische Königskrone anzunehmen.

Die Verhandlungen sind geheim geführt worden. Anfang Juli 1870 aber sickert die Nachricht durch. Augenblicklich erhebt sich in Paris ein Sturm der Entrüstung. Schon sieht sich Frankreich in einer gefährlichen Umklammerung, wenn die Hohenzollern in Deutschland und in Spanien regieren. Die unseligen Zeiten des Habsburgers Karl V. scheinen wiederzukehren.

Die französische Zeitung »Pays« schreibt in einem Leitartikel: »Heute Abend, morgen kann der Krieg vielleicht erklärt sein … Entweder zieht Preußen seine Ansprüche zurück, oder es muss sich schlagen.« Von Stunde zu Stunde wird die Stimmung gefährlicher. Auf den Straßen von Paris rotten sich Demonstranten zusammen, marschieren zur preußischen Botschaft und versuchen in das Gebäude einzudringen: »Nieder mit Bismarck! Nieder mit Preußen!«

Prinz Leopold von Hohenzollern-Sigmaringen sieht, dass seine Ahnung nicht getrogen hat. Erschrocken gibt er nach und lässt seinen Verzicht auf die spanische Thronkandidatur bekannt geben.

Doch damit ist die erhoffte Entspannung noch keineswegs erreicht. Den französischen Nationalisten erscheint der Krieg nicht unwillkommen. Seit langem schon warten sie auf eine Gelegenheit, mit den verhassten Preußen abzurechnen. Heftig greifen sie die Regierung an und bezichtigten sie, sich gegenüber dem östlichen Nachbarn zu schwach und zu nachgiebig gezeigt zu haben.

Die Kaiserin Eugenie stellt sich auf die Seite der Kritiker und fordert ihren Mann, der gerade an einem schmerzhaften Blasenleiden erkrankt ist, energisch auf, sich härter und fordernder zu verhalten. Schließlich willigt er ein, dass der französische Botschafter zu König Wilhelm I. von Preußen gesandt wird. Er soll mit allem Nachdruck Zusicherungen für die Zukunft von Preußen und dem Norddeutschen Bund verlangen.

König Wilhelm I. von Preußen hält sich zu dieser Zeit in Bad Ems an der Lahn zur Kur auf. Als er am 13. Juli dort auf der Promenade spazieren geht, tritt der französische Botschafter Graf Benedetti an ihn heran und überreicht ihm eine Forderung seiner Regierung. Der König solle versichern, dass auch in Zukunft kein Mitglied des Hauses Hohenzollern die spanische Krone annehmen werde.

Der König ist vom Verhalten des Botschafters und von der von ihm übermittelten Forderung ausgesprochen unangenehm berührt und weigert sich, ihm eine eindeutige Zusage zu machen. Auch die mehrfachen, aufdringlichen Nachfragen Benedettis stimmen ihn nicht um. Schließlich meint er ärgerlich, dass er zu dem Gesagten nichts mehr hinzuzufügen habe. Er zieht den Hut und geht weiter. Zweimal noch bemüht sich der französische Botschafter um eine Audienz bei König Wilhelm. Er wird aber nicht vorgelassen.

Der König lässt den unangenehmen Vorfall durch einen seiner Geheimräte nach Berlin telegrafieren. Dort erreicht das Telegramm am Abend den preußischen Ministerpräsidenten Otto von Bismarck. Ein seltener Zufall will es, dass dieser gerade mit dem Kriegsminister von Roon und dem Generalstabschef von Moltke zu Tisch sitzt.

Bismarck liest den beiden Herren das Schreiben vor, sobald es entschlüsselt ist. Alle drei reagieren mit tiefer Niedergeschlagenheit und lassen das Essen unberührt auf dem Tisch stehen.

Noch einige Male liest der Ministerpräsident das Telegramm durch und sinnt über den Inhalt nach. Dann wendet er sich an Helmut von Moltke und fragt ihn, ob die preußische Armee in der Lage sei, einen Krieg gegen Frankreich durchzustehen. Der Angesprochene bejahte diese Frage grundsätzlich und meint, dass ein rascher Kriegsbeginn für Preußen und für den Norddeutschen Bund günstiger sei als ein möglicher Zeitgewinn.

Noch während der Anwesenheit von Roons und Moltkes greift Bismarck zur Feder und bringt die »Emser Depesche« in eine kürzere und damit schlagkräftigere Form. Sie endete nun mit dem Satz: »Seine Majestät der König hat es darauf abgelehnt, den französischen Botschafter nochmals zu empfangen, und demselben durch den Adjutanten vom Dienst sagen lassen, dass seine Majestät dem Botschafter nichts weiter mitzuteilen habe.«

Diese gekürzte und verschärfte Fassung lässt Bismarck an die Zeitungen und an die preußischen Gesandtschaften übermitteln. Über die voraussichtliche Wirkung gibt es für ihn keinen Zweifel: Er weiß, dass der Krieg mit Frankreich unmittelbar vor der Tür steht.

Tatsächlich wirkt die Emser Depesche in der von Bismarck erstellten Fassung wie ein Faustschlag ins Gesicht. Am 15. Juli erklärt Frankreich Preußen den Krieg. Eine Welle der Kriegs-begeisterung brandet durch das westliche Nachbarland.

Bismarck hat mit diplomatischem Kalkül und mit List er-reicht, was er erreichen wollte: Vor den Augen der Welt er-scheinen Napoleon III. und seine Regierung als Angreifer. Sogleich bekennen sich die süddeutschen Staaten zu ihren Bündnispflichten und ziehen gemeinsam mit den Preußen und den anderen Ländern des Norddeutschen Bundes ins Feld.

Noch ahnt Napoleon III. nicht, dass die Tage seines Kai-sertums, das er retten wollte, gezählt sind. In der legendär-en Schlacht bei Sedan am 1. und 2. September 1870 gerät er, nachdem er zuvor vergeblich den Tod in der Schlacht gesucht hat, in preußische Gefangenschaft.

Das gemeinsame Kriegserlebnis der norddeutschen und der süddeutschen Länder macht es möglich, dass im Januar 1871 die deutsche Einigung unter preußischer Führung vollzogen werden kann. Der Traum vieler Deutscher von einem neuen Reich geht damit endlich in Erfüllung.

Unerfüllt freilich bleiben viele Wünsche, die die jungen Soldaten in den Befreiungskriegen oder die Bürger, Arbeiter und Studenten in der Revolution von 1848/49 bewegt hatten. Das Deutsche Reich ist kein demokratisches Staatswesen, son-dern ein verhältnismäßig autoritär regierter Obrigkeitsstaat. Das Militär genießt erheblichen politischen Einfluss und be-sonderes gesellschaftliches Ansehen. Das hat auch mit der Ent-stehungsgeschichte des neuen Reiches zu tun. Es ist aus einem militärischen Sieg hervorgegangen.

Im Herzen Afrikas

Die Suche nach dem verschollenen David Livingstone (1871)

Noch immer ist das Innere Afrikas wild und unerforscht. Auf den Landkarten gibt es große weiße Flecken. Manche Gegenden sind noch niemals von einem Europäer betreten worden.

Schon früher hat der schottische Missionar und Forscher David Livingstone Entdeckungsreisen ins Innere Afrikas unternommen. Ihm geht es nicht allein darum, die geografischen und völkerkundlichen Gegebenheiten zu erkunden. Er will auch einen Beitrag zur Bekämpfung des Sklavenhandels leisten und erkunden, inwieweit die Eingeborenen für eine ergiebigere Landwirtschaft, z. B. für den Anbau der in den Industrieländern des Nordens begehrten Baumwolle, zu gewinnen sind.

Im Herbst 1865 bricht er von Sansibar aus erneut zu einer Expedition in das Landesinnere auf. Schon bald verbreitet sich freilich das Gerücht, er sei von Eingeborenen erschlagen worden. Obwohl es sich als unbegründet erweist, verliert sich die Spur des weißen Entdeckungsreisenden irgendwo in der Wildnis.

David Livingstone ist verschollen. Niemand weiß, wo er sich aufhält; niemand weiß, ob er überhaupt noch lebt. In Europa, vor allem auch in Großbritannien, erregt sein Schicksal die größte Anteilnahme.

Der aus dem britischen Wales stammende Henry Morton Stanley ist Journalist bei der amerikanischen Boulevardzeitung »New York Herald«. Durch seine Berichte über den

Wilden Westen und den amerikanischen Bürgerkrieg, den Krieg in Äthiopien und den Bürgerkrieg in Spanien hat er bereits ein breites Publikum von seinen bemerkenswerten journalistischen Fähigkeiten überzeugt.

Nun wartet eine neue Aufgabe auf ihn. Nach seiner eigenen Aussage wird er vom Direktor des »New York Herald« von Madrid nach Paris beordert und dort ohne lange Umschweife über seinen zukünftigen Auftrag informiert: »Finden Sie Livingstone!«

Das Geld für die Hilfsexpedition spielt keine Rolle: »Erheben sie zunächst 1000 Pfund, und wenn Sie das verbraucht haben, trassieren Sie wieder über 1000 Pfund, und wenn diese verausgabt sind, abermals 1000 Pfund, und wenn Sie damit zu Rande sind, noch 1000 Pfund usw., aber – finden Sie Livingstone!«

Erst im Jahr 1870 bricht Stanley auf, um nach dem verschollenen Missionar und Afrikaforscher zu suchen. Er wird von zwei Briten und einem riesigen Tross afrikanischer Träger begleitet.

Noch gibt es keine Spur von dem Verschollenen. Aber dann ereignet sich eine dramatische Wende. Am 3. November berichten die Mitglieder einer Karawane, der Stanley und sein Trupp begegnen, dass sich ein Weißer – welch eine Sehenswürdigkeit! – in dem Städtchen Udjidji am östlichen Tanganjikasee aufhalte.

Ein Irrtum ist kaum möglich: Dieser Weiße muss, wenn nicht alles täuscht, der gesuchte britische Afrikaforscher David Livingstone sein. Stanley treibt seinen Trupp zur Eile an. Unmittelbar vor der Stadt meldet er seine Ankunft durch eine Gewehrsalve an. Fahnen, unter ihnen die der Vereinigten Staaten von Amerika, flattern über den Köpfen der Ankömmlinge.

In Udjidji hat sich inzwischen eine riesige Menschenmenge aus farbigen Afrikanern und Arabern angesammelt. Aufregung macht sich breit. Diener eilen voraus, um dem Weißen die Ankunft Stanleys zu melden.

Inzwischen ist der geheimnisvolle Europäer vor das Haus getreten. Die Schaulustigen öffnen eine Gasse. Stanley geht ihm entgegen. »Als ich langsam auf ihn zu trat, bemerkte ich dass er blass und ermüdet aussah und einen grauen Bart hatte … Ich tat also, was Feigheit und falscher Stolz mir als das Beste anrieten, schritt bedächtig auf ihn zu, nahm meinen Hut ab und sagte:

›Dr. Livingstone, wie ich vermute?‹ (Dr. Livingstone, I presume?)

›Ja‹, sagte er mit freundlichem Lächeln, die Mütze leicht lüftend.

›Ich danke Gott, Herr Doktor, dass es mir gestattet ist, Sie zu sehen.‹«

Der Journalist aus Amerika ist am Ziel seiner mühevollen und gefährlichen Reise. Er hat den verschollenen Forscher und Humanisten, den viele längst tot glaubten, endlich gefunden!

Beim abendlichen Zusammensein berichtet Stanley seinem Gegenüber, was sich auf der Welt inzwischen so alles ereignet hat. Von der Eröffnung des Suezkanals und der Fertigstellung der transkontinentalen Pacific-Eisenbahn ist die Rede. Auch hat der Deutsch-Französische Krieg stattgefunden, und in seiner Folge ist Kaiser Napoleon III. von Frankreich vom Thron gestürzt.

Livingstone leidet an der Ruhr und befindet sich in einem bemitleidenswerten Zustand. Das hindert ihn aber nicht daran, seine Forschungsreise fortzusetzen. Doch bereits im Mai 1873 stirbt er an der tückischen Krankheit.

Seine Heimat sieht er niemals wieder. Sein Herz wird in Afrika unter einem Baum bestattet, der Körper nach einem gefährlichen Marsch an die Küste auf einem Schiff nach England gebracht und dort in der Westminster Abbey beigesetzt.

Der Bericht Stanleys ist das einzige Zeugnis der denkwürdigen Begegnung in Udjidji, die ein weiteres Mal die geheimnisvolle Weltferne des dunklen Kontinents illustriert.

Der Journalist und Entdeckungsreisende unternimmt noch weitere Expeditionen in Afrika und wird ein viel beachteter, berühmter Mann. Allerdings stößt sein rücksichtloses Vorgehen zunehmend auf Widerstand. Dazu gehören auch seine Vereinbarungen mit dem belgischen König, die dazu führen, dass der Kongo Leopold II. als persönlicher Besitz zugesprochen wird und von ihm gewinnbringend ausgebeutet werden kann.

Stanley stirbt im Jahr 1904 in London. Sein Wunsch, in der Westminster Abbey neben David Livingstone beigesetzt zu werden, geht nicht in Erfüllung. Längst weiß man um die Gräueltaten, die auch in seinem Namen im Kongo verübt worden sind. Die charakterlichen Unterschiede der beiden Männer, die durch ihre abenteuerlichen Expeditionen etwas mehr Licht in das Dunkel des afrikanischen Kontinents gebracht haben, sind unübersehbar.

Unter dem Mikroskop

Robert Koch und die Mikrobiologie (1876)

Bis tief in die Neuzeit hinein gilt ein ehernes Gesetz: Krankheiten sind Strafen Gottes oder der Götter. Das wissen die Menschen seit vielen tausend Jahren. Und weil sie es wissen, verhalten sie sich entsprechend. Sie bemühen sich, ihren Lebenswandel zu ändern und ein gottgefälliges Leben zu führen. Sie opfern den Zürnenden, um sie gnädig zu stimmen. In früher Zeit sind Menschenopfer, das Kostbarste, was man zu geben vermag, durchaus nicht selten.

Die gewaltige Pestepidemie, die Europa zwischen 1347 und 1353 verwüstet, ist die wohl schlimmste Prüfung, die die Menschen treffen kann. Diese Pandemie, wie wir heute sagen würden, löscht ein Drittel der Bevölkerung aus. Viele Dörfer verschwinden von der Landkarte. Sogenannte Flagellanten ziehen durchs Land und zerfleischen ihre Rücken mit eisernen, stachelbesetzten Ketten. Auf diese Weise hoffen die »Geißler«, Gott gnädig zu stimmen.

Bekannt ist auch, dass die Seuche mörderische Pogrome gegen die als fremd und hinterhältig angesehenen Juden entfacht. Angeblich haben sie, die ja ohnehin als Mörder Christi gelten, die Brunnen vergiftet und dadurch die Krankheit unter den Christen verbreitet. Tausende von Juden fallen ihrem fanatischen Hass zum Opfer; aus vielen Städten und Landstrichen werden die Überlebenden für Generationen vertrieben.

Die wirklichen Ursachen vieler Erkrankungen kennt man nicht. Allerdings macht man sich gezwungenermaßen Gedanken über die Ausbreitung der Krankheit. Viele Ärzte vertreten die Auffassung, dass sie durch gefährlich giftige Dämpfe aus dem Erdreich, Miasmen, auf die Menschen übertragen wird. Erstmalig äußert der Arzt Girolamo Fracastoro, der übrigens der Geschlechtskrankheit Syphilis ihren Namen gibt, am Anfang des 16. Jahrhunderts den Gedanken, dass Seuchen durch Keime verbreitet würden. Deshalb gilt er für viele als Begründer der Mikrobiologie.

Ja, es gibt diese Keime. Wir bezeichnen sie heute als Bakterien, »Stäbchen«, und wissen, dass sie unter Umständen Krankheiten, bisweilen schlimme Seuchen verursachen. Da sie als Einzeller außerordentlich klein sind, bleiben sie dem unbewehrten Auge zunächst verborgen und damit allenfalls Gegenstand der Spekulation.

Das ändert sich, als um 1600 das Mikroskop erfunden wird. Der niederländische Kaufmann und Linsenschleifer Antoni van Leeuwenhoek nutzt es als erster für wissenschaftliche Forschungen und sieht unter dem Objektiv nun mit eigenen Augen wimmelnde winzige Lebewesen, die sogenannten Mikroorganismen.

Aber noch ist es ein weiter Weg, bevor aus diesen Beobachtungen die richtigen Folgerungen gezogen werden können. Immerhin entwickelt Louis Pasteur im Jahr 1866 ein überaus praktisches Verfahren, die nach ihm benannte »Pasteurisierung«, um Lebensmittel haltbar zu machen. Er erhitzt sie auf 60 bis 90 Grad und tötet so die Keime, die Mikroorganismen, ab, die zu deren Zersetzung und Verderb führen.

Der Durchbruch für die neu entstehende Wissenschaft der Mikrobiologie gelingt erst dem Mediziner Robert Koch. Im Deutsch-Französischen Krieg dient er als Militärarzt. Danach praktiziert er in der preußischen Provinz Posen als Landarzt an mehreren Orten, um schließlich zum Kreisphysikus, zum Amtsarzt, aufzusteigen.

Durch seine Tätigkeit auf dem Land weiß Koch um die verheerenden Folgen des Milzbrandes. Er wütet überall in Europa und dezimiert die Schaf- und Rinderherden. Die Ursache für die mörderische Seuche muss sich in den Kadavern der verendeten Tiere finden lassen – freilich nur dann, wenn der Forscher über ein leistungsfähiges Mikroskop verfügt.

Tatsächlich erscheinen die tödlichen Bakterien auf dem Objektträger. Robert Koch veröffentlicht die Ergebnisse seiner Forschungen im Jahr 1876 und erbringt den Beweis, dass Bakterien für bestimmte Krankheiten und Seuchen verantwortlich sind. Weil man weiß, wie sich die gefährlichen Einzeller im Körper des Wirtstieres ernähren, ist man nun in der Lage, sie gezielt zu bekämpfen.

Weitere bahnbrechende Forschungen kommen hinzu. Koch erbringt den Nachweis, dass auch bei Wundinfektionen Bakterien im Spiel sind. Oft sterben Menschen nach eigentlich gelungenen Operationen, weil die verwendeten Instrumente nicht völlig keimfrei waren.

Die wissenschaftlichen Erfolge des Kreisphysikus bescheren ihm im Jahr 1880 den Ruf als Leiter des bakteriologischen Laboratoriums am Kaiserlichen Gesundheitsamt in Berlin. Gleichzeitig wird er zum Professor ernannt.

Koch forscht weiter und entdeckt im Jahr 1882 den die tückische Volkskrankheit Tuberkulose auslösenden Tuberkelbazillus. Dadurch, dass er die Mikroben mit geeigneten Substanzen einfärbt, sind sie deutlich von der umgebenden Substanz abgehoben. Die Möglichkeit, sie zu fotografieren, erleichtert den wissenschaftlichen Austausch mit interessierten Kollegen. Das von ihm entwickelte Tuberkulin als Heilmittel hält allerdings nicht, was es zunächst verspricht.

Immerhin wird Robert Koch für die Entdeckung des Tuberkulosebazillus mit der lateinischen Bezeichnung

Mycobacterium tuberculosis im Jahr 1905 mit dem Nobelpreis für Medizin (Physiologie) ausgezeichnet.

Kochs Erfolge auf dem Gebiet der Mikrobiologie führen dazu, dass er als Leiter einer Kommission nach Ägypten und nach Indien entsandt wird. In Alexandria entdeckt er im Jahr 1884 den Cholerabazillus, der zwar zuvor schon einmal gefunden, aber dann in Vergessenheit geraten ist. Auf weiteren Reisen unternimmt er Forschungen zur Malaria, Schlafkrankheit, Ruhr, Lepra, Pest und anderen durch Infektion übertragenen Tropenkrankheiten.

Die von ihm gewonnenen Einsichten führen zu einem veränderten Verhältnis zu Hygiene und Desinfektion. Dies bezieht sich nicht nur auf den Einzelmenschen, der vielleicht allzu sorglos mit seiner persönlichen Reinlichkeit umgeht, sondern auch auf die ganze Gesellschaft, auf Dörfer und Städte. So regt Koch z. B. ein Abwasserkanalsystem für die Reichshauptstadt Berlin an, um Krankheiten auslösende Fäkalien abzuleiten.

Im Jahr 1891 wird Robert Koch die Leitung des für ihn neu geschaffenen Instituts für Infektionskrankheiten übertragen, das später in Robert-Koch-Institut umbenannt wird. Bis heute gehört zu seinen bevorzugten Aufgaben die Erforschung und Bekämpfung von Infektionskrankheiten.

Jahre der Verfolgung

Das Sozialistengesetz (1878–1890)

Seit Jahren schon sind die Sozialdemokraten dem Reichskanzler Otto von Bismarck ein Dorn im Auge. Nach seiner Auffassung wollen sie den bestehenden Staat zerstören und durch eine sozialistische Gesellschaft ersetzen. In ihr soll kein Einzelner mehr Fabriken, Maschinen, Boden und Rohstoffe besitzen. Alles gehört allen, und jedem wird das, was er zum Leben braucht, nach seinen Bedürfnissen und Fähigkeiten zugeteilt. Bismarck möchte die Sozialistische Arbeiterpartei Deutschlands gern verbieten lassen. Doch dazu fehlt ihm die Mehrheit im Reichstag.

Ein Zufall kommt ihm zu Hilfe. Am 11. Mai 1878 versucht ein Mann namens Hödel ein Revolverattentat auf Wilhelm I. Der Kaiser bleibt unverletzt. Das aber wohl nur deshalb, weil die alte Waffe des Täters nicht mehr genau schießt.

Für Bismarck gilt es als erwiesen, dass die Sozialdemokraten den Mordanschlag angestiftet haben. Noch am gleichen Tag, als er die Nachricht erhält, macht er sich an die Arbeit und entwirft ein Verbotsgesetz gegen die Partei. Die Sozialistische Arbeiterpartei Deutschlands setzt sich entschlossen zur Wehr. Sie weist nach, dass Hödel zwar früher zu ihren Mitgliedern gezählt hat, vor kurzem aber wegen Unterschlagungen von ihr ausgestoßen worden ist.

Tatsächlich findet Bismarck auch diesmal keine Mehrheit im Reichstag. Sein Ausnahmegesetz wird mit 243 gegen 60 Stimmen abgelehnt.

Am 2. Juni des gleichen Jahres aber fällt die Entscheidung. An diesem Tag wird ein weiteres Attentat auf den greisen Kaiser verübt. Ein Dr. Nobiling hat auf der Berliner Straße »Unter den Linden« ein Zimmer gemietet und ihn von hier aus mit einer Schrotflinte angeschossen. Wilhelm I. ist schwer verwundet.

Obwohl auch Nobiling, der offenbar geistesgestört ist, nicht der Sozialistischen Arbeiterpartei Deutschlands angehört, wird ihr dieses zweite Attentat sehr bald zum Verhängnis. Überall in bürgerlichen Kreisen ist zu hören, sie sei eine Partei der Meuchelmörder. Sie wolle alles zerstören und dem Volk den Glauben an Gott und König, an Familie, Ehe und Eigentum rauben. Bevor noch ein Verbotsgesetz beschlossen ist, werden bereits Tausende von sozialdemokratischen Arbeitern von ihren Brotherren auf die Straße gesetzt.

Diesmal kann Bismarck hoffen, sein Ausnahmegesetz endlich Wirklichkeit werden zu lassen, zumal der überwiegende Teil der Bevölkerung, die Presse und nunmehr auch die meisten Parteien hinter ihm stehen. Ihn kümmert es nicht, dass Dr. Nobiling gar kein Sozialist gewesen ist. In seiner Rede am zweiten Tag der Beratungen über das Gesetz im Reichstag holt er zum vernichtenden Schlag aus. Er erinnert an einen sozialdemokratischen Zeitungsartikel, dessen Schluss sich mit den Worten »Ihr seid gewarnt!« an die Herrschenden gewandt hat, und fährt fort: »Wovor denn gewarnt? Doch vor nichts anderem als vor dem nihilistischen Messer und der nobilingschen Schrotflinte. Ja, meine Herren, wenn wir in einer solchen Weise unter der Tyrannei einer Gesellschaft von Banditen existieren sollen, dann verliert jede Existenz ihren Wert.«

Die Abstimmung über den veränderten bismarckschen Gesetzentwurf findet am 19. Oktober 1878 statt. Diesmal stimmen 221 Abgeordnete mit Ja und 149 mit Nein. Damit ist das »Gesetz gegen die gemeingefährlichen Bestrebungen der Sozialdemokratie«, das sogenannte »Sozialistengesetz« angenommen und kann am 21. Oktober in Kraft treten.

Augenblicklich beginnen die Verfolgungen. Die Sozialistische Arbeiterpartei Deutschlands versucht, der polizeilichen Auflösung zuvorzukommen. Sie erklärt sich selbst für aufgelöst, bereitet sich aber zugleich darauf vor, im Untergrund weiterzuarbeiten. Innerhalb weniger Tage ist die gesamte Parteipresse, von zwei Blättern abgesehen, verboten. Hunderte von Druckern, Setzern und Redakteuren sind mit einem Schlag brotlos. Als Sozialdemokraten finden sie nur in den allerseltensten Fällen eine neue Anstellung. Oft werden sie nach wenigen Tagen wieder entlassen, wenn ihre politische Überzeugung bekannt wird.

Der Vorstand der verbotenen Partei um August Bebel hilft, soweit er dazu in der Lage ist. Bettelbriefe gehen ins Land hinaus, um wenigstens die größte Not zu mildern.

Schlimmer noch als die Entlassungen sind zumeist die im Gesetz vorgesehenen Ausweisungen. Wer davon betroffen ist, muss innerhalb von 24 bis 72 Stunden seinen Wohnort verlassen und sich woanders eine neue Unterkunft und einen neuen Arbeitsplatz suchen. Auch hier freilich kann er unter Umständen wieder ausgewiesen werden.

Diese Ausweisungen haben aber eine nicht vorausberechnete Wirkung. August Bebel berichtet darüber: »Durch die Verfolgungen aufs Äußerste erbittert, zogen sie von Stadt zu Stadt, suchten überall Parteigenossen auf ... und übertrugen jetzt ihren Zorn und ihre Erbitterung auf die Gastgeber.« Er vergleicht sie mit den christlichen Märtyrern in den ersten Jahrhunderten unserer Zeitrechnung.

Die Polizei schikaniert die Sozialdemokraten darüber hinaus auf alle erdenklichen Arten. Ständig lässt sie sie überwachen.

Als im Mai 1888 der Geburtstag des verstorbenen sozialdemokratischen Kaufmanns Bracke an dessen Grab als Er-
innerungstag begangen wird, notiert ein Polizeisergeant alle
Aufschriften auf den Kranzschleifen, insgesamt 26, und meldet sie an die Herzogliche Polizeidirektion in Braunschweig.
Hier eine der Notizen: »Gewidmet von den Tabakarbeitern
und Arbeiterinnen von Berdenwerper und Illing. ›Fiel auch
der Sämann, auf guten Boden fiel die Saat!‹ usw. Niedergelegt
von dem Zigarrenmacher Wolf.«

Alle Verfolgungen, alle Schikanen haben nicht die von Bismarck und vielen anderen im Reich erhoffte Wirkung. Vermutlich ist oft das Gegenteil der Fall. Als das Sozialistengesetz
im Jahr 1890 nicht mehr erneuert und im gleichen Jahr ein
neuer Reichstag gewählt wird, erzielt die Sozialdemokratische
Partei Deutschlands, wie sie sich nun nennt, von allen Parteien
die höchste Stimmenzahl.

Das damals geltende Mehrheitswahlrecht verhindert aber,
dass sie damit die höchste Zahl an Abgeordnetensitzen im
Deutschen Reichstag erringt. Dieses Ziel erreicht sie im Jahr
1912, also noch während der Regierungszeit Kaiser Wilhelms II., zwei Jahre vor Beginn des Ersten Weltkriegs.

Kutschen ohne Pferde

Die Erfindung des Autos durch Benz und Daimler (1886)

Als am Ende des 19. Jahrhunderts die ersten Automobile über die holprigen Straßen rattern, ahnt noch niemand, welche Bedeutung sie eines Tages erlangen werden. Neugierig und erschrocken stehen viele am Straßenrand und reiben sich die Augen. Manch einer schlägt verstohlen das Kreuz, weil ein selbstfahrender, nicht von Pferden gezogener Wagen ein Werk des Teufels sein muss. Es dauert einige Zeit, bis sich das neu erfundene Vehikel durchgesetzt hat.

Der Gedanke, einen selbstfahrenden Wagen zu bauen, ist freilich schon alt. Um 1500 hat der geniale italienische Ingenieur Leonardo da Vinci ein solches »Automobil« auf dem Papier entworfen. Es soll – wie eine Uhr – durch eine überdimensionale Feder angetrieben werden.

Die Erfindung der Lokomotive, die mit Dampf fährt, eröffnet ein neues Zeitalter. Im Jahr 1835 wird bekanntlich die erste deutsche Eisenbahn auf der Strecke Nürnberg-Fürth eingeweiht. Allerdings sind die Zugmaschine und die Wagen an Schienen gebunden. Der Bau von Gleisen, Brücken und Tunnels verschlingt ungeheuer viel Geld. Aus diesem und aus anderen Gründen bleiben viele Gebiete durch die Eisenbahn unerschlossen.

Die Lokomobile scheint hier Abhilfe zu schaffen. Sie wird wie die Eisenbahnlokomotive durch Dampf angetrieben, ist aber von Schienen unabhängig. Auf den oft noch unbefestigten Straßen dient sie als willkommenes Transportmittel. Leider mindern technische Schwierigkeiten oft ihren Wert.

Erst die Erfindung des Gas- bzw. des Benzinmotors bringt die Entwicklung voran. Auf der Pariser Weltausstellung im Jahr 1867 zeigt die Firma N. A. Otto & Cie. aus Deutz bei Köln ein verhältnismäßig weit entwickeltes Modell. Sie bringt dem ehemaligen Handlungsgehilfen Nikolaus August Otto die begehrte Goldmedaille ein.

Im Jahr 1878 wird der aus seiner Firma hervorgegangene Viertaktmotor patentiert. In vier Schritten wird nun das Gas-Luft-Gemisch angesaugt, verdichtet, zur Explosion gebracht und nach der Verbrennung durch ein Ventil ausgestoßen.

Nur zögernd machen sich Otto und der Ingenieur Eugen Langen, der mit ihm zusammenarbeitet, an die Konstruktion eines Motors, der mit flüssigen Brennstoffen angetrieben werden soll.

Inzwischen ist etwas geschehen, das für die Zukunft außerordentlich wichtig werden soll: Nach Auseinandersetzungen mit Otto und Langen hat der aus Württemberg stammende Ingenieur Gottlieb Daimler im Jahr 1882 die Gasmotorenfabrik Deutz verlassen und in Cannstatt bei Stuttgart eine eigene Werkstatt eingerichtet. Zusammen mit Wilhelm Maybach bastelt er an einem möglichst kleinen, möglichst schnell laufenden Benzinmotor, der als Antrieb für ein Fahrzeug genutzt werden kann.

Die beiden Erfinder arbeiten in Daimlers Gewächshaus unter strengster Geheimhaltung. Kein Wunder, wenn die Nachbarn Schlimmes vermuten: Eines Tages erscheint ein Polizist und will die Falschmünzerwerkstatt ausheben. Staunend und verwirrt steht er vor den noch unfertigen Motoren, an denen Daimler und Maybach arbeiten.

Schließlich ist es so weit: Die beiden bauen den neu entwickelten Motor in ein hölzernes Zweirad mit seitlichen Stützrollen ein. Am Anfang der Entwicklung steht also nicht das Auto, sondern eigentlich das Motorrad.

Um die vielseitige Verwendbarkeit ihres Motors zu beweisen, bauen ihn Daimler und Maybach auch in ein Boot ein. Die Probefahrt auf dem Neckar erregt großes Aufsehen. Um die Angst vor einer Explosion des flüssigen Treibstoffs gar nicht erst aufkommen zu lassen, bedienen sich die beiden Konstrukteure eines Tricks: Sie statten das Boot mit Glühlampen und Isolatoren aus und erweckten so den Eindruck, als wenn es mit elektrischem Strom angetrieben würde.

Im Jahr 1886 bestellt Gottlieb Daimler bei einer Stuttgarter Firma eine Kutsche, Modell »Americain«. Nach seinen Plänen wird sie in der Maschinenfabrik Esslingen mit einem Motor und mit einer Lenkung ausgestattet. Im September des Jahres können die ersten Probefahrten unternommen werden.

So wird der von Daimler und Maybach entwickelte selbstfahrende Kutschwagen das erste vierrädrige Automobil der Welt. Ein Berichterstatter meldet damals: »Auf unserer Testfahrt zwischen Cannstatt und Esslingen erreichten wir die Höchstgeschwindigkeit von 18 Kilometern pro Stunde. Ein Wahnsinnstempo, bei dem die … Klotzbremse im Ernstfall total überfordert gewesen wäre. Ob der Daimler-Motorwagen eine Zukunft hat …, gilt's abzuwarten.« –

Völlig unabhängig von Daimler und Maybach bemüht sich seit Jahren ein anderer Konstrukteur um den Bau eines motorgetriebenen Wagens. Um seine ehrgeizigen Pläne verwirklichen zu können, gründet der Ingenieur Karl Benz in Mannheim die Rheinische Gasmotorenfabrik Benz & Co.

Von allem Anfang an stellt er sich eine etwas andere Aufgabe als Daimler. Sein Motor soll ein dreirädriges Fahrzeug antreiben. So hofft er, die sonst zu erwartenden Schwierigkeiten mit der Lenkung leichter meistern zu können. Die ersten Probefahrten finden im Spätherbst 1885 statt. Anfang 1886 erhält Benz das Patent auf seinen Motorwagen.

Nun geht es darum, Käufer für das ungewohnte, abenteuerliche Gefährt zu finden. Sehr realistisch klingt bereits, was der »Generalanzeiger der Stadt Mannheim« verheißt: »Wir glauben, dass dieses Fuhrwerk eine gute Zukunft haben wird, weil dasselbe ohne viel Umstände in Gebrauch gesetzt werden kann und weil es, bei möglichster Schnelligkeit, das billigste Beförderungsmittel für Geschäftsreisende, eventuell auch für Touristen werden wird.«

Zur Legende wird die erste große Fahrt mit dem Benz-Motorwagen von Mannheim nach Pforzheim. Um fünf Uhr morgens schiebt Berta Benz, die Ehefrau von Karl Benz, den Wagen ohne sein Wissen ins Freie und macht sich mit ihren beiden Söhnen auf den Weg nach Pforzheim, wo ihre Mutter wohnt.

Die Fahrt auf den holprigen Straßen ist nicht frei von Gefahren. Verwundert und verwirrt bleiben die Passanten stehen, wenn das Gefährt vorbeirattert. Wegen der Vollgummireifen und der unzureichenden Federung ist es nur mit Geschick und großer Kraftanstrengung zu steuern.

Am steilen Berg springen Berta Benz und einer der Söhne ab und schieben den Wagen voran. In Wiesloch ist der Treibstoff aufgebraucht. Der Apotheker am Ort staunt nicht schlecht, als eine fremde Dame seinen ganzen Vorrat an Fleckenwasser, Benzin, aufkauft, um damit ihr Automobil zu betanken.

Kleinere Pannen werden mit Umsicht und Einfallsreichtum gemeistert: Das Strumpfband der Mutter dient dazu, ein Ventil abzudichten. Mit ihrer Haarnadel wird eine Verstopfung gelöst. In einem Dorf am Weg muss ein Schuster die Lederkappen auf den Bremsbacken erneuern, weil sie inzwischen abgerieben sind.

Immerhin gelingt es den drei Reisenden, das angestrebte Ziel zu erreichen und damit die Leistungsfähigkeit des neuen Automobils zu beweisen. Aus Pforzheim telegrafiert Berta Benz ihrem Mann nach Mannheim, dass sie mit ihren beiden Söhnen gut angekommen sei. Drei Tage später fahren die drei Autopioniere ohne nennenswerte Schwierigkeiten zurück nach Mannheim. Das Abenteuer findet so ein gutes Ende.

Die Geschichte der Motorisierung hat begonnen. Am Anfang stehen gleich zwei geniale Konstrukteure: der Badener Karl Benz und der Württemberger Gottlieb Daimler. Es wird nicht mehr lange dauern, bis auch Eisenbahnen, Schiffe und Flugzeuge durch Verbrennungsmotoren angetrieben werden.

Ein Märchenkönig?

Der tragische Tod Ludwigs II. (1886)

Sicher lassen sich nicht nur japanische Touristen täuschen, die zu Tausenden zum Schloss Neuschwanstein hinaufpilgern und das – wie sie meinen – zu Stein und Bild gewordene europäische Mittelalter bewundern. Das Schloss stammt aber keineswegs aus uralter Zeit. Der Grundstein dazu wurde erst im Jahr 1869 gelegt. Als König Ludwig II. von Bayern im Jahr 1886 stirbt, ist das Bauwerk noch lange nicht fertig. Eigentlich bleibt es bis zum heutigen Tag unvollendet.

Das Allgäu um Füssen ist ein herrliches Land, und herrlich ist auch der Blick, der sich auf das Voralpenland und seine zahlreichen Seen öffnet. Wie anders wirkt das als die geschäftige und aufstrebende Landeshauptstadt München!

Ludwig ist 18 Jahre alt, als sein Vater Maximilian im Jahr 1864 stirbt. Noch am gleichen Tag wird er zum »König von Bayern, Pfalzgrafen bei Rhein, Herzog von Bayern, Franken und Schwaben« proklamiert.

»Der Märchenkönig«, wie er später genannt wird, bleibt für seine Untertanen und die Nachwelt ein großes, unerforschliches Geheimnis. Viele Einzelheiten bis hin zu seinem dramatischen Ende sind bis heute nicht hinreichend geklärt. Bekannt ist seine fast fanatische Begeisterung für Richard Wagner, nachdem er dessen Opern »Tannhäuser« und »Lohengrin« auf der Bühne gesehen hat. Er fördert den Komponisten großzügig und unterstützt ihn auch mit Krediten beim Bau des Festspielhauses, das zwischen 1872 und 1875 auf dem Grünen Hügel in Bayreuth entsteht.

Die Opern des Meisters wecken in ihm die fast pathologische Liebe zur Fantasie- und Traumwelt des Mittelalters,
hinter der die fordernde und düstere, durch ökonomische Ge-
schäftigkeit und durch Intrigen gekennzeichnete Gegenwart
versinkt und die ihn dazu anregt, seine Träume in Form herr-
licher Bauwerke zu verwirklichen.

Letztlich ungeklärt ist auch sein Verhältnis zum anderen
Geschlecht. Er verlobt sich mit der Schwester der österreichischen Kaiserin Elisabeth (Sissi), schiebt die Hochzeit aber
immer weiter hinaus, bis er schließlich die Verlobung ganz
auflöst. Es gibt eine Reihe ernst zu nehmender Anzeichen,
dass der König homosexuell veranlagt ist und dass ihn diese
religiös und gesellschaftlich geächtete Neigung in tiefste innere Konflikte stürzt. Er wird der »einsame König«, der die
Gesellschaft meidet und den politischen Alltagsgeschäften
nach Möglichkeit entflieht. Auf seinen Märchenschlössern im
weltfernen Gebirge findet er Ruhe.

Natürlich kann er sich der Politik nicht völlig entziehen.
Im »deutschen Krieg«, der sich vor allem zwischen Preußen
und Österreich abspielt, marschieren seine Truppen unter dem
Dach des Deutschen Bundes gegen Preußen. Im Deutsch-
Französischen Krieg von 1870/71 kämpfen die Bayern gemeinsam mit den übrigen deutschen Staaten gegen das Frankreich Napoleons III.

Was nun geschieht, ist durchaus delikat: Der große diplomatische Regisseur Otto von Bismarck, preußischer Ministerpräsident und späterer Reichskanzler, überredet Ludwig II.,
seinem Standesgenossen Wilhelm I., dem König von Preußen,
einen Brief zu schreiben und ihn darin feierlich um die Annahme der deutschen Kaiserkrone zu bitten.

Dieser Dienst hat freilich seinen Preis: Bismarck verspricht
dem bayerischen König, dessen horrenden Geldbedarf infolge

seiner Bauwut er kennt, beträchtliche geheime Geldzahlungen. – Heute würde man von Bestechung reden!

Ludwig II. zieht sich aus dem politischen und gesellschaftlichen Leben weiter zurück und versinkt in seiner Traumwelt. Auf Schloss Linderhof bei Ettal oder auf Neuschwanstein fühlt er wohl. Er isst und trinkt unmäßig. Aus dem strahlenden jungen Monarchen, wie ihn manche frühen Bilder zeigen, ist inzwischen ein unförmiger, aufgedunsener Koloss geworden. Wegen plötzlicher und jäher Stimmungsschwankungen gilt sein Verhältnis zu anderen Menschen als unberechenbar und schwierig.

Zunehmend macht er die Nacht zum Tag und wird deshalb gelegentlich auch als »Mondkönig« bezeichnet. Die Leidenschaft, Großes zu verwirklichen, stürzt ihn in gewaltige Schulden. Er hat Neuschwanstein und Linderhof bauen lassen. Schloss Herrenchiemsee erinnert an die Residenz des Sonnenkönigs in Versailles. Geplant sind ein romantisches Schloss auf dem Falkenstein in der Nähe von Neuschwanstein und ein chinesisches Sommerschloss, vermutlich am Plansee im nahen Tirol.

Die Kosten sind so gewaltig, dass die Bauprojekte zwischenzeitlich unterbrochen werden müssen. Neuschwanstein und Herrenchiemsee bleiben unvollendet; andere Projekte werden gar nicht erst begonnen. Die vom König aufgehäuften finanziellen Verpflichtungen muss das Haus Wittelsbach, das bayerische Herrschergeschlecht, nach seinem Tod begleichen. Das dauert immerhin bis zum Jahr 1902.

Ludwigs Desinteresse gegenüber den politischen Alltagsangelegenheiten, sein schroffes, oft erniedrigendes Verhalten gegenüber seinen Ministern und Beamten und sein fluchtartiger Rückzug ins Gebirge nähren die Vermutung, dass der König nicht mehr im Vollbesitz seiner geistigen Kräfte ist. Diese Auffassung teilt auch der Ministerrat in München. Er verweigert dem König die Bürgschaft für einen Millionenkredit und leitet schließlich seine Entmündigung ein.

Ein psychiatrisches Gutachten, an dem u. a. der berühmte Irrenarzt Professor Bernhard von Gudden beteiligt ist, stellt – allerdings nur aufgrund von Zeugenaussagen und ohne persönliche Untersuchung – fest: »Seine Majestät sind in sehr weit fortgeschrittenem Grade seelengestört, und zwar leiden Allerhöchstdiese an jener Form von Geisteskrankheit, die den Irrenärzten aus Erfahrung wohl bekannt mit dem Namen Paranoia bezeichnet wird ...

Durch diese Krankheit ist die freie Willensbestimmung Seiner Majestät vollständig ausgeschlossen, sind Allerhöchstdiese verhindert an der Ausübung der Regierung zu betrachten und wird diese Verhinderung nicht nur länger als ein Jahr, sondern für die ganze Lebenszeit andauern.«

Am 9. Juni 1886 wird Ludwig durch die Regierung in München entmündigt. Einen Tag später – Ludwigs jüngerer Bruder Otto ist geisteskrank und deshalb nicht regierungsfähig – übernimmt sein Onkel Luitpold als Prinzregent die Herrschaft. Allerdings trägt Otto in der Folgezeit dennoch bis an sein Lebensende den Titel »König von Bayern«.

Der erste Versuch, Ludwig II. durch eine Kommission auf Neuschwanstein in Gewahrsam zu nehmen, scheitert. Ein letztes Mal begehrt der König auf und wendet sich in einem Aufruf an seine Untertanen: »Mein bisheriges Ministerium hat durch unwahre Angaben über meinen Gesundheitszustand mein geliebtes Volk getäuscht und bereitet hochverräterische Handlungen vor ... Ich fordere jeden treuen Bayern auf, sich um meine treuen Anhänger zu scharen und an der Vereitelung des geplanten Verrates an König und Vaterland mitzuhelfen.«

Reichskanzler Bismarck rät dem König, nach München zu reisen, sich dort dem Volk zu zeigen und sein Anliegen in eigener Person vor dem Landtag zu vertreten. Diesem wohl-meinenden Rat folgt Ludwig freilich nicht.

Eine zweite Kommission kommt nach Neuschwanstein, um den König abzuholen. Professor von Gudden erklärt ihm die Gründe und informiert ihn über die in München inzwischen in Kraft getretene Regentschaft seines Onkels Luitpold. Um vier Uhr morgens wird Ludwig II. mit einer Kutsche nach Schloss Berg am Würmsee, dem heutigen Starnberger See, ge-bracht, wo er sich fürs Erste aufhalten soll. Diesmal leistet er keinen Widerstand mehr.

Das Ende des Königs ist überaus dramatisch und im genau-en Ablauf bis heute ein unentschlüsseltes Geheimnis. Von ei-nem Spaziergang mit seinem persönlichen Betreuer ans Ufer des Starnberger Sees kommt der König nicht zurück. Gegen halb zwölf wird er von den Männern, die sich auf die Suche nach ihm gemacht haben, tot im flachen Uferwasser des Sees aufgefunden. Sein Begleiter Professor von Gudden ist ebenfalls ertrunken.

Das geheimnisvolle Ereignis gibt zu den wildesten Speku-lationen Anlass. Wollte der Arzt den König an einem Selbst-mordversuch hindern? Was könnte sonst geschehen sein? Tatsache ist wohl, dass zwischen den beiden Männern ein hef-tiger Kampf stattgefunden haben muss: »An der Leiche des Dr. Gudden sind Risse, von Fingernägeln herrührend, an der rechten Stirnseite und herein an der rechten Nasenseite be-merkbar. An der rechten Stirnseite finden sich ferner noch die Spuren eines Schlages …« Ob es noch unerschlossene geheime Dokumente gibt, mit deren Hilfe sich der mysteriöse Vorgang eines Tages aufklären lässt, muss offen bleiben.

An der Stelle, an der König Ludwig II. und Professor von Gudden ertranken, ragt heute ein schlichtes Kreuz aus dem Wasser des Starnberger Sees. Am Ufer erinnert eine Kapelle an den tragischen Tod des bayerischen Monarchen.

Die Tragödie von Mayerling

Erzherzog Rudolf und seine Geliebte (1889)

Der Name Mayerling verbindet sich mit einem überaus tragischen, aber auch überaus mysteriösen Kriminalfall. In der Nacht vom 29. auf den 30. Januar 1889 stirbt hier der österreichisch-ungarische Thronfolger Erzherzog Rudolf durch Selbstmord. Seine Geliebte Mary von Vetsera begleitet ihn in den Tod. Allerdings sind die näheren Umstände des entsetzlichen Geschehens bis zum heutigen Tag nicht endgültig geklärt. Offensichtlich wurden Beweisstücke vernichtet und eventuelle Zeugen zu lebenslangem Stillschweigen verpflichtet. So bleibt manches – ungewollt – Gegenstand heftigster Spekulationen.

Erzherzog Rudolf ist der einzige Sohn Kaiser Franz Josephs I. und seiner legendären Gemahlin Elisabeth (Sissi). Der empfindsame Junge wird mit Blick auf sein zukünftiges Staatsamt auf Wunsch und Befehl des Vaters militärisch streng erzogen, so streng, dass sich die Mutter schließlich zum Einschreiten genötigt sieht.

Rudolf ist intelligent und vielseitig interessiert, aber offensichtlich psychisch und charakterlich labil. Diese Eigenschaften verstärken sich durch die erzwungene Heirat mit Prinzessin Stephanie, der Tochter des belgischen Königs Leopolds II. Die beiden werden miteinander nicht glücklich. Rudolf sucht Ablenkung mit vertrauten Freunden, bei Trinkgelagen und im Umgang mit zwielichtigen Frauen. Erwähnenswert ist seine Beziehung zu der Edelprostituierten Mizzi Caspar, der er großzügigste Geschenke macht und der er in einer depressiven Anwandlung vorschlägt, mit ihm in den Tode zu gehen.

Zu den Stimmungsschwankungen und tiefen Depressionen, die den Kronprinzen immer wieder überkommen, tragen möglicherweise auch sein kühles Verhältnis zum Vater und seine fast revolutionär und verräterisch anmutenden politischen Auffassungen bei. Er vertritt liberale Ansichten und sympathisiert mit den nach größerer Autonomie strebenden Ungarn. Entschieden lehnt er die enge Bindung Österreich-Ungarns an das hollenzollerisch-preußisch geprägte Deutsche Reich ab und befürwortet eine Umkehr der Allianzen zugunsten Russlands, Englands und Frankreichs. Den neuen deutschen Kaiser Wilhelm II. hasst und verachtet er.

Ende Januar des Jahres 1889 fährt Erzherzog Rudolf zur Jagd nach Mayerling, seinem Jagdschloss südwestlich von Wien. Ausdrücklich hat er seiner Frau mitgeteilt, dass er ihre Anwesenheit dort nicht wünsche.

Am Abend des 29. Januar zieht sich Rudolf in seine Räumlichkeiten im Schloss zurück. Vermutlich weiß niemand außer dem Kammerdiener Johann Loschek, dass er dort von der Baronesse Mary von Vetsera erwartet wird. Sie ist zu diesem Zeitpunkt 17 Jahre alt. Die Aufforderung, mit der sich der Kronprinz von seinem Kammerdiener verabschiedet, klingt deshalb nicht sonderlich überraschend: »Sie dürfen niemand zu mir lassen, und wenn es der Kaiser ist.«

Am nächsten Morgen – es ist ein trüber Tag – wollen sich der Kronprinz und seine Jagdfreunde zu einem gemeinsamen Frühstück treffen. Da lässt der Kammerdiener Loschek melden, dass er vergeblich versucht habe, Rudolf zu wecken. Die Tür zu seinem Zimmer sei von innen verriegelt. Auch die gemeinsamen Versuche bleiben vergeblich. Loschek verrät in dieser beängstigenden Lage, dass der Kronprinz mit der Baronesse Vetsera zusammen sei.

Was bleibt zu tun? In der Not zerschmettert der Diener die Türfüllung zum Zimmer des Kronprinzen mit einem Hammer. Seinem Blick öffnet sich eine fürchterliche Szene: Rudolf von Habsburg und die Baronesse Vetsera liegen in einer Blutlache tot auf dem Bett. Etwas Fürchterliches hat sich ereignet. Die Augenzeugen sind fassungslos. Ihr erster Gedanke ist, dass sich die beiden mit Zyankali das Leben genommen haben.

Rudolfs Leibarzt Dr. Widerhofer, der telegrafisch nach Mayerling beordert wird, untersucht den Tatort und klärt die Todesursache. Es zeigt sich, dass sich Rudolf selbst mit einer Pistole erschossen hat. Mit allergrößter Sicherheit ist auch seine Geliebte von ihm erschossen worden. Er berichtet, das Mädchen habe völlig bekleidet mit locker herabfallendem Haar auf ihrem Bett gelegen und in ihren gefalteten Händen eine Rose gehalten.

In Wien wird die kaiserliche Familie von dem fürchterlichen Schicksalsschlag in Kenntnis gesetzt. Als Erste informiert man die Mutter, Kaiserin Elisabeth, über den Tod des Thronfolgers. Der Kaiser kommt dazu. Auch Rudolfs Ehefrau Stephanie erfährt von dem schrecklichen Unglück. Als Elisabeth schließlich der Mutter der toten Baronesse die schreckliche Nachricht übermittelt, fügt sie gebieterisch hinzu: »Und jetzt merken Sie sich, das Rudolf an Herzschlag gestorben ist.«

Noch weiß Kaiser Franz Joseph nichts Genaueres über das tragische Ende seines einzigen Sohnes. Der Leibarzt Dr. Widerhofer berichtet die von ihm ermittelten Einzelheiten und schafft so Klarheit. Für einen Augenblick bricht Franz Joseph zusammen und weint wie ein Kind.

Aber da ist noch mehr: Rudolf hat von einer ganzen Reihe von Menschen, unter anderem von seiner Mutter, seiner Schwester und seiner Ehefrau Abschied genommen. Ein Abschiedsbrief an den Vater findet sich nicht, doch im Brief an die Mutter steht der Satz: »Ich weiß sehr gut, dass ich nicht würdig bin, sein Sohn zu sein.«

Das amtliche Gutachten über den Tod des Kronprinzen stellt fest: »Verschiedene einzeln aufgeführte Anzeichen zeigen pathologische Befunde, die erfahrungsgemäß mit abnormen Geisteszuständen einherzugehen pflegen und daher zur Annahme berechtigen, dass die Tat in einem Zustand von Geistesverwirrung geschehen ist.« Diese Begründung macht es möglich, dass Kronprinz Rudolf – trotz des Selbstmordes – kirchlich beigesetzt wird.

Nun erfährt auch die Öffentlichkeit, dass es sich beim Tod des Kaisersohnes nicht um einen Jagdunfall oder einen Herzschlag gehandelt hat, wie zunächst behauptet wurde, sondern dass er von eigener Hand gestorben ist.

Am 5. Februar werden seine sterblichen Überreste in die Kapuzinergruft in Wien, die Grablege der Habsburger, überführt. Heute ruht der Kronprinz dort zwischen seinen Eltern, der Kaiserin Elisabeth und dem Kaiser Franz Joseph I. Bekanntlich wurde die Kaiserin im Jahr 1898 von einem Anarchisten ermordet.

Die Baronesse Mary von Vetsera wird bei Nacht in das nahe gelegene Zisterzienserkloster Heiligenkreuz überführt und am folgenden Morgen, dem 1. Februar, auf dem Friedhof des Ortes beerdigt. Der Kaiser lässt noch im Todesjahr seines Sohnes das Jagdschloss Mayerling umbauen. Dort, wo sich das Schlafzimmer Rudolfs befand, steht heute eine Kirche. Das Schloss selbst wird in ein Karmeliterinnenkloster umgewandelt.

Die Mordtat von Mayerling ist nicht nur eine schreckliche private Tragödie. Sie erschüttert die Menschen der damaligen Zeit ungeheuer und trägt mit dazu bei, das Vertrauen in das Herrscherhaus und in die Stabilität der habsburgischen Vielvölkerherrschaft zu erschüttern.

Ein verkanntes Genie

Vincent van Gogh und seine letzten Werke (1890)

Siebenunddreißig Jahre alt ist Vincent Willem van Gogh, als er 1890 im französischen Auvers-sur-Oise stirbt. Er hat sich bei seinen Wirtsleuten ein Gewehr oder einen Revolver ausgeliehen, angeblich um auf Krähenjagd zu gehen. Stattdessen schießt er sich eine Kugel in Brust oder Bauch. Schwer verletzt kommt er in den Gasthof zurück, in dem er wohnt, und antwortet auf die Frage, was passiert sei, mit den Worten: »Nichts. Ich habe mich verletzt.« Später sagt er dann: »Ich habe mich erschossen. Ich hoffe nur, dass ich es nicht verpfuscht habe.«

Zwei Ärzte, darunter der dem Maler vertraute Dr. Gachet, untersuchen den Verwundeten. Die Kugel steckt an einer schwer zugänglichen Stelle nahe der Wirbelsäule. Gemeinsam beschließen die beiden, nicht zu operieren. Warum sie den Patienten nicht in ein Krankenhaus bringen lassen, bleibt ungeklärt und gibt später zu Spekulationen Anlass. Wollen sie den Entschluss des Malers, seinem Leben freiwillig ein Ende zu setzen, in ihrer Weise akzeptieren?

Dr. Gachet möchte Vincents Bruder Theo, an dem der Maler sehr hängt, über den Vorfall benachrichtigen. Der Kranke weigert sich aber, die Anschrift preiszugeben. Auf Umwegen erreichen sie Theo doch. Verspätet trifft er in Auvers ein und ist zunächst überrascht, weil es seinem Bruder verhältnismäßig gut zu gehen scheint. Vincent empfindet zu diesem Zeitpunkt keine Schmerzen. Die beiden reden miteinander und tauschen Erinnerungen aus. Der Maler raucht seine geliebte Pfeife.

Dann aber verschlechtert sich der Zustand des Patienten – wohl infolge einer Wundinfektion – sehr rasch. Um 1 Uhr 30 in der Nacht tut er seinen letzten Atemzug. Vincent van Gogh ist tot.

Über die künstlerische Genialität des Malers, auch über seine Bedeutung für die Fortentwicklung der Malerei gibt es heute keinen Zweifel mehr. Insbesondere die Fauvisten (»die Wilden«) und die Expressionisten berufen sich auf sein Vorbild. Die Farbe in ihrer besonderen Intensität veranschaulicht das innere Erlebnis des Künstlers.

Die Einschätzung Van Goghs spiegeln die astronomischen Preise, die auf dem Kunstmarkt für seine Werke bezahlt werden. Und das angesichts der Tatsache, dass von seinen Bildern der klassischen Epoche zu seinen Lebzeiten nur ein einziges verkauft wird.

Vielleicht gibt es auch hier einen Zusammenhang mit dem tragischen Ende des Malers. Sein Leben ist im Grunde eine Aneinanderreihung von Niederlagen. Bürgerliche Sicherheit und ein Hauch von andauerndem Wohlbehagen fehlen. Vieles wird, auch unter dem Zwang der Verhältnisse, versucht und wieder aufgegeben. Zu ernsthafter künstlerischer Tätigkeit kommt Vincent van Gogh erst sehr spät – und arbeitet dann mit einem Eifer, der an Besessenheit grenzt. In den letzten 70 Tagen seines Lebens entstehen 80 Gemälde und 60 Zeichnungen. Einige davon haben Weltruhm erlangt und fordern zu ständig neuen Deutungen heraus.

Vincent wird im niederländischen Nordbrabant als Sohn eines Pfarrers der reformierten Kirche geboren. Er ist das älteste von sechs Kindern. Nach dem Schulbesuch des als eigenbrötlerisch geschilderten Jungen beginnt eine Zeit beruflicher Versuche und Wanderungen. Auf Grund familiärer Verbindungen tritt Vincent zur Ausbildung in eine Kunsthandlung in Den Haag ein. Es folgen Aufenthalte in deren Filialen in London und Paris. Offensichtlich gibt es größere Probleme, vor allem wohl auch mit Kunden, die seine Vorgesetzten veranlassen, ihm die Kündigung nahezulegen.

Vincent befasst sich nun intensiv mit religiösen Fragen. In England arbeitet er als Hilfslehrer und Hilfspfarrer und beschließt, Theologie zu studieren. Allerdings erlischt seine Begeisterung bald. Er hält das Theologiestudium an der Universität »für einen unbeschreiblichen Schwindel ..., wo lauter Pharisäertum gezüchtet wird«.

Dennoch wird er Hilfsprediger im belgischen Steinkohlerevier und beschäftigt sich einfühlsam mit dem Schicksal der Arbeiter. Wieder kommt es zu Zerwürfnissen mit seinen Vorgesetzten, so dass er auch diese Tätigkeit aufgeben muss. Die doppelte Enttäuschung führt dazu, dass er sich nun ganz vom Christentum abwendet. Er schreibt, er habe »dem gegenwärtigen Christentum tief in die Karten geguckt«, und entsetzt sich über die Pastoren als »die gottlosesten Menschen der Gesellschaft und dürre Materialisten«.

Er ist 27 Jahre alt, als er einen neuen Anfang versucht. Er entschließt sich, Maler zu werden. Sein vier Jahre jüngerer Bruder Theo unterstützt ihn mit Geld. Dafür erhält er einen großen Teil der von Vincent gemalten Bilder.

Fürs Erste arbeitet er als Autodidakt. Seine frühen Werke sind zumeist anspruchslos und unbedeutend. Durch einen verwandten Maler erhält er professionelle Hilfe, bis auch dieses Verhältnis zerbricht. Das gründet in der unterschiedlichen Kunstauffassung der beiden, aber auch darin, dass van Gogh ein Verhältnis zu einer schwangeren Prostituierten unterhält und sich damit erneut von seiner gesamten Familie entfremdet. Zwar verlässt er seine Geliebte bald, verkehrt aber weiter mit wechselnden Freudenmädchen.

In Paris lebt Vincent bei seinem Bruder Theo, der hier als Kunsthändler arbeitet. In der Welthauptstadt der Kunst lernt er bedeutende Maler wie Henri de Toulouse-Lautrec und Paul Gauguin kennen. Es kommt zu Freundschaften und zu einer begrenzten Zusammenarbeit. Vincents Umgang mit Farben wandelt sich: Sie werden heller, leuchtender. Zunehmend malt er seine Bilder im Freien.

Aber auch hier hält es ihn nicht lange. Die Hektik der Großstadt und die Zwistigkeiten zwischen den Künstlern belasten ihn. Und so beschließt er, sich nach Süden zu wenden, wo im provenzalischen Sonnenlicht die Farben besonders klar und intensiv leuchten. Sein Aufenthalt in Arles wird zu einer ausgesprochen produktiven Zeit. Gauguin kommt, nachdem Vincents Bruder Theo ihm finanzielle Unterstützung zugesagt hat. Aber das Verhältnis der beiden Künstler erweist sich erneut als überaus konfliktgeladen und endet in einer Katastrophe, in deren Verlauf sich Vincent van Gogh einen Teil seines linken Ohrs abschneidet und sich lebensgefährlich verletzt.

Der genaue Vorgang ist kaum zu rekonstruieren. Möglicherweise hat van Gogh seinen Kollegen zunächst mit dem Rasiermesser angegriffen. Vincent bringt das Ohr einer Prostituierten, so wie ein Matador im Stierkampf das Ohr des getöteten Tieres der Dame seines Herzens widmet.

Nun ist offenkundig, wie es um ihn steht. Dass er psychisch außerordentlich labil, reizbar und verletzlich ist, wissen alle, die mit ihm zu tun hatten und haben. Hier zeigt sich – nicht zum ersten und letzten Mal –, dass er an verheerenden Anfällen von Wahnsinn leidet. Halluzinationen, Bewusstseinsverengungen und Depressionen überfallen ihn. Allerdings kann er, sobald die Krankheit abgeklungen ist, ganz normal arbeiten.

Die Menschen, die in seiner Umgebung leben, haben Angst vor dem unberechenbaren Irren und erzwingen seine Internierung. Freiwillig entscheidet sich van Gogh, die Stadt zu verlassen, und begibt sich in die Nervenheilanstalt im nahen Saint-Rémy.

Auch hier hat er einen schweren Anfall. Er versucht, giftige Farben zu essen, wohl in der Absicht, seinem Leben ein Ende zu setzen. Aber gerade in dieser Zeit erreicht er zum ersten Mal bemerkenswerte öffentliche Anerkennung. Seinem Bruder Theo gelingt es, Werke von Vincent in drei Ausstellungen zu präsentieren, wo sie überraschend lobend bewertet werden. Hier gelingt es auch, wie erwähnt, ein Bild des Künstlers zu verkaufen – freilich das erste und einzige Mal. Der Maler, der ein Leben lang unter Zurückweisungen und Misserfolgen gelitten hat, der sich immer wieder die Frage nach seinem künstlerischen Talent gestellt hat, reagiert eigenartig: Der Erfolg macht ihn nicht freudig erregt, sondern erzeugt neue Zweifel und Ängste.

Van Gogh verlässt die Nervenheilanstalt in Saint-Rémy, in der er sich als Gefangener fühlt, und zieht nach Auvers-sur-Oise in der Nähe von Paris. Hier wird sich der Arzt und Kunstsammler Dr. Gachet, der selbst auch ein wenig als Maler dilettiert, seiner annehmen. Die Rolle, die der Mediziner für Vincent van Gogh spielt, ist mit letzter Sicherheit nie geklärt worden. Einerseits gilt er als bester Therapeut für den geistig Verwirrten, andererseits wird vermutet, dass er den Maler ausnutzt und ihm viele seiner Bilder ablistet.

Van Gogh malt wie ein Besessener – und viele der hier entstandenen Bilder bezeichnen den Gipfel seines künstlerischen Bemühens. Jeder kennt das Porträt des Dr. Gachet oder das Bild der Kirche von Auvers-sur-Oise. Zu psychoanalytischen Deutungen veranlassten die berühmten Gemälde »Weizenfeld mit Krähen« und »Landschaft unter Gewitterhimmel«. Ob sie eine Vorausdeutung auf das schreckliche Ende des Malers sind, ist höchst umstritten.

Hier in Auvers ereignete sich dann das Unglück, von dem eingangs berichtet wurde. Was den Selbstmord letzten Endes auslöst, ist ungewiss. Ist es die Tatsache, dass er die Liebe seines Bruders Theo, der ihm immer wieder Halt gegeben hat, nun mit dessen Frau und Kind teilen muss? Oder ist es der künstlerische Misserfolg? Vielleicht hat ihm auch Dr. Gachet, in dessen Tochter er sich verliebt hat, den Umgang mit ihr verboten. Oder ist es am Ende die fordernde Sehnsucht nach einer ganz anderen, einer besseren Welt? Die Antwort auf diese Fragen muss offen bleiben.

Strom für alle

Die Übertragung mit Fernleitungen (1891)

Wie elektrischer Strom – auch in großen Mengen – erzeugt werden kann, ist längst bekannt. Seit den dreißiger Jahren des 19. Jahrhunderts gibt es die ersten Wechselstromgeneratoren. Bahnbrechend ist freilich die Erfindung, die Werner von Siemens im Jahr 1866 macht: Er konstruiert einen Stromgenerator (Dynamo) ohne Dauermagneten, der das sogenannte elektrodynamische Prinzip nutzt. Der Ehrlichkeit halber muss erwähnt werden, dass der Ungar Ányos Jedlik bereits im Jahr 1861 die gleiche Erfindung gemacht hat. Allerdings bleibt sie weitgehend unbekannt.

Ein großes technisches Problem ist aber fürs Erste noch ungelöst: Beim Transport von elektrischer Energie durch Stromleitungen sind die Übertragungsverluste so groß, dass sich der Aufwand im Grunde nicht lohnt.

Eine sensationelle Erfindung schafft hier Abhilfe und bedeutet den Durchbruch für die Fernübertragung von elektrischem Strom, letzten Endes auch für dessen flächendeckendes Angebot. Der Bauingenieur Oskar von Miller hat sich in das neue Fachgebiet Elektrotechnik eingearbeitet und kann schon früh bemerkenswerte Leistungen vorweisen. Im Jahr 1882 ist es ihm gelungen, elektrischen Strom von Miesbach nach München, also über eine Strecke von etwa 60 Kilometern zu übertragen. Zwei Jahre später baut er in München das erste Elektrizitätswerk in Deutschland.

Zukunftweisender ist freilich das Projekt, das er im Rahmen der Internationalen Elektrotechnischen Ausstellung in Frankfurt am Main im Jahr 1891 verwirklicht. Erstmalig gelingt es ihm, auf 15.000 bis 20.000 Volt hoch gespannten Drehstrom über eine große Entfernung zu übertragen. Fortan wird es möglich sein, elektrischen Strom auch dort zur Verfügung zu stellen, wo er nicht ortsnah entstanden ist.

Der für den Versuch benötigte Strom wird im Zementwerk in Lauffen am Neckar erzeugt. Von hier aus geht die Freileitung über Eberbach und Hanau bis zum Ausstellungsgelände in Frankfurt am Main. Für die 176 Kilometer lange Leitung werden u. a. 3000 Masten und 60 Tonnen Kupferdraht benötigt. In Frankfurt speist die aus der Ferne gelieferte Energie zur Freude und Überraschung der Ausstellungsbesucher über eintausend Glühlampen sowie die Pumpe für einen künstlichen Wasserfall.

Die Sensation ist nicht die Übertragung als solche, sondern der vergleichsweise geringe Übertragungsverlust. Während nur zwei Prozent des eingespeisten Gleichstroms ihr Ziel erreicht hätten, sind es beim hochgespannten Wechselstrom immerhin 75 Prozent. Der Verlust lässt sich bald noch erheblich verringern, so dass schließlich 96 Prozent ihr Ziel erreichen.

Der sensationelle Großversuch beendet eine unter Fachleuten seit langem heftig geführte Debatte: Eindeutig hat der Wechselstrom seine Vorzüge gegenüber dem Gleichstrom bewiesen. Seine industrielle Verwendung ist nur noch eine Frage der Zeit. Anderes kommt hinzu: Die Fabriken müssen nun nicht mehr in unmittelbarer Nähe der Generatoren, z. B. neben Wasserkraftwerken errichtet werden. Es lohnt sich, sie in Ballungsgebieten zu bauen, wo die erforderliche Anzahl von Arbeitskräften zur Verfügung steht und die für Produktion und Vertrieb benötigte Binnenstruktur vorhanden ist.

Der in Lauffen verwendete Generator wird nach dem gelungenen Versuch dazu benutzt, elektrischen Strom für die nahe gelegene Oberamts- und Industriestadt Heilbronn am Neckar zu erzeugen. Sie ist damit die erste Stadt der Erde, die mit Drehstrom versorgt wird. Noch heute erinnert das dortige Stromversorgungsunternehmen an das wegweisende Experiment von 1891: ZEAG, ZEmentwerk AktienGesellschaft.

Der Originalgenerator von Lauffen befindet sich heute im Deutschen Museum in München, das von Oskar von Miller selbst begründet wurde.

Tod den fremden Teufeln!

Der Boxerkrieg in China (1900)

Deutschland hat seinen »Platz an der Sonne«. Innerhalb weniger Jahre konnte es eine Reihe von überseeischen Besitzungen in Afrika und in der pazifischen Inselwelt erwerben. Sogar in China besitzt das Reich einen wichtigen Stützpunkt, das Pachtgebiet Kiautschou mit der Hauptstadt Tsingtau. Der Kaiser betreibt »Weltpolitik«. Um dafür die militärischen Möglichkeiten zu besitzen, lässt er – unterstützt durch seinen Staatssekretär im Reichsmarineamt, Alfred Tirpitz – seit 1898 eine gewaltige Hochseeflotte bauen.

Freilich ist der Imperialismus, das wirtschaftliche, militärische und kulturelle Ausgreifen über die eigenen Grenzen hinaus, vor allem in wenig erschlossene überseeische Gebiete, keineswegs nur eine Angelegenheit der Deutschen. Eine Reihe von Mächten beteiligt sich an dem Wettlauf um materielle Ressourcen und politische Macht. Der Neid untereinander wächst. Mehrere Male drohen kriegerische Auseinandersetzungen zwischen den konkurrierenden Bewerbern.

Allerdings gibt es auch politische Ereignisse, bei denen gemeinsames Handeln geboten scheint. Eine solche Situation entsteht im Jahr 1900 in Ostasien. Jetzt ist es an der Zeit, den Chinesen mit der Waffe zu beweisen, wer das Sagen hat. Der fremdenfeindliche »Boxeraufstand« erschüttert das Land.

Aufständische, »in Rechtschaffenheit vereinigte Milizen«, wie sie sich selbst nennen, wehren sich mit Gewalt und Mord gegen die jahrzehntelange politische Bevormundung durch fremde Mächte, durch Europäer, Amerikaner und Japaner. Sie sind locker organisiert, hoffen auf die Unterstützung durch die alten Götter und glauben an ihre Unverwundbarkeit, auch gegenüber den Feuerwaffen der Fremden.

Als »Boxer« werden sie bezeichnet, weil sie in der Öffentlichkeit in Gruppen ihre rituelle Gymnastik, die an das bekannte Schattenboxen erinnert, durchführen. Die Geheimorganisation findet vor allem bei den einfacheren Bevölkerungsgruppen, übrigens auch bei Frauen und Mädchen, großen Anklang.

Die Boxer wollen die Ausländer im eigenen Land, auch die von ihnen verführten chinesischen Christen mit Gewalt ausrotten. Der Gouverneur von Shantung rechtfertigt ihr Verhalten gegenüber der Regierung: »Die Unruhen haben ihre Ursachen in einem Konflikt zwischen Christen und der übrigen Bevölkerung. Sie können nicht in Frieden miteinander leben, weil die Christen unter dem Schutz der Missionare die anderen zu unterdrücken und zu übervorteilen versuchen. Aus Angst vor den Fremden entscheiden die örtlichen Beamten meist zugunsten der Christen. Deshalb greifen die anderen zu Selbstverteidigung und zünden Kirchen und Kapellen an.«

Die Haltung der chinesischen Machthaber ist zwiespältig. Die Kaiserwitwe Tzu-Hsi schwankt zwischen Verbot und Unterstützung für die Boxer. Der Regierung und der Beamtenschaft sind die Hände gebunden, als sich reguläre kaiserliche Truppen mit den Aufständischen solidarisieren. Angesichts der fremden- und christenfeindlichen Übergriffe mit zahlreichen Todesopfern fordern die ausländischen Gesandten in der Hauptstadt Peking militärischen Schutz an.

Nun macht sich ein über 2000 Mann starkes internationales Kontingent unter dem Befehl des britischen Admirals Seymour in Tientsin (Tianjin) südöstlich von Peking auf den Weg, um die Gesandtschaften in der Hauptstadt vor den Belagerern zu schützen. Sie werden aber, bevor sie ihr Ziel erreichen, von den Boxern mit militärischer Gewalt zur Umkehr gezwungen.

Fürs Erste können sich die Fremden und die zu ihnen geflüchteten chinesischen Christen in der Hauptstadt nur retten, indem sie sich verbarrikadieren und auf Hilfe von außen hoffen. Die etwa 450 Soldaten, die zu ihrem Schutz bereitstehen, werden dem Angriff einer Übermacht fanatischer Gegner im Zweifelsfall kaum gewachsen sein. Die Verbindung zur Küste ist unterbrochen, weil die Aufständischen die Telegrafenleitungen durchtrennt haben.

Die Alliierten antworteten auf diese Herausforderung damit, dass sie ultimativ die Übergabe des stark befestigten Küstenforts Taku fordern, das den Weg ins Binnenland versperrt. Bevor das Ultimatum abgelaufen ist, eröffnen die Verteidiger bereits das Feuer. Es herrscht Krieg.

Inzwischen spielen sich in Peking dramatische Szenen ab. An verschiedenen Stellen der Stadt brennt es, weil die Aufständischen Feuer gelegt haben. Die chinesische Regierung wertet das alliierte Ultimatum zur Übergabe der Stadt Taku als Kriegsgrund und fordert die ausländischen Diplomaten auf, die Hauptstadt innerhalb von 24 Stunden zu verlassen und sich unter chinesischem Schutz an die Küste zurückzuziehen.

Man schreibt den 20. Juni des Jahres 1900. Das Ansinnen der Chinesen stößt vor allem bei dem deutschen Gesandten Clemens Freiherr von Ketteler auf erbitterten Widerspruch. Er wird sich in eigener Person zum Amt für Auslandsbeziehungen begeben und mit aller Entschiedenheit gegen die, wie er meint, unerhörten chinesischen Forderungen protestieren. Um mögliche Gegner nicht zu provozieren, verzichtet er auf eine bewaffnete Eskorte für seine Sänfte. Sein Dolmetscher folgt ihm in kurzem Abstand in einer zweiten Sänfte.

Plötzlich steht ein chinesischer Soldat in voller Uniform neben dem Gesandten, bringt sein Gewehr in Anschlag und zielt auf ihn aus einer Entfernung von vielleicht einem Meter. Der Dolmetscher kann das Attentat nicht verhindern. Sekunden später erhält er selbst einen Schuss in den Oberschenkel und den Unterleib. Von Ketteler ist tot, der Dolmetscher kann mit knapper Not sein Leben retten. Allgemein verbreitet sich unter den Ausländern die Auffassung, dass es sich hier nicht um den spontanen Ausbruch von Fremdenhass, sondern um einen gezielten Racheakt gehandelt habe, nicht zuletzt auch deshalb, weil es sich bei dem Attentäter um einen regulären chinesischen Soldaten handelt.

Die Festung Taku an der Küste fällt unter dem Ansturm der ausländischen Alliierten. Das nimmt die kaiserliche Regierung zum Anlass, um den Fremden in einem Aufruf an die eigene Bevölkerung praktisch den Krieg zu erklären. Das, was lange unentschieden war, ist nun beschlossene Sache: Die Boxer und reguläre Truppen kämpfen Seite an Seite gegen die »fremden Teufel«. Die Alliierten verzichten auf eine offizielle Kriegserklärung und betrachten ihre Aktionen – wie bei anderen Kolonialkriegen auch – als reine Strafexpedition.

Die Lage in Peking ist verzweifelt. Im Ausländerviertel sind nach wie vor Diplomaten, Missionare und chinesische Christen eingeschlossen. Sie werden von 20.000 fanatischen Gegnern bedrängt. Ihre Quartiere liegen unter ständigem Geschützfeuer. Außerhalb der Stadt verbreitet sich – fälschlicherweise – die Kunde, dass von den Eingeschlossenen niemand mehr am Leben sei.

Dennoch bricht am 4. August von Tientsin aus ein internationales Expeditionsheer auf, um Peking zu entsetzen und die Aufständischen bzw. die chinesische Regierung mit aller zu Gebote stehenden Härte zu bestrafen. Beteiligt sind vor allem Japaner, Russen und Amerikaner sowie Angehörige der britischen Kolonialarmee. Hinzu kommen kleinere deutsche, österreichische und italienische Kontingente.

Die Truppen erreichen am 13. August die chinesische Hauptstadt und können sie bereits am folgenden Tag einnehmen. Die fast zwei Monate lange Ungewissheit der Eingeschlossenen ist zu Ende. Wieder einmal haben die Kolonialmächte gesiegt und damit ihre Überlegenheit bewiesen, allerdings gegen einen äußerst ernst zu nehmenden, erbitterten Widerstand.

Das Schlusskapitel wirkt bedrückend, zumal es sich in der Erinnerung der Betroffenen dauerhaft festsetzt. In seinem Buch »Als China erwachte« berichtet Egbert Kieser: »Japaner, Russen, Briten, Amerikaner, Franzosen – da war keiner, den das Beutefieber nicht erfasst hätte. Sie räumten fort, was immer sie tragen konnten. Nicht nur aus verlassenen Häusern. Mit Waffengewalt zwangen sie die zurückgebliebenen, vollkommen verstörten Einwohner zur Herausgabe von Teppichen, Porzellan und Silber. Die Chinesen wehrten sich nicht. Trotzdem wurden viele erschossen – unter dem Vorwand, sie hielten Boxer versteckt oder seien selber welche. Frauen und Mädchen wurden reihenweise vergewaltigt.«

Nachzutragen bleibt, dass am 27. Juli 1900 ein für das internationale Expeditionsheer bestimmtes deutsches Kontingent in Bremerhaven eingeschifft wird. Bei der Verabschiedung hält Kaiser Wilhelm II. seine als »Hunnenrede« bekannt gewordene Ansprache, die einen politischen Skandal heraufbeschwört, obwohl der Staatssekretär des Auswärtigen, Bernhard von Bülow, der Schlimmes ahnt, eine entschärfte Fassung in Umlauf zu bringen versucht, um Unruhe zu vermeiden:

»Kommt ihr vor den Feind, so wird er geschlagen. Pardon wird nicht gegeben, Gefangene nicht gemacht. Wer euch in die Hände fällt, sei in eurer Hand. Wie vor tausend Jahren die

Hunnen unter ihrem König Etzel sich einen Namen gemacht, der sie noch jetzt in der Überlieferung gewaltig erscheinen lässt, so möge der Name Deutschlands in China in einer solchen Weise bekannt werden, dass niemals wieder ein Chinese es wagt, etwa einen Deutschen auch nur scheel anzusehen!«

Diese Rede trägt dazu bei, dass sich für die Deutschen bei ihren Gegnern insbesondere im Ersten Weltkrieg der Begriff »die Hunnen« (»the huns«) einbürgert.

Das vom Kaiser entsandte Expeditionskorps kommt zu spät, um sich an der Befreiung der in Peking Eingeschlossenen noch beteiligen zu können. Alles in allem üben die Sieger grausame Rache. Für alle Zukunft sollen die Chinesen davor gewarnt sein, gegen die ihnen überlegenen Fremden aufzubegehren. Die Truppen vor Ort unternehmen Strafexpeditionen ins Landesinnere, um die Stützpunkte der Boxer auszuräuchern, und verhängen zahlreiche Todesurteile. Die Sieger fordern vom Kaiserreich China Reparationen in einer Höhe von 1,4 Milliarden Goldmark. Ein chinesischer Prinz, der »Sühneprinz«, wird gezwungen, sich in Deutschland, stellvertretend für sein Land, für den Mord an Freiherr von Ketteler bei Kaiser Wilhelm zu entschuldigen. Andere einschneidende Maßnahmen kommen hinzu. Das meiste trägt mit Sicherheit nicht dazu bei, das Verhältnis zwischen den Einheimischen und den Fremden dauerhaft zu verbessern. Noch heute sind ihre Nachwirkungen zu spüren.

San Francisco

Das große Erdbeben (1906)

Die Millionenstadt San Francisco im äußersten Westen der USA liegt auf einem Pulverfass. Genau hier verläuft in Nord-Süd-Richtung die etwa 1100 Kilometer lange sogenannte San-Andreas-Verwerfung (San-Andreas-Graben), bei der zwei Erdplatten zusammentreffen. Da sich diese – wie auch die Platten in anderen Teilen der Erde – immer noch bewegen, kommt es gelegentlich zu mehr oder weniger heftigen Erschütterungen in der Erdrinde.

Das Erdbeben des Jahres 1906, das die blühende Stadt San Francisco in Trümmer legt, hat sich im Bewusstsein der Menschen tief eingeprägt. Unvergessen ist auch der dramatische Spielfilm »San Francisco« mit Clark Gable aus dem Jahr 1936.

Natürlich steht, ausgesprochen oder unausgesprochen, die Frage im Raum, ob sich eine solche Katastrophe wiederholen kann. Die dauerhafte Bedrohung bleibt.

Am Mittwoch, den 18. April 1906, morgens um 5 Uhr 12 wird San Francisco von einem überaus heftigen, 20 bis 25 Sekunden dauernden Erdbeben erschüttert. Das Epizentrum liegt nahe der Stadt. Das Beben ist bis tief ins Landesinnere zu spüren. In der Landschaft Kaliforniens bleibt eine Narbe von 477 Kilometern Länge und einer maximalen Breite von sechs Metern zurück.

Viele Gebäude brechen unter der Gewalt der Erschütterungen in sich zusammen und begraben zahlreiche Menschen unter ihren Trümmern. Entsetzen und Panik herrschen überall. Noch größer aber sind die Zerstörungen, welche die überall auflodernden Feuer anrichten. Sie entstehen durch geborstene Gasleitungen und zusammengestürzte Öfen und Kamine. Hier und da ist wohl auch Brandstiftung im Spiel, weil viele Hausbesitzer zwar gegen Feuer, nicht aber gegen Erdbeben versichert sind.

Durch den Zusammenbruch der Hauptstränge der Wasserversorgung spitzt sich die ohnehin hoffnungslose Lage noch einmal dramatisch zu. General Funston, der Militärbefehlshaber von Kalifornien, befiehlt den Einsatz der Armee und ergreift augenblicklich rigorose Maßnahmen zur Rettung der Stadt. Er lässt breite Schneisen in die Wohn- und Geschäftsviertel der Metropole sprengen, um die Ausbreitung des verheerenden Feuers zu behindern.

Die rund 4000 Soldaten bewachen auch wichtige Gebäude in der Stadt und helfen den vom Erdbeben Betroffenen in ihrer Not mit Nahrung, Kleidung und Unterkünften.

Bürgermeister Eugene Schmitz gibt den Soldaten und der Polizei die Erlaubnis, von ihren Schusswaffen Gebrauch zu machen. Er autorisiert sie ausdrücklich dazu, »alle und jede Person zu töten, die beim Plündern oder jedem anderen Verbrechen erwischt wird«. Angeblich werden in diesem Zusammenhang etwa 500 Menschen getötet, darunter vermutlich auch solche, die nichts anderes im Sinn hatten, als ihr Hab und Gut vor Diebstahl oder Vernichtung in Sicherheit zu bringen. – Übrigens wird im zerstörten und lodernden San Francisco zu keinem Zeitpunkt offiziell der Ausnahmezustand verkündet.

Es dauert vier Tage, bis die zahlreichen Brände in der Trümmerlandschaft endlich erstickt sind. Zunächst ist von nur 376 Toten die Rede. Ganz offensichtlich versuchen die Verantwortlichen, das Ausmaß der Katastrophe herunterzuspielen. Genauere Untersuchungen belegen aber, dass sie mehr als

3000 Opfer gefordert haben muss. Zehntausende, möglicherweise 225.000 bis zu 300.000 der damals etwa 410.000 Menschen zählenden Gesamtbevölkerung sind obdachlos. Viele fliehen über die Bucht nach Oakland und Berkeley und finden dort in Zelten und Notunterkünften Unterschlupf.

Die materiellen Verluste sind astronomisch. Die Eigentumsverluste werden auf 400 Millionen US-Dollar beziffert. Das entspricht einem heutigen Wert von fast zehn Milliarden Dollar. Die Katastrophe von San Francisco ist die größte finanzielle Herausforderung für das amerikanische Versicherungssystem vor dem 11. September 2001.

Die Ruinenstadt San Francisco wird schnell, möglicherweise viel zu schnell wieder aufgebaut. Am Horizont steht das Datum der Internationalen Panama-Pazifik-Ausstellung, die im Jahr 1915 stattfinden soll. Das dürfte einer der Gründe dafür sein, dass sich strenge erdbebengerechte Bauvorschriften, wie sie bei nüchterner Abwägung unbedingt geboten erscheinen, nicht durchsetzen lassen und dass die Verantwortlichen sehenden Auges für die Zukunft gefährliche Risiken in Kauf nehmen.

Auf der Flucht

Leo Tolstois Ende im Bahnhof von Astapowo (1910)

Graf Tolstoi muss seine Zugreise nach Süden unterbrechen, weil ihn ein heftiger Fieberanfall erfasst hat. In Astapowo, heute im Verwaltungsbezirk Lipezk gelegen, steigt er mit seinem Arzt Dr. Makowicki und seiner Tochter Sascha (Alexandra) aus dem Zug. Ein Hotel gibt es in der kleinen Station nicht. Der Bahnhofsvorsteher stellt dem Kranken großzügig ein Zimmer in seinem eigenen Haus, das dem Bahnhof gegenüberliegt, zu Verfügung. Das Fieber steigt, und bald gibt es an der Diagnose keinen Zweifel: Leo Tolstoi leidet an einer Lungenentzündung.

Der Patient ist nicht irgendein Unbekannter. Längst berichten die Zeitungen darüber, dass er sein Landgut Jasnaja Poljana mit unbekanntem Ziel verlassen habe. Vermutlich wurde er auch auf seiner abenteuerlichen Flucht ins Ungewisse längst von anderen erkannt. Tolstoi ist vielleicht der berühmteste in Russland lebende Mensch seiner Zeit, berühmt und zugleich außerordentlich umstritten. Seine Romane erleben astronomische Auflagen. »Krieg und Frieden«, das gewaltige Epos der napoleonischen Zeit, gilt als eines der bedeutendsten Werke der Weltliteratur. »Anna Karenina«, die »Kreutzersonate« und »Auferstehung« erschüttern die Menschen zutiefst und reizen so manchen gleichzeitig zum Widerspruch.

Der Graf wird zum erbitterten Gegner der etablierten orthodoxen Kirche und zu einem glühenden, mit herkömmlichen Maßstäben nicht zu erfassenden Sozialreformer. Die Veröffentlichung des Romans »Auferstehung« führt dazu, dass er vom Heiligen Synod der russisch-orthodoxen Kirche exkommuniziert wird.

Gleichzeitig wird Tolstoi immer wieder bewusst, dass er den eigenen Forderungen nicht gewachsen ist. Selbstzweifel quälen ihn. Ja, er ist ein schwieriger Mensch! Seine dreizehn Kinder, die tot geborenen nicht mitgerechnet, sprechen deutlich gegen das von ihm erhobene Gebot geschlechtlicher Enthaltsamkeit. Das Leben auf seinem Gut steht in unübersehbarem Kontrast zu seinen Forderungen nach Einfachheit und Armut.

Ein besonderes Kapitel ist das Verhältnis zu seiner Frau Sofia (Sonja) Andrejewna. Sicher gibt es zwischen den beiden Ehepartnern auch glückliche Jahre. Vergessen wir nicht, dass Sofia das monumentale Manuskript von »Krieg und Frieden« angeblich sieben Mal abgeschrieben hat. Die letzten Jahre der Ehe sind aber durch tief reichende, dauerhafte Missverständnisse, gegenseitiges Misstrauen und pathologisch anmutende, heftigste Auseinandersetzungen vergiftet.

Sicher hat das auch mit den bisweilen skurril und weltfern anmutenden Ideen des Autors, seiner religiösen und religiössozialistischen Weltanschauung zu tun. Hinzu kommt, dass Sofia Andrejewna für sich und ihre zahlreichen Kinder befürchten muss, in Armut zu geraten, weil Tolstoi auf die Urheberrechte an seinen erfolgreichen Werken verzichten will. Ängstlich und vorwurfsvoll spioniert sie ihm nach. Sein überaus herzliches, fast unterwürfiges Verhältnis zu seinem Jünger Tschertkow weckt in ihr den äußersten Argwohn. Schließlich steigert sie sich in den Vorwurf hinein, ihr Ehemann unterhalte zu ihm eine homosexuelle Beziehung.

Sofias Reaktionen sind heftig und bringen die ganze Familie durcheinander. »Mama hatte einen sehr schlimmen hysterischen Anfall«, schreibt die Tochter Tatjana. »Es ist schwer zu beurteilen, inwieweit sie selbst dabei leidet oder Erregtheit empfindet. Erstens haben wir als Zuschauer den Eindruck, dass sie leicht imstande wäre, die ganze Tragikomödie, die sie vorführt, abzubrechen; zweitens, weil hysterische Personen ihr Leiden und die Aufregung, die sie anderen bereiten, genießen.«

Die endgültige Entscheidung fällt in der Nacht des 27. Oktober. Tolstoi hört, wie seine Frau im Nebenzimmer in seinen Papieren stöbert. Er steht auf, und schleicht sich mit seinem Vertrauten Dr. Makowicki aus dem Haus. Zuvor informiert er noch seine Tochter Sascha, die auf seiner Seite steht. Sofia Andrejewna darf auf keinen Fall erfahren, wohin er geht. Unbedingt muss er vermeiden, dass sie ihm folgt und versucht, ihn zurückzubringen.

In seinem Abschiedbrief gibt sich der Flüchtende Rechenschaft über sein Handeln: »Du solltest verstehen und glauben, dass ich nicht anders handeln kann. Meine Stellung im Hause ist bereits untragbar geworden. Zusätzlich zu allem anderen kann ich nicht länger in jenem Zustand des Luxus leben, in dem ich gelebt habe, und so tue ich, was alte Leute von meinen Jahren zu tun pflegen: Sie verlassen ihre weltliche Existenz, um die letzten Jahre ihres Lebens in Einsamkeit und Frieden zu verbringen. (...)

Ich danke Dir für Deine treuen achtundvierzig Jahre des gemeinsamen Lebens mit mir, und ich bitte Dich, mir zu vergeben, wenn ich in irgendetwas vor Dir schuldig sein sollte, ebenso wie ich Dir von tiefstem Herzen alles vergebe, worin Du vielleicht vor mir schuldig sein könntest ...«

Der Brief deutet an, dass beide Menschen es sich miteinander sehr schwer getan haben. Er ist Ausdruck eines Dramas gegenseitiger Unvereinbarkeit. Als Sofia am Morgen von der Flucht erfährt und die ersten Zeilen des Abschiedbriefs gelesen hat, flieht sie in den Park, eilt zum Weiher hinüber und stürzt sich ins Wasser. Sie wird aber an Land gezogen und vor dem Ertrinken gerettet.

Inwieweit der Brief, den sie nun schreibt, Ausdruck ehrlicher Empfindungen ist, lässt sich schwer nachprüfen: »Ljowotschka, mein Liebling, komm nach Hause zurück, mein Geliebter, rette mich davor, dass ich einen zweiten Selbstmordversuch mache. Ich werde alles tun, was Du willst, ich werde auf jede Art von Luxus verzichten, Deine Freunde werden die meinen sein ...«

Tolstoi ist unterwegs, ohne das Ziel seiner Reise zu kennen. Auch das spricht für einen spontanen und panischen Aufbruch. Die Reise endet, wie berichtet, unvorhergesehen auf der abgelegenen Bahnstation Astapowo der Rjasan-Ural-Eisenbahn. Leo Tolstoi, der 82-jährige Greis, liegt krank im Haus des Bahnhofsvorstehers. Keiner weiß, wie dieses Abenteuer zu Ende gehen wird.

Sofia setzt alle Hebel in Bewegung, um herauszufinden, wo sich ihr Mann aufhält. Klarheit bringt das Telegramm eines Moskauer Zeitungskorrespondenten: »Leo Nikolajewitsch in Astapowo krank. Temperatur 40 Grad.« Kurz entschlossen lässt Sofia einen Sonderzug einstellen und reist mit ihrer Familie nach Astapowo. Aber am Ziel ist sie damit noch nicht. Dr. Makowicki verbietet aufgrund seiner ärztlichen Autorität den Ankömmlingen, seinen todkranken Patienten zu besuchen. Die Söhne schleichen um das Haus des Bahnhofsvorstehers herum, um neue Nachrichten zu erhaschen und um ihre Mutter auf dem Laufenden zu halten.

Inzwischen weiß alle Welt von der Flucht und der Erkrankung des berühmten Dichters. Journalisten, Fotografen und Filmoperateure bevölkern das abgelegene Astapowo. Notquartiere müssen eingerichtet werden, um sie unterzubringen. Der Gouverneur der Provinz und der stellvertretende Leiter der Polizeibehörde kommen. Polizisten und Polizeispitzel erkunden die Stimmung, weil Unruhen befürchtet werden. Der Heilige Synod der orthodoxen Kirche unternimmt durch das würdige und besonders begnadete Mitglied eines Klosters einen letzten, freilich vergeblichen Versuch, Leo Tolstoi, den abtrünnigen »Heiligen«, in den Schoß der Kirche zurückzuführen.

Der Zustand des Kranken verschlimmert sich dramatisch. Jeden Augenblick kann das Herz seinen Dienst versagen. Noch einmal öffnet er die Augen und murmelt: »Die Wahrheit … Ich liebe viel … Wie sie …« Das sind seine letzten Worte.

Der Zeitpunkt ist gekommen, um Sofia Andrejewna, die in dem auf den Abstellgleisen stehenden Sonderwagen auf diesen Augenblick gewartet hat, zu dem Sterbenden zu lassen. Er wird sie wohl nicht mehr erkennen. Am Morgen des 7. November 1910 nach dem damaligen russischen Kalender, kurz nach sechs Uhr, ist er am Ende seiner Kraft. Graf Leo Nikolajewitsch Tolstoi ist tot!

Der Verstorbene hat die Stelle, an der seine sterblichen Überreste begraben werden sollen, selbst ausgewählt: Im Wald bei Jasnaja Poljana findet er seine letzte Ruhe.

Der Untergang der Titanic

Die größte Katastrophe der zivilen Seefahrt (1912)

Es ist der 14. April 1912 gegen 22 Uhr 40. Der Ausguck der »Titanic« sichtet vorab einen riesigen Eisberg und meldet seine Beobachtung augenblicklich auf die Brücke. Dreimal schrillt die Alarmglocke. Das Schiff versucht auszuweichen. Aber der Versuch schlägt fehl. Bei voller Geschwindigkeit kollidiert es auf der Steuerbordseite mit dem wohl um die 300.000 Tonnen schweren Koloss. Über eine weite Strecke wird der stählerne Rumpf durch das messerscharfe Eis aufgeschlitzt. Ungeheure Wassermassen stürzen ins Innere des Schiffes.

Vermutlich ist kaum jemandem die Gefahr, in der die Passagiere und die Besatzung schweben, bewusst. Alle wissen, dass die »Titanic«, das Vorzeigeschiff der White Star Line, unsinkbar ist. Der erst kürzlich fertiggestellte größte Luxusdampfer der Welt befindet sich auf seiner Jungfernfahrt nach New York. Das stolze Überseeschiff hat eine Länge von fast 270 Metern und eine Wasserverdrängung von 53.000 Tonnen. Es ist für etwa 2400 Passagiere ausgerichtet, die von rund 900 Besatzungsmitgliedern betreut werden. Den Reisenden bietet es, natürlich nach Klassen unterschieden, allen erdenklichen Luxus.

Fürs Erste erscheint der Wassereinbruch beherrschbar. Es gelingt der Beatzung, die durch die hereinströmende Flut bewirkten Gewichtsunterschiede weitgehend auszugleichen, so dass das Schiff fast waagerecht im Wasser liegt. Mehr und mehr geraten nicht abdichtbare Schiffsöffnungen wie Ladeluken und Lüftungsschächte unter die Wasserlinie, so dass sich der Zustrom von Meerwasser nicht mehr aufhalten lässt. Die Gefahr spitzt sich bedrohlich zu. Die »Titanic« beginnt mit rasch wachsender Geschwindigkeit zu sinken.

Nun muss gehandelt werden, und das schnell, zumal der Schiffsarchitekt davon überzeugt ist, dass sich die »Titanic« auf Dauer nicht mehr stabilisieren lässt. Kapitän Smith veranlasst Notrufe an benachbarte Schiffe. Es meldet sich die »Carpathia«, die aber vier Stunden von der Unglücksstelle entfernt ist. Besatzungsmitglieder gewahren am Horizont Licht und versuchen mit Notraketen auf sich aufmerksam zu machen. Eine Antwort erhalten sie – aus welchem Grund auch immer – nicht. Tatsächlich ist die »California« nicht weit entfernt.

Der Kapitän befiehlt das Anlegen der Rettungswesten. Damit stößt er bei vielen Passagieren, insbesondere bei den wohlhabenderen, die das Ausmaß der Gefahr nicht wahrhaben wollen, auf Unverständnis. Erste Versuche, Reisende auszubooten, werden als Manöver getarnt. Nun ist es wichtig, jede Art von Panik an Bord zu vermeiden. Das Bordorchester erhält den Befehl, Ragtime-Musik und andere heitere Stücke zu spielen, um so lange wie möglich den Eindruck leidlicher Normalität aufrechtzuerhalten. Von den acht Musikern wird niemand die sich nun abspielende Katastrophe überleben.

Kapitän Smith hat die Evakuierung des Schiffes angeordnet. Noch muss die Zeit reichen, um alle Passagiere und Besatzungsmitglieder vor dem endgültigen Versinken des stählernen Kolosses von Bord zu bringen. Doch nun beginnt die eigentliche Katastrophe: Für die rund 2200 an Bord befindlichen Personen reichen die knapp 1200 Plätze in den Rettungsbooten nicht aus. Schlimmer noch: Viele der Boote, die ausgefiert und aufs Wasser gesetzt werden, sind nur zum Teil besetzt. Da niemand mit der Möglichkeit eines solchen Unglücks auch nur im Entferntesten gerechnet hat, nimmt die Rettungsaktion einen chaotischen Verlauf. Zwar gilt der Grundsatz »Frauen und Kinder zuerst«, in Wirklichkeit hängt die Chance, einen Bootsplatz zu erkämpfen, aber von Zufälligkeiten und von der Zugehörigkeit zu einer bestimmten Touristenklasse ab.

Erst als die Zeit drängt und der Untergang der »Titanic« unmittelbar bevorsteht, ändert sich das Bild. In Panik und Entsetzen erkämpfen sich die Passagiere einen letzten Platz in den vielleicht noch rettenden Booten, so viele, dass sie mit bis zu 70 Personen völlig übersetzt sind.

Das letzte Rettungsboot wird kurz nach zwei Uhr zu Wasser gelassen. Bis zuletzt versuchen die Besatzungsmitglieder die Stromversorgung an Bord aufrechtzuerhalten. Durch das Umpumpen des eingeströmten Wassers gelingt es, die Schlagseite des Schiffes möglichst gering zu halten. Unter der Last der eingeströmten Wassermassen zerbricht der Schiffsrumpf wenige Minuten später. Die Dampf- und Stromleitungen sind nun unterbrochen. An Bord der »Titanic« herrscht tiefstes Dunkel.

Der Bug des Schiffes, der schon seit einiger Zeit unter der Wasseroberfläche gelegen hatte, versinkt unmerklich. Ein schauerliches Bild bietet das Heck. Es richtete sich steil auf und tauchte dann schäumend, gurgelnd und zischend in das nächtliche Schwarz des Ozeans. Es ist 2 Uhr 20. Diejenigen, die das Wrack verlassen konnten, kämpfen um ihr Überleben.

Es dauert noch etwa zwei Stunden, bis sie von der »Carpathia« an Bord genommen und damit gerettet werden. Zwischenzeitlich sterben viele Menschen im eiskalten Wasser an Unterkühlung. Vereinzelt sind Rettungsboote von den im Wasser treibenden Unglücklichen weggerudert, weil die Insassen befürchten, ihr eigenes Boot könnte kentern. Von den 2200 an Bord befindlichen Personen finden etwa 1500 den

Tod. Nur etwa 700 werden gerettet. Unter den Ertrunkenen befindet sich auch der Kapitän des Schiffes. Er ist freiwillig in den Tod gegangen.

Die Welt erfährt von der schrecklichen Katastrophe am 15. April 1912. Die ganze Wahrheit verkündet erstmals die »New York Times«: »Die Titanic ist gesunken.«

Natürlich taucht sehr rasch die Frage auf, wer diese fürchterliche Katastrophe verschuldet haben könnte. Eine Kommission stellt u. a. fest, dass die »Titanic« zu schnell durch unsichere Gewässer gefahren sei. Dass sich der Kapitän auf diese Weise das legendäre »Blaue Band« habe sichern wollen, ist allerdings wohl eine Legende. Angeblich konnte die in der Nähe befindliche »California« nicht zu Hilfe eilen, weil der Funker dienstfrei hatte und zum Zeitpunkt des Notrufs gerade schlief. Zudem sei die Zahl der verfügbaren Rettungsboote zu gering gewesen.

Diese größte Katastrophe der zivilen Schifffahrt führt im November 1913 zur »International Convention for the Safety of Life at Sea« (Internationales Übereinkommen zum Schutz des menschlichen Lebens auf See), bei der Mindeststandards für die Sicherheit von Schiffen auf hoher See verbindlich festgeschrieben werden.

Die erschütternden Ereignisse von 1912 geben zu vielerlei künstlerischen und literarischen Bearbeitungen den Anstoß. Besonders bekannt ist der amerikanische Spielfilm »Titanic« von 1997, in dem die Ereignisse mit einer fiktiven Liebesgeschichte verknüpft werden. Der letzte Überlebende der Schiffskatastrophe stirbt erst im Jahr 2009. Es handelt sich um Millvina Dean, die beim Untergang des Schiffes am 14. April 1912 als zwei Monate altes Baby in einem Sack in ein Rettungsboot herabgelassen wurde.

Wettlauf zum Südpol

Robert Falcon Scott und Roald Amundsen (1912)

Im 19. Jahrhundert werden viele bis dahin unerschlossene Weltgegenden durchforscht und von Fremden in Besitz genommen. Das gilt insbesondere für den »dunklen Erdteil« Afrika, den die europäischen Mächte, das Deutsche Reich inbegriffen, größtenteils unter sich aufteilen.

Über den sechsten Kontinent Antarctica ist wenig bekannt. Er liegt im äußersten Süden der Erdkugel – weit ab von Südamerika, Australien und Neuseeland. Mörderische Kälte und Sturm, ein alles in allem lebensfeindliches Klima hindern die Menschen daran, sich in diese bizarre Eiswelt vorzuwagen. Freilich bleibt das nur eine Frage der Zeit: Irgendwann wird doch jemand aufbrechen, um seinen eigenen Ruhm zu begründen, der Welt von der Unbeugsamkeit des menschlichen Willens und von seiner Durchhaltekraft zu künden. Eines Tages wird ein Mensch mitten im ewigen Eis am südlichsten Punkt unserer Erde, also auf dem geografischen Südpol, dem Endpunkt der Erdachse, stehen.

Bereits im 18. Jahrhundert ist der englische Seefahrer und Entdecker James Cook bis an den Packeisgürtel gelangt, der das Südpolgebiet umgibt. Im 19. Jahrhundert machen sich gleich mehrere Schiffe auf den Weg, um das unbekannte Land unter einer undurchdringlich dicken Eisdecke zu erforschen. Eine 40 bis 60 Meter senkrecht aufragenden Eiswand, wilde Stürme und Temperaturen, die zeitweise auf minus 60 Grad Celsius absinken, machen eine Landung und einen Aufenthalt in dieser Region unmöglich – fürs Erste jedenfalls.

Einen neuen, Erfolg versprechenden Versuch, den Südpol zu erreichen, unternimmt Ernest Henry Shackleton, ein Brite irischer Abstammung, in den Jahren 1907 bis 1909. Unter seiner Leitung machen sich zwei getrennte Gruppen auf den Weg: Die eine soll den magnetischen, die andere den geografischen Südpol ansteuern. Tatsächlich gelingt es, das erste Ziel im Januar 1909 zu erreichen.

Inzwischen kämpfen sich Shackleton und seine drei Begleiter weiter nach Süden voran. Bei 88° Grad südlicher Breite müssen sie wegen Kraftlosigkeit und mangelnder Nahrungsreserven aufgeben. Immerhin, Shackleton hat mit seinen Männern einen neuen Rekord aufgestellt. Er ist dem Südpol näher gewesen als jemals ein Mensch vor ihm. Der Forscher kommentiert die schwierige Entscheidung für den Rückmarsch mit den Worten: »Better a live donkey than a dead lion. – Besser ein lebendiger Esel als ein toter Löwe.«

Um diese Zeit, im April 1909, gelingt es den US-Amerikanern Robert Edwin Peary und Matthew Henson, den Nordpol zu erreichen – auch wenn nicht mit letzter Sicherheit bewiesen ist, dass es wirklich der Nordpol war. Das Ereignis stachelt den Ehrgeiz anderer an, die beweisen wollen, dass der Südpol trotz seiner menschenfeindlichen geografischen und klimatischen Verhältnisse zu erreichen ist.

Der neue Mann heißt Robert Falcon Scott. Der Engländer ist Marineoffizier Seiner Majestät. Am 1. Juni 1910 sticht er mit seinem Schiff »Terra Nova« in See. Besondere Eile scheint nicht geboten. Um Erfolg zu haben, muss jede Einzelheit aufs genaueste geplant und vorbereitet werden.

Scott ahnt nicht, dass seine Expedition von allem Anfang an unter einem ungünstigen Stern steht. Der Norweger Roald Amundsen rüstet sich seinerseits für eine Polarfahrt, lässt in der Öffentlichkeit aber verlauten, dass er zu wissenschaftlichen Forschungen in die Arktis, also in das Nordpolargebiet, aufbrechen wolle. Die Täuschung gelingt. Scott ahnt nicht, dass sein Rivale mit seiner »Fram« so schnell wie möglich nach Süden fährt.

Im Januar 1911 hat Amundsen die Eiswüste erreicht. An einer ungewöhnlich günstigen Stelle – hier ragt der Eisblock nur 16 Meter in die Höhe – geht er mit seinen Leuten an Land, errichtet eine leidlich wohnliche hölzerne Unterkunft und beginnt, durch die Jagd auf Seehunde Fleischvorräte anzulegen. Ihm ist klar, dass sein Marsch in die Hölle nur dann von Erfolg gekrönt sein wird, wenn er es schafft, einen besonders großen Teil der Route nach Süden vorab zu markieren und dort Lebensmitteldepots einzurichten. Tatsächlich gelingt es ihm schon jetzt, bis zum 82. Breitengrad vorzudringen.

Die Zeit des Polarwinters und der Polarnacht zieht sich lange hin. Erste Versuche im beginnenden Polarfrühling voranzukommen, müssen wegen widriger Wetterverhältnisse abgebrochen werden. Ende Oktober ist es endlich so weit: Roald Amundsen macht sich mit vier Begleitern, vier Schlitten und 52 Schlittenhunden auf den Weg ins Ungewisse.

Anfang November ist der 82. Breitegrad und damit das letzte Lebensmitteldepot erreicht. Vor ihnen liegt die unbekannte, mörderische Eiswüste. Noch sind nicht nur die Widrigkeiten des Wetters zu überwinden. Eine schroffe Gebirgskette legt sich ihnen in den Weg. Aber auch sie wird bewältigt. Nun öffnet sich eine Hochfläche, auf der der Pol liegen muss. Am 8. Dezember erreicht die kleine Schar den südlichsten Punkt, den Shackleton auf seiner Expedition erreicht hat. Aber es geht weiter …

Die Mannschaft befindet sich in einem erbärmlichen Zustand. Die Schlittenhunde, die nicht mehr alle gebraucht werden, ergänzen den Proviant. Die Gesichter der Männer sind eine einzige schmerzende Wunde. Doch an Rückkehr ist nicht zu denken. Jetzt sind sie dem südlichsten Punkt der Erde so nahe, dass sie auch den bescheidenen Rest noch schaffen werden! Am 15. Dezember 1911 ist der geografische Südpol erreicht. Er liegt auf einer etwa 2900 Meter hohen Ebene und – anders als der Nordpol – auf Festland.

Sonst ist wenig Bemerkenswertes über diesen entlegenen Winkel der Erde zu sagen. Amundsen und seine Begleiter hissen die norwegische Flagge und brechen ein paar Tage später zum Rückmarsch auf. Wohlbehalten erreichen sie ihr Basislager.

Robert Falcon Scott dagegen fährt ohne besondere Eile nach Süden und landet im Januar 1911 in der Antarktis. Noch weiß er nichts von Amundsens Expedition. Die Unglücksbotschaft erreicht ihn erst, als seine »Terra Nova« im Ross-Meer zufällig die »Fram« des Norwegers entdeckt. Dieser hat inzwischen einen Vorsprung, der wohl kaum aufzuholen sein wird: Nicht nur, dass Amundsen 650 Kilometer weiter südlich als Scott an Land gegangen ist; er hat auch inzwischen den 82. Breitengrad erreicht.

Scott hat eine große Schar von Wissenschaftlern mit in die Antarktis gebracht. Unverzüglich beginnen sie mit ihrer Forschungsarbeit und verkürzen sich so den strengen Polarwinter.

Am 1. November 1911 macht sich Scott mit vier Kameraden auf den Weg zum Pol. Aber viele Unwägbarkeiten behindern den Marsch durch die Eiswüste: Die Motorschlitten versagen. Die mongolischen Ponys müssen nach und nach erschossen werden. Die Schlittenhunde schickt Scott ins Basislager zurück.

Am 15. Dezember, dem Tag, an dem Amundsen und seine Begleiter den Südpol erreicht haben, steht Scott am 84. Breitengrad. Am 15. Januar ist der Trupp nur noch 50 Kilometer vom Pol entfernt: »Wir müssen hinkommen, koste es, was es wolle. Jetzt schreckt mich nur noch die furchtbare Möglichkeit, dass die norwegische Flagge vor der unseren dort wehen könnte.«

Das Entsetzliche wird wahr: Leutnant Bowers entdeckt im Schnee einen schwarzen Fleck. Und bald sieht er Genaueres: Es handelt sich um eine von Menschenhand aufgerichtete Fahne. Nun werden auch die Schlittenspuren der Norweger erkennbar. Scott und seine Männer brauchen ihnen nur noch zu folgen. Am 17. bzw. 18. Januar 1912 stehen auch sie auf dem Südpol – gut einen Monat nach Amundsen. Sie sind zu spät gekommen! Sie hissen den britischen Union Jack und machen sich, tief enttäuscht und voller düsterer Vorahnungen, auf den Rückweg.

Fürs Erste verläuft der Marsch wie geplant. Doch dann folgt eine Katastrophe der anderen. Zwei Kameraden sterben. Scott gibt den Befehl, den Überlebenden für den Fall der Fälle Morphium auszuhändigen. »Es ist ein Jammer, ich kann nicht mehr weiterschreiben«, notiert Scott in seinem Tagebuch. Und er ergänzt: »Um Gottes Willen – sorgt für unsere Leute!« Der letzten Brief an seine Frau beginnt mit den Worten: »An meine Witwe – To my widow.« Dann kommt der Tod …

Die an Entkräftung und Hunger Gestorbenen werden Monate später von einer Hilfsexpedition aufgefunden. Man verzichtet darauf, ihre Leichname nach Westminster in London, wo viele berühmte Menschen begraben liegen, zu überführen, und beerdigt sie in der Einsamkeit des neuen Kontinents. Dort ruhen ihre sterblichen Überreste bis zum heutigen Tag.

Tödliche Schüsse

An der Schwelle zum Ersten Weltkrieg (1914)

Sarajewo am 28. Juni 1914. Die Hauptstadt Bosniens bietet ein festliches Bild. Überall sind die Straßen mit Fahnen, Girlanden und Blumen geschmückt. Soldaten in ihren Paradeuniformen marschieren heran, und auf dem Marktplatz hat sich eine Militärkapelle zum Spielen aufgestellt. Viele zivile und militärische Würdenträger eilen zum Bahnhof, um hier einen hohen Gast zu empfangen. Da stehen sie nun mit ihren bunten Uniformen und wehenden Federbüschen beieinander und warten auf die Ankunft des Hofzuges.

Endlich läuft er ein. Der österreichische Erzherzog Franz Ferdinand und seine Gemahlin steigen langsam aus ihrem Wagen und werden von den versammelten Männern und Frauen feierlich willkommen geheißen. Dann gehen alle gemeinsam zu den Kraftwagen hinüber, mit denen die hohen Gäste und ihre Begleiter durch die Stadt zum Rathaus gebracht werden sollen.

Als alle eingestiegen sind, setzt sich die Kolonne in Bewegung. Hunderte, Tausende von Menschen säumen die Straßen und winken dem Gast zu. Der Empfang ist freundlich, wenn auch nicht überschwänglich. Immerhin sind Bosnien und Herzegowina erst 1908 von Österreich annektiert worden, und in beiden Ländern besteht die Bevölkerung zu über 40 Prozent aus Serben. Viele von ihnen würden selbstverständlich lieber im benachbarten Königreich Serbien als in Österreich-Ungarn leben, und manch einer beobachtet den Besuch des Fürsten deshalb mit stillem Groll.

Die Fahrzeugschlange fährt, wie vorgesehen, die Hauptstraße entlang dem Rathaus zu. Da plötzlich geschieht etwas Fürchterliches. Irgendjemand aus der Zuschauermenge schleudert eine Bombe auf den Wagen des Erzherzogs. Sie prallt ab, klatscht auf den Boden und rollt unter den folgenden Wagen. Mit ohrenbetäubendem Knall zerreißt sie und verletzt zwei Offiziere aus dem erzherzoglichen Gefolge, einen davon schwer. Für einen Augenblick hält die Kolonne an. Die Menschen sind außer sich. Trotz des allgemeinen Tumults gelingt es der Polizei, den Attentäter ausfindig zu machen und festzunehmen.

Unterdessen versuchen die Begleiter Franz Ferdinand zu bewegen, eilig zum Bahnhof zurückzukehren. Hier wäre er sicher. Er wehrt ärgerlich ab und lässt die Kraftwagen zum Rathaus weiterfahren. Schweigend hört er die Ansprache des Bürgermeisters an und antwortet mit einer vorbereiteten Rede. Inzwischen hat er sich so weit gefasst, dass ihm nichts mehr anzumerken ist.

Für die Rückfahrt wird auf seinen Befehl ein anderer Weg gewählt als ursprünglich vorgesehen. Einer seiner Offiziere bleibt auf dem Trittbrett des Wagens stehen, um ihn notfalls mit seinem Körper vor einem weiteren Attentatsversuch zu schützen.

Niemand im Gefolge ahnt zu dieser Zeit, dass tatsächlich noch ein zweiter Attentäter unterwegs ist, der neunzehnjährige bosnische Student Gavrilo Princip. Er hat mit ansehen müssen, wie sein Freund und Mitverschwörer, der die Bombe geworfen hat, festgenommen und abgeführt worden ist. Nun geht er in Gedanken versunken durch die Straßen der Stadt und weiß, dass der geplante Mordanschlag vergeblich war.

Da ereignet sich ein schicksalhafter Zufall. Die Kolonne des Erzherzogs befindet sich eben auf der Rückfahrt. Der Fahrer des ersten Wagens biegt versehentlich in die falsche Straße ein. Als ihn der Offizier auf dem Trittbrett darauf aufmerksam macht, hält er kurz an, um zurückzusetzen.

Princip steht an Straßenrand und erkennt augenblicklich seine Gelegenheit. Er reißt die Pistole aus der Tasche, zielt blitzschnell und feuert zweimal hintereinander in die Kolonne. Die Kraftwagen halten an. Wieder verbreitet sich Entsetzen unter den Schaulustigen. Aber noch sieht es so aus, als hätten die Schüsse ihr Ziel verfehlt.

Einen Augenblick nur, dann sinkt die Erzherzogin in sich zusammen. Die Begleiter stürzen herbei, um ihr zu helfen. Und nun sehen sie, dass auch ihr Gemahl getroffen ist. In raschen Stößen ergießt sich das Blut aus seiner Schlagader über die Uniform. Jede Hilfe ist vergeblich.

Die Menschen am Straßenrand sind außer sich. Während die Polizei den Attentäter Gavrilo Princip fassen kann, verbluten die beiden tödlich Verwundeten in ihrem Kraftwagen. – Noch ahnt niemand, dass die Mordtat von Sarajewo zum Ausbruch des Ersten Weltkriegs und damit zu der bis dahin größten Katastrophe der Menschheit führen wird.

Das Signal der »Aurora«

Lenins proletarische Revolution (1917)

In Russland hungern die Menschen. Die Kriegsmüdigkeit wächst von Tag zu Tag und führt Lenin ständig neue Anhänger zu. In Petrograd, dem früheren Sankt Petersburg, mehren sich die Gerüchte, dass die bolschewistische Revolution unmittelbar bevorstehe. Kerenskij, der Ministerpräsident der Provisorischen Regierung, zeigt sich gelassen. Sobald Lenin und seine Gefolgsleute losschlagen, hat er einen Grund, die bolschewistische Bewegung mit Waffengewalt zu niederzuzwingen.

Noch hält sich Wladimir Iljitsch Lenin in Finnland auf, weil er in Russland steckbrieflich gesucht wird. Voller Ungeduld spornt er seine Gesinnungsfreunde an, endlich offensiv zu werden und die Macht zumindest in Petrograd und in Moskau zu erkämpfen. Als nichts geschieht, kehrt er unbemerkt nach Petrograd zurück und versteckt sich in der Wohnung der Genossin Margarita Pofanowa. Hier ist er dem Zentrum des Geschehens näher; von hier aus kann er versuchen, die Revolution voranzutreiben.

Längst sprechen selbst die Zeitungen von einem geplanten Umsturz. Die Soldaten der Garnisonen werden in besondere Bereitschaft versetzt und der Verkauf von Waffen ohne Erlaubnis verboten. Vor dem Winterpalais, in dem die Provisorische Regierung untergebracht ist, ziehen einige hundert Soldaten mit gepanzerten Kampfwagen, Geschützen und Maschinengewehren auf, um Kerenskij und seine Minister gegebenenfalls zu schützen.

Die Anspannung steigt unentwegt. Jeden Augenblick kann es zu blutigen Zusammenstößen zwischen Anhängern der Regierung und den Bolschewiken kommen. Diese versuchen, die regulären Soldaten auf ihre Seite zu ziehen, die aber nach den Erfahrungen des Krieges in der Regel nicht mehr bereit sind, sich in neue, unkalkulierbare Abenteuer zu stürzen.

Kerenskij sieht sich zum Handeln gezwungen. Er verbietet Zeitungen der Bolschewiken und lässt Druckereien besetzen. Vor dem Hauptpost- und Telegrafenamt ziehen Soldaten auf. Drei der vier Newa-Brücken werden hochgezogen, um das Eindringen revolutionärer Truppen von außen in die Innenstadt zu verhindern.

Lenin erfährt von all dem in seinem geheimen Versteck. Nun – so spürt er – ist die Zeit reif. Wenn die Bolschewiken jetzt nicht losschlagen, verspielen sie die Gunst der Stunde. In einem Brief an die Genossen schreibt er, dass man der Provisorischen Regierung um jeden Preis den Todesstoß versetzen müsse.

Schließlich hält er es in der Wohnung der Pofanowa nicht mehr aus. Unerkannt schlägt er sich mit einem Freund durch die Stadt, erreicht zu Fuß und mit der Straßenbahn den Smolny, den Sitz des Petrograder Sowjets und der Bolschewiken. Das Gebäude, Teil einer Klosteranlage, war früher Erziehungsinstitut für adelige Töchter. Unter seinem Einfluss schreiten die Ereignisse nun rascher voran.

Ministerpräsident Kerenskij muss erkennen, dass die Bolschewiken eine strategische Position nach der anderen in Besitz nehmen. Schon ist die Palastbrücke über die Newa in ihrer Hand. Es bleibt nur noch eine Frage der Zeit, bis sie mit dem Angriff auf das Winterpalais beginnen. Endlich entschließt er sich, aus Petrograd zu fliehen und regierungstreue Fronttruppen für den Kampf um die Stadt herbeizuholen.

Tatsächlich gelingt es ihm, zwei ausländische Autos – eines davon mit der Flagge der amerikanischen Botschaft – aufzutreiben und im allgemeinen Durcheinander unbehelligt aus der Hauptstadt zu entkommen.

Am Morgen des 25. Oktober (nach dem alten russischen Kalender) ist fast ganz Petrograd in der Hand der Aufständischen. In dieser Situation verfasst Lenin gegen zehn Uhr die Proklamation:

»An die Bürger Russlands!

Die Provisorische Regierung ist gestürzt. Die Staatsmacht ist in die Hände des Organs des Petrograder Sowjets der Arbeiter und Soldatendeputierten, des Militärischen Revolutionskomitees übergegangen …

Die Sache, für die das Volk gekämpft hat: das sofortige Angebot eines demokratischen Friedens, die Aufhebung des Eigentums der Grundbesitzer an Grund und Boden, die Arbeiterkontrolle über die Produktion, die Bildung einer Sowjetregierung – diese Sache ist gesichert.

Es lebe die Revolution der Arbeiter, Soldaten und Bauern!«

Als dieser Aufruf an den Mauern und Bretterzäunen der Stadt erscheint, ist die Provisorische Regierung noch keineswegs gestürzt; noch befindet sich das Winterpalais in ihrer Hand. Der letzte, zugleich der dramatischste Akt der bolschewistischen Machtergreifung steht noch bevor. Wider Erwarten ist es in der Stadt auffällig ruhig. Wie alle Tage fahren die Straßenbahnen. Auch die Geschäfte sind geöffnet. Wegen der schlechten Versorgungslage bilden sich vor den Bäckereien und Metzgereien lange Schlangen.

Die Revolutionäre rüsten sich für den letzten Schlag: In einem Ultimatum fordern sie die Provisorische Regierung auf, sich zu ergeben. Für den Fall der Ablehnung soll auf dem Turm der Peter-und-Paul-Festung eine rote Signalflagge aufgezogen und so das Zeichen zum bewaffneten Kampf gegeben werden. Ein blinder Schuss des Panzerkreuzers »Aurora« ist dann als Zeichen für den Sturm auf das Winterpalais geplant.

Inzwischen wird dort die Zahl der Verteidiger immer geringer, weil ihnen der Kampf aussichtslos erscheint. Vielen Bolschewiken gelingt es, ungehindert in das Gebäude mit seinen Hunderten von Türen einzusickern. Etwa gegen halb elf am Abend wird jenseits der Newa auf der Peter-und-Paul-Festung die rote Laterne hochgezogen; der Panzerkreuzer »Aurora« feuert das verabredete Signal.

Der Kampf beginnt. Allerdings hat es einen regelrechten Sturm auf das Gebäude, wie später oft berichtet, nicht gegeben. In den Feuerpausen versuchen die Eindringlinge, die Verteidiger, meist junge, unerfahrene Offiziersanwärter, auf ihre Seite zu ziehen. Als sie begriffen haben, wie unzureichend der gewaltige Komplex gesichert ist, erzwingen sie gegen Mitternacht die Entscheidung. Schnell sind die Eingänge des Palastes erreicht; die Schar der Eindringlinge wälzt sich die breiten Treppen hinauf, ohne nennenswerten Widerstand zu finden.

Noch einmal scheint es zu einem blutigen Treffen zu kommen, als sich eine aus Adeligen bestehende Gardeabteilung ihnen in den Weg stellen will. Die Provisorische Regierung hat aber inzwischen die Ausweglosigkeit der Lage erkannt und ist bereit, sich zu ergeben. Gegen zwei Uhr nachts dringen die Bolschewiken in den Saal ein, in dem die Minister bleich und verängstigt beieinandersitzen.

»Im Namen des Revolutionären Militärkomitees erkläre ich Sie für verhaftet«, kommandiert einer der revolutionären Führer. Tatsächlich werden die Mitglieder der Provisorischen Regierung – selbstverständlich ohne den geflohenen Ministerpräsidenten Kerenskij – sogleich gefasst und unter strenger

Bewachung in die Peter-und-Paul-Festung gebracht. Die Eroberung des Winterpalastes hat nur sechs Tote gefordert.

Um 3.10 Uhr morgens wird im Smolny-Kloster offiziell verkündet, dass das Winterpalais gestürmt worden sei und dass die Revolution gesiegt habe. Bei den Bolschewiken erhebt sich gewaltiger Jubel. Sie sind – zumindest fürs Erste – am Ziel ihrer Wünsche angelangt. Freilich haben nicht alle Mitglieder des Sowjetkongresses Grund zur Freude. Schon jetzt ahnen viele, dass der Aufstand in einer Diktatur Lenins und seiner Gesinnungsfreunde enden wird. Um fünf Uhr morgens bestätigt der II. Gesamtrussische Sowjetkongress nahezu einstimmig den Übergang der Staatsmacht an das Revolutionäre Militärkomitee und an die Sowjets. Damit beginnt auch formell die Herrschaft der Sowjetmacht.

Lenin ist am Ziel. Während die Genossen im Smolny jubeln und mit ihren politischen Gegnern streiten, sucht er ein paar Stunden Schlaf und arbeitet dann an zwei programmatischen Reden für den Abend dieses 26. Oktobers 1917.

Petrograd ist gewonnen. Nun geht es darum, ganz Russland auf die Seite der Revolution zu ziehen. Das scheint möglich, wenn es gelingt, die beiden Hauptprobleme der Menschen in dieser Zeit zu lösen. In seiner »Rede über den Frieden« verspricht Lenin die rasche Beendigung des Krieges. Das »Dekret über den Grund und Boden« bestimmt: »Das Privateigentum an Grund und Boden wird für immer aufgehoben.«

Vermutlich ahnt der Gründer des Sowjetstaates, dass die Durchsetzung seiner Ideen in dem gewaltigen europäisch-asiatischen Reich noch manches Jahr dauern und viele Kämpfe erfordern wird. Aus dem revolutionären Russland wird einige Jahre später die mächtige Sowjetunion. Unter Josef Stalin, dem Nachfolger Lenins, steigt sie – neben den Vereinigten Staaten von Amerika – zur Weltmacht auf. Niemand hält es zu dieser Zeit für möglich, dass das Sowjetsystem eines Tages, gut siebzig Jahre nach der Oktoberrevolution von 1917, in sich zusammenstürzt.

Von der Monarchie zur Republik

Die Abdankung des Kaisers und die Ausrufung der Republik (1919)

Der Krieg ist für Deutschland nicht mehr zu gewinnen. Das wissen die Verantwortlichen spätestens seit August 1918. Immer mehr Stimmen werden laut und fordern die Abdankung Kaiser Wilhelms II. Zwar hat er den Krieg nicht gewollt, für viele Deutsche und mehr noch für viele Ausländer trägt er aber zumindest einen Teil der Schuld daran. Nun rächen sich seine oft unüberlegten und aggressiven Äußerungen in der Öffentlichkeit von vor dem Krieg.

Ende Oktober verlässt er die Hauptstadt und begibt sich in den belgischen Badeort Spa, wo das Hauptquartier der Armee stationiert ist. Bei seinen Soldaten und Offizieren glaubt er sicherer zu sein als in der unruhigen Millionenstadt Berlin. Tatsächlich wird dort sein Schicksal entschieden. Der Reichskanzler Prinz Max von Baden möchte die Monarchie retten. Er weiß aber gut genug, dass das nur möglich sein wird, wenn Kaiser Wilhelm II. den Thron für einen Nachfolger frei macht. Dazu ist dieser nicht bereit.

Inzwischen treffen aus dem Marinehafen Kiel beunruhigende Nachrichten in Berlin ein. Admiral Scheer, der Chef der Seekriegsleitung, hat am 24. Oktober der Flotte eigenmächtig den Befehl gegeben, noch einmal gegen die englische Seemacht auszulaufen, um ihr eine letzte heroische Schlacht zu liefern. Matrosen und Offiziere begehren auf. Sie wissen, dass der Krieg in wenigen Wochen, vielleicht schon in wenigen Tagen zu Ende sein wird. So löschen sie das Feuer unter den Dampfkesseln der Kriegsschiffe und hissen an Bord rote Fahnen.

Die Revolution hat begonnen und ist nicht mehr aufzuhalten. In Kiel kommt es zu den ersten blutigen Zusammenstößen. Werftarbeiter und Seeleute versuchen, politische Gefangene zu befreien. Dabei entwickelt sich ein heftiges Feuergefecht zwischen den Bewachungsmannschaften und den Aufständischen. Auf beiden Seiten gibt es Tote. Von Kiel aus springt die Revolution von einer Stadt auf die nächste über. Arbeiter- und Soldatenräte schießen aus dem Boden und fordern die politische Macht.

Die Sozialdemokratische Partei Deutschlands befindet sich in einer schwierigen Lage. Einerseits erwarten die Massen der Arbeiter und kriegsmüden Soldaten, dass sie handelt und eine soziale Republik an die Stelle des überholten Kaisertums setzt. Andererseits befürchtet sie eine Wiederholung der Ereignisse in Russland vom Herbst des Jahres 1917 und damit den Sieg der Kommunisten in Deutschland. Was soll sie tun? Nach den Aufständen in Kiel und anderen Städten bleibt keine Zeit zu langem Überlegen. So fordert sie am 7. November den Rücktritt des Kaisers und des Kronprinzen.

Zwischen Berlin und Spa jagt in diesen Tagen ein Telefongespräch das andere. Die Verständigung ist schlecht, und auf beiden Seiten herrscht ständig wachsende Nervosität. Prinz Max von Baden hofft immer noch, dass Wilhelm II. freiwillig abdankt. Aus dem Hauptquartier aber kommen nur hinhaltende Antworten.

Unterdessen sind hier die Generäle und Obersten der Armee zusammengerufen worden. Sie sollen berichten, ob die Truppen noch hinter dem Kaiser stehen und ob sie gegebenenfalls bereit sind, mit ihren Waffen für ihn einzutreten. Gerade die letzte Frage wird von fast allen Truppenführern verneint.

Angesichts dieser Lage entschließt sich Kaiser Wilhelm II. widerstrebend, auf den deutschen Kaiserthron zu verzichten, nicht aber auf den des preußischen Königs.

Noch ahnt er nicht, was in Berlin inzwischen geschehen ist. Ein Telefonanruf schafft Klarheit: Reichskanzler Max von Baden hat aus eigener Verantwortung der Presse bereits die Abdankung des Kaisers und Königs mitgeteilt. Damit sind vollendete Tatsachen geschaffen, die sich nicht mehr ändern lassen.

Erbittert und niedergeschlagen zugleich folgt Wilhelm II. einer Empfehlung Hindenburgs und fährt mit seinem Hofzug am folgenden Morgen ins Exil in die Niederlande. Er hat Deutschland, obwohl er erst 1941 gestorben ist, niemals wiedergesehen.

In Berlin überschlagen sich die Ereignisse in diesen Stunden. Bei Prinz Max von Baden erscheint am Morgen des 9. Novembers, kurz nachdem die Abdankung Wilhelms II. veröffentlicht worden ist, eine Abordnung der Sozialdemokratischen Partei und fordert die Regierungsgewalt.

Der Reichskanzler zögert nicht lange. Er erklärt seinen Rücktritt und ernennt den sozialdemokratischen Parteivorsitzenden Friedrich Ebert gleichzeitig zu seinem Nachfolger: »Herr Ebert, ich lege Ihnen das Deutsche Reich ans Herz.« Und der neue Reichskanzler antwortet ergriffen: »Ich habe zwei Söhne für dieses Reich verloren.« Sie sind beide in dem Krieg, der eben zu Ende geht, gefallen.

Um den Reichstag herum herrscht an diesem Mittag kopfloses Durcheinander. Hunderte und Tausende von Arbeitern sind ihren Betrieben ferngeblieben. Viele von ihnen tragen Gewehre über den Schultern, ebenso wie die Soldaten, die überall zu sehen sind.

Friedrich Ebert, sein sozialdemokratischer Freund Scheidemann und andere sitzen im Speisesaal des Reichstages und löffeln eine Wassersuppe. Da dringt eine Schar von Arbeitern und Soldaten herein und schreit: »Scheidemann, kommen Sie mit uns! – Philipp, du musst hier raus und reden!« Der Angesprochene zögert. Was soll er den Wartenden sagen? Kann er mehr tun, als sie neuerlich hinzuhalten und sie zu bitten, in dieser explosiven Lage Vernunft zu bewahren?

Die Arbeiter und Soldaten aber lassen ihm keine Ruhe. Erregt rufen sie ihm zu, dass Karl Liebknecht vom Schloss her die »sozialistische Republik« ausrufen wolle, eine Republik nach russischem Muster.

Nun muss die Entscheidung fallen. Das weiß auch Scheidemann. Er folgt den Arbeitern und Soldaten, die von beiden Seiten auf ihn einreden und berichten, was sie draußen auf der Straße erfahren haben. Endlich gegen 14 Uhr tritt er an ein Fenster des Reichstagsgebäudes und spricht zu den Massen, die zu seinen Füßen versammelt stehen und Klarheit verlangen: »Arbeiter und Soldaten! Das deutsche Volk hat auf der ganzen Linie gesiegt. Das Alte, Morsche ist zusammengebrochen; der Militarismus ist erledigt. Die Hohenzollern haben abgedankt! Es lebe die *Republik*! ...«

Das Gewicht dieser Worte wird ihm erst einige Minuten später klar. Als Friedrich Ebert nämlich hört, dass sein Freund und Genosse soeben die Republik ausgerufen habe, wird er zornrot im Gesicht und schlägt mit der geballten Faust auf den Tisch. »Du hast kein Recht, die Republik auszurufen. Was aus Deutschland wird, ob Republik oder sonst was, das entscheidet allein die Konstituante.« Gemeint ist die verfassungsgebende Versammlung.

Doch auch diesmal ist die Entscheidung bereits gefallen. Deutschland wird eine demokratische Republik sein, keine Monarchie mehr, aber auch keine »sozialistische Republik«.

Als Karl Liebknecht diese »sozialistische Republik« gegen 16 Uhr vom Berliner Schloss aus ausrufen will, kommt er um zwei Stunden zu spät.

Tutanchamun

Howard Carter im Tal der Könige (1922)

Im Tal der Könige ist der Boden inzwischen Zentimeter für Zentimeter durchwühlt worden. Vieles spricht dafür, dass die Grabräuber über die Jahrtausende und die Archäologen seit der Zeit Napoleons nahezu alles aufgespürt haben, was von Wert und wissenschaftlichem Interesse ist. Immerhin, hier in der alten Totenstadt der ägyptischen Könige, die bei Theben und Karnak am mittleren Nil liegt, wurde schon manches gefunden. Und doch geben Einzelne die Hoffnung nicht auf, bisher Unbekanntes zu entdecken.

Der Archäologe und Ägyptologe Howard Carter arbeitet schon lange im Land der Pharaonen. Im Jahr 1907 lernt er den reichen Kunstsammler und Hobbyarchäologen Lord Carnavon kennen. Über viele Jahre bilden die beiden Männer ein verlässliches Team.

Leider bleibt der ganz große Erfolg trotz aller Bemühungen zunächst aus. Carter lässt sich freilich nicht davon abbringen, dass irgendwo hier unter den Schuttbergen das Grab des Pharaonen Tutanchamun verborgen sein muss. Einzelne Funde bestärken ihn in seiner Vermutung: Auf einem Fayencebecher und auf goldenen Plättchen findet sich der Namenszug des toten Königs.

Nach Jahren gemeinsamer Tätigkeit wird Carnavon ungeduldig. Es ist an der Zeit, endlich einen Schlussstrich unter die insgesamt doch so unbefriedigenden Bemühungen zu ziehen. Nur noch für eine Grabungsphase, für einen Winter, wird er die erforderlichen finanziellen Mittel zur Verfügung stellen.

Zufall und Glück geben dem Abenteuer eine neue Wendung: Am 4. November 1922 findet Carter bei seinen Grabungsarbeiten eine Steintreppe, die ganz offensichtlich zu einem Grab hinabführt. Sollte er am Ende das gefunden haben, nach dem er und Carnavon seit Jahren suchen? Ungelegen kommt nur, dass sich der Lord gerade zu dieser Zeit im fernen England aufhält.

Der Forscher treibt die Grabungen voran, bis er am Ende der Treppe auf eine versiegelte Tür stößt. Ist dieses Grab – anders als alle anderen – am Ende von gierigen Grabräubern verschont geblieben? Dann tut Carter etwas, das die allergrößte Überwindung von ihm fordert: Er schüttet die von den Arbeitern geöffnete Grube wieder zu und will mit weiteren Untersuchungen so lange warten, bis Carnavon wieder in Ägypten weilt. Er telegrafiert nach England: »Habe endlich wunderbare Entdeckung im Tal gemacht, ein großartiges Grab mit unbeschädigten Siegeln.«

Als der Lord knapp drei Wochen später vor Ort ist, gehen die Grabungen weiter. Die Enttäuschung ist groß, als die Forscher feststellen müssen, dass doch Grabräuber vor ihnen hier gewesen sind. Aber noch ist der Kern der Anlage nicht erreicht. Eine zweite Tür ist zu überwinden – mit aller gebotenen Vorsicht, um nichts zu verändern oder zu zerstören. Ein erster Blick offenbart Großartiges. »Können Sie etwas sehen?«, fragt Carnavon seinen Kollegen voller Ungeduld. Und der antwortet atemlos: »Ja, wunderbare Dinge!«

Hinter der zweiten Tür verbergen sich Schätze von unfassbarem Wert und nie gesehener Schönheit, ein Thronsessel und goldene Bahren, Standbilder und Vasen. Da liegt ein Blumengebinde als letzter Gruß an den in diesem Grab Beigesetzten. Noch immer ist das Innerste der Grabanlage nicht erreicht. Staunend und fragend stehen Carter und seine Begleiter vor einer dritten versiegelten Tür, die mit Sicherheit neue, ungeahnte Geheimnisse birgt.

Was ist zu tun? Das wissenschaftliche Ethos siegt ein weiteres Mal über Neugier und Ungeduld. Die weitere Grabung muss sorgfältig vorbereitet werden. Es kommt darauf an, Gefundenes dauerhaft zu sichern und zu katalogisieren und die Fundorte exakt zu beschreiben, um eine spätere korrekte wissenschaftliche Auswertung zu ermöglichen. Das erforderliche Material gibt es nur in Europa, das eine oder andere allenfalls noch in der ägyptischen Hauptstadt Kairo. Wissenschaftler der unterschiedlichsten Fachrichtungen müssen gefunden werden, um die Grabungsarbeiten zu begleiten.

Am 16. Februar 1923 erfolgt der entscheidende Schritt. Die versiegelte dritte Tür, die von der Vorkammer in einen noch unbekannten Raum führt, wird sorgfältig geöffnet. Am Tag darauf versammelt sich in der Vorkammer eine erlauchte Gruppe von etwa 20 Zuschauern, Wissenschaftlern und Regierungsmitgliedern, um das große Ereignis mitzuerleben.

Carter löst behutsam die oberen Steine der Tür und schiebt eine elektrische Lampe durch die Öffnung. Vor seinen Augen steht eine goldene Wand! Die Zuschauer sind von ihrem Glanz geblendet und brauchen Zeit. Bei genauerem Hinsehen begreifen sie endlich, dass sie vor einem goldenen Schrein stehen, in dessen Innerem die sterblichen Überreste einer hochgestellten Person ruhen müssen. Was sich hier in der eigentlichen Grabkammer findet, ist unversehrt. Carter notiert in seinen Erinnerungen: »Ich schäme mich nicht einzugestehen, dass es mir unmöglich war, auch nur ein Wort herauszubringen.« Immerhin handelt sich es sich nicht nur um irgendeinen archäologischen Fund, sondern um die für die Ewigkeit errichtete Ruhestätte eines verstorbenen Gottkönigs.

Noch bleibt viel zu tun und manches ein fürs Erste ungelüftetes Geheimnis. Lord Carnavon stirbt an einer durch einen Mückenstich verursachten Infektion. Auch gibt es Schwierigkeiten mit der ägyptischen Regierung, die die Grabungskonzession nicht verlängern möchte.

Erst viele Monate später gehen die Arbeiten weiter. Die Hauptaufgabe besteht nun darin, den mächtigen goldenen Schrein zu öffnen und die im Inneren vermutete Mumie des Pharao zu bergen. Es zeigt sich, dass mehrere Schreine ineinander geschachtelt sind. Dann folgt ein Sarkophag aus gelbem Quarzit, der mit einer Granitplatte bedeckt ist. In ihm befinden sich weitere Särge. Der letzte besteht aus purem Gold.

In ihm entdecken die Forscher den möglicherweise größten und schönsten Fund, den die Archäologie je ans Licht gefördert hat. Es ist nicht die Mumie des Königs, die Carter so beeindruckt. Sie befindet sich – wie sich bald herausstellt – in einem sehr schlechten Zustand, denn die vor weit über dreitausend Jahren verwendeten Salböle haben den Körper verätzt.

Carter erblickt die herrliche Totenmaske des jugendlichen Königs Tutanchamun, die das Gesicht und teilweise den Oberkörper des Leichnams bedeckt. Das Gesicht, frisch und strahlend wie zur Zeit der Entstehung, ist aus purem Gold geformt. Die Augen bestehen aus funkelnden Edelsteinen. Kaum etwas Schöneres und Wertvolleres ist denkbar. Dieser herrliche Totenschmuck stammt von einem Pharao, der politisch keine nennenswerte Rolle gespielt hat und bereits im Alter von 18 bis 20 Jahren starb.

Die Bergung des ungeheuren Schatzes, der sich in den verschiedenen Räumen des Königsgrabes gefunden hat, dauert zehn Jahr und wird mit äußerster wissenschaftlicher Akribie durchgeführt. Das Interesse der Menschen an diesem sensationellen Fund ist ungeheuer. Besuchermassen drängen herbei und wollen das einzige Königsgrab, das nicht von Grabräubern geplündert worden ist, mit eigenen Augen sehen.

Die Schätze, allen voran die Totenmaske, werden in das Ägyptische Museum in Kairo überführt, wo sie noch heute zu bewundern sind. Die sterblichen Überreste des Pharao aber verbleiben in seinem Grab im Tal der Könige.

Sturz ins Bodenlose

Der Beginn der Weltwirtschaftskrise (1929)

Die Vereinigten Staaten von Amerika erleben einen wirtschaftlichen Aufschwung wie noch nie. Inzwischen ist das ganze Land elektrifiziert. Radio, Kühlschrank und Staubsauger gehören zur selbstverständlichen Ausstattung eines Haushalts. Längst hat das Auto die Straßen der Union erobert.

Die Farmer kaufen Traktoren und teure Maschinen, um ihre Felder noch besser, noch rationeller bewirtschaften zu können. Die Zukunft erscheint hoffnungsvoll. Die Menschen sind sicher, dass ihre Lebensverhältnisse noch schöner und besser werden. Ihr Optimismus kennt keine Grenzen.

Industrie und Handel werfen ungeheure Gewinne ab. Vielen Aktionären gelingt es, ihr Vermögen innerhalb kurzer Zeit zu verdoppeln oder zu vervielfachen. Nun haben auch die Besitzer kleinerer Einkommen eine Chance, Vermögen anzusammeln. Es lohnt sich, für die Ersparnisse Anteilscheine zu kaufen und auf hohe Dividende zu spekulieren. Tausende und Abertausende nehmen Kredite auf und finanzieren Aktien mit geliehenem Geld.

Im März 1929 wird Herbert Hoover als neuer Präsident der USA in sein Amt eingeführt. In seiner Antrittsrede zeichnet er seinen Landsleuten ein Bild »voll strahlender Hoffnung« für die Zukunft. Die Wirtschaftsdaten geben ihm Recht: Die Aktienwerte steigen ununterbrochen weiter und versprechen große Gewinne. Niemand denkt daran, dass der Aufstieg eines Tages zu Ende gehen könnte ...

Ein erstes Signal, das zu denken geben sollte, wird nicht recht ernst genommen: Der Verkauf von Autos und anderen langlebigen Verbrauchsgütern stagniert. Anscheinend ist der Markt inzwischen gesättigt. Erfahrene Börsenmakler bieten ihre Aktien zum Verkauf an, solange noch gute Erlöse zu erzielen sind. Von Dramatik ist freilich noch nichts zu spüren. Schlagartig ändert sich das am Donnerstag, dem 24. Oktober 1929. Mit einem Mal ist die Katastrophe da. In der New Yorker Wall Street verbreitet sich Panik.

Der Tag hat angefangen wie viele andere. Doch dann fällt auf, dass mehr Aktien als sonst zum Verkauf angeboten werden. Langsam bröckeln die Kurse ab; die Händler reagieren nervös. Einige eilen zum Telefon, um ihre Auftraggeber zu informieren und neue Anweisungen einzuholen. Eine allgemeine Unsicherheit macht sich breit, wächst, steigert sich zur Hysterie. Jeder hat Angst, zu spät zu kommen, will retten, was noch zu retten ist. Die Telefone sind überall belagert. Die Anleger wissen keinen Rat mehr und verkaufen vielfach, so schnell es eben geht.

Die Lawine ist losgebrochen und nicht mehr aufzuhalten. Das gewaltige Angebot an Aktien lässt die Kurse ins Bodenlose sinken. Sie fallen so rasch, dass es nicht mehr möglich ist, den jeweils aktuellen Stand zu notieren. Die Börsensäle in der Wall Street gleichen einem Hexenkessel. Jede Minute, die verstreicht, bringt neue Millionenverluste.

Die Nachricht von den katastrophalen Kursstürzen verbreitet sich wie ein Lauffeuer. Tausende und Abertausende von Menschen drängen sich auf den Straßen des New Yorker Börsenviertels zusammen. Spekulanten fallen in Ohnmacht, als sie von ihren Verlusten hören. Angeblich haben sich bereits zahllose Menschen aus Verzweiflung das Leben genommen. Tatsache ist, dass viele Aktienbesitzer von einem Tag auf den anderen einen großen Teil ihres Vermögens, vielleicht sogar ihr ganzes Vermögen verloren haben. Und noch ist kein Ende abzusehen.

Die Manager der amerikanischen Großbanken ahnen das Ausmaß der Katastrophe. Vielleicht kann das Schlimmste vermieden werden, wenn sie rasch handeln. Auf einer eilig organisierten Pressekonferenz erklärt der Direktor des Bankhauses Morgan: »Kein Grund zur Aufregung … Zufällig haben sich Verkaufsangebote gehäuft. Unsere Konjunktur ist nicht bedroht. Im Gegenteil, wir sind über den Berg.«

Mit Worten allein ist es jedoch nicht getan: Die Banken stellen Millionenbeträge zur Verfügung, um Stützungskäufe durchzuführen. Für den Augenblick gelingt es ihnen tatsächlich, den weiteren Kursverfall aufzuhalten – aber nur für den Augenblick. In der Nacht vom Donnerstag auf Freitag gehen in der Wall Street die Lichter nicht aus. Überall herrscht verzweifelte Betriebsamkeit.

Die nächsten Tage zeigen überdeutlich, dass es sich nicht um eine vorübergehende Krise, um ein unglückliches Zusammentreffen mehrerer ungünstiger Faktoren handelt. Die USA stürzen in die tiefste wirtschaftliche und psychologische Depression ihrer Geschichte. Es wird Jahre dauern, bis sie sich davon wieder erholt haben.

Bereits kurz nach dem Ausbruch der Krise werden in den Zeitungen zahllose Luxusgüter, z. B. teure Autos und kostbarer Schmuck, zum Verkauf angeboten. Dann beginnt eine nie da gewesene Welle der Arbeitslosigkeit, weil die Betriebe ihre Produkte nicht mehr absetzen können und Arbeiter und Angestellte entlassen müssen. Am Ende des Jahres 1930 sind vier Millionen Menschen erwerbslos. Bis zum Jahr 1933 ist die Zahl auf fünfzehn Millionen angewachsen.

Im Land verbreitet sich ungeheures Elend. Die staatliche Fürsorge ist kaum entwickelt. So müssen die Betroffenen versuchen, sich so gut wie möglich durchzuschlagen. Das eigene Vermögen – soweit überhaupt vorhanden – ist zumeist rasch aufgezehrt. Viele verlieren ihre Wohnungen, bemühen sich, bei Verwandten unterzukommen, oder landen in menschenunwürdigen Elendsquartieren. An den Stadträndern entstehen neue Slums aus Wellblech, Brettern und Pappe. Eine Million heimatlose Menschen, ein Heer von Hoffnungslosen, bevölkern die Straßen.

Sobald die völlig unzureichenden öffentlichen Mittel erschöpft sind, grassiert der Hunger. Eine Untersuchung in Philadelphia zeigt, wie die Arbeitslosen zu überleben versuchen: Eine Familie sammelt im Hafen herumliegende, halb verdorbene Gemüseabfälle. Drei Tage lang gibt es überhaupt nichts zu essen. Andere leben von Kartoffeln oder gar Löwenzahn. Man schlägt sich so durch und muss lernen, mit möglichst wenig auszukommen.

Die amerikanische Regierung erweist sich als hilflos. Präsident Hoover vertraut auf die Selbstheilungskräfte der Wirtschaft. Wenn man Geduld hat, wird die Krise eines Tages überstanden sein und ein neuer Aufstieg beginnen.

Erst der neue Präsident, Franklin Delano Roosevelt, unternimmt seit 1933 energische Schritte, um die Wirtschaft zu beleben. Seine Antrittsrede ist ein Programm: »So lassen Sie mich denn als allererstes meine feste Überzeugung bekunden, dass das einzige, was wir zu fürchten haben, die Furcht selbst ist – die namenlose, blinde, sinnlose Angst, die die Anstrengungen lähmt, deren es bedarf, um den Rückzug in einen Vormarsch umzuwandeln.«

Schon beginnt die Krise abzuklingen. Roosevelts Politik des »New Deal« stärkt das empfindlich getroffene Selbstbewusstsein der Nation und gibt der Wirtschaft vielerlei neue Impulse. Es wird allerdings noch Jahre dauern, bis sie sich von der gewaltigen Depression erholt hat.

In der New Yorker Wall Street hat die Katastrophe ihren Anfang genommen. Infolge der weltweiten Verflechtungen entwickelt sie sich rasch zu einer Krise der Weltwirtschaft. Seit 1930 sind auch Deutschland und Österreich betroffen. Im Reich wächst die Arbeitslosenzahl bis zum Jahr 1932 auf fast sieben Millionen Menschen an.

Die Weltwirtschaftskrise wird so ein wichtiger Grund für den Untergang der Weimarer Republik und für die Machtergreifung der Nationalsozialistischen Deutschen Arbeiterpartei. In der äußersten Not erscheint ihr Führer Adolf Hitler vielen als der rettende Messias.

An die Macht!

Berlin am Morgen des 30. Januar – Wie ein Lauffeuer hat sich die Nachricht verbreitet, dass Adolf Hitler, der Führer der Nationalsozialistischen Deutschen Arbeiterpartei, zum Reichspräsidenten Hindenburg gerufen worden ist. Die Menschen bleiben zwischen der Reichskanzlei und dem Hotel »Kaiserhof« auf der Straße stehen, schauen schweigend zu den Fenstern hinauf oder unterhalten sich mit gedämpften Stimmen. Was werden die kommenden Stunden bringen? Wird der greise Reichspräsident Hitler jetzt zum Kanzler ernennen, wie dieser es seit der erfolgreichen Reichstagswahl vom 31. Juli 1932 immer wieder gefordert hat?

Die Wartenden hängen ihren Gedanken nach. Viele von ihnen sind selbst arbeitslos und müssen mit ihren Familien von der mehr als kargen Unterstützung leben. Sie sehen in Adolf Hitler ihren Retter. Er wird Arbeit schaffen und Brot! Er wird mit starker Hand den Versailler Vertrag zerreißen und die Juden aus dem Land jagen. Wenn diese Übel einmal beseitigt sind, dann kann der Weg nur noch emporführen. – So jedenfalls glauben sie.

Viele aber denken anders, und manch einer erinnert sich noch an die Vorfälle in Potempa in Oberschlesien im Hochsommer des vergangenen Jahres. Damals sind fünf SA-Männer in die Wohnung des Bergarbeiters Pietrzuch eingedrungen und haben ihn, weil er Kommunist ist, vor den Augen seiner Mutter zu Tode getrampelt. Der Polizeibericht meldete seinerzeit: »Die Leiche hat im Ganzen 29 Verwundungen aufgewiesen, besonders schwere am Hals. Die Halsschlagader ist vollkommen zerrissen. Der Kehlkopf hatte ein großes Loch (Fußtritt). Der Tod ist durch Ersticken eingetreten, da das aus der Halsschlagader sich ergießende Blut durch den Kehlkopf in die Lunge getreten ist. Außer diesen Verletzungen ist Pietrzuch am ganzen Körper zerschlagen. Er hat schwere Schläge mit einem stumpfen Beil oder einem Stock über den Kopf bekommen und andere Wunden, die so aussahen, als ob mit der Spitze des Billardstockes ihm ins Gesicht gestoßen worden ist.«

Adolf Hitler kann sich nicht damit reinwaschen, dass er behauptet, er habe von all diesen Geschehnissen nichts gewusst. Nachdem die Mörder in Beuthen von einem Gericht zum Tode verurteilt worden sind, hat er ihnen dieses Telegramm gesandt: »Meine Kameraden! Angesichts dieses ungeheuerlichen Bluturteils fühle ich mich Euch in Treue verbunden!«

Die Menschen warten und warten. Sie wissen nicht, was hinter den Fenstern des »Kaiserhofs« vor sich geht. Hier sind seit dem vorangegangenen Tag die Spitzen der nationalsozialistischen Partei versammelt, um über die Lage zu beraten. Nur wenige Stunden haben sie in der Nacht geschlafen. Auch sie wissen nicht, welche Kunde ihr Führer bringen wird. Goebbels, Göring und Röhm, der Stabschef der SA, durchmessen immer wieder mit nervösen Schritten den Raum und treten ans Fenster, um auf den Ausgang zur Reichskanzlei hinauszuschauen. Von dort muss Hitler kommen, wenn die Unterredung mit Hindenburg beendet ist.

Bis kurz nach Mittag ist die Volksmenge auf der Straße immer größer geworden. Die Spannung steigert sich zum Zerreißen. Da biegt ein Wagen um die Ecke des Eingangs, Hitlers Wagen. Die Menschen drängen nach vorn, und mit einem Mal ist das Schweigen gebrochen. Hitler fährt eilig das kurze Stück zum Hotel »Kaiserhof« hinüber und begibt sich sogleich zu den wartenden Parteiführern. Nun bleibt kein Zweifel mehr: Reichspräsident Paul von Hindenburg hat ihn zum Kanzler ernannt und sogleich auf die Verfassung vereidigt.

Inzwischen geht auf der Straße die Nachricht von Mund zu Mund. Die Männer und Frauen wissen, dass sie Zeugen einer geschichtlichen Wende geworden sind. Wird Adolf Hitler das deutsche Volk als ein kluger und friedliebender Politiker führen, oder wird er sich als tollkühner und kriegslüsterner Tyrann erweisen? – Auf diese Frage wird jetzt die Geschichte selbst eine Antwort geben müssen – und sie gibt sie!

Gespaltene Atome

Ungeheure Energie durch Kernspaltung (1938)

Kaum zu ermessen ist die Bedeutung, welche die Atomphysik in den vergangenen Jahrzehnten für die Menschheit gewonnen hat. Atomenergie – ein Zauberwort! In wem werden da nicht Bilder mit riesengroßen Kraftwerken lebendig, die Millionen und Abermillionen Kilowattstunden billigen Strom liefern – jedoch auch Bilder von verbrannten Menschen und der zerstörten japanischen Stadt Hiroshima, wo am 6. August 1945 die erste Atombombe abgeworfen wurde.

Die entscheidende Entdeckung, die beide Wege eröffnet, geschieht im Dezember 1938 im Kaiser-Wilhelm-Institut für Chemie in Berlin. Die beiden Wissenschaftler Otto Hahn und Fritz Straßmann brüten über den Forschungsergebnissen des italienischen Physikers Enrico Fermi. Irgendetwas kann daran nicht stimmen. Der Italiener behauptet, durch radioaktive Bestrahlung mit Atomteilchen, den sogenannten Neutronen, chemische Grundstoffe erzeugt zu haben, die auf der Erde sonst nicht zu finden sind.

Hahn und Straßmann wiederholen die beschriebenen Versuche immer wieder. Die Ergebnisse sind völlig verwirrend. Sie lassen sich mit den bisherigen Erkenntnissen der Atomphysik überhaupt nicht erklären. Wo liegt die Lösung?

Am 19. Dezember 1938 schreibt Otto Hahn einen Brief an Lise Meitner, die Deutschland wegen ihrer jüdischen Abstammung hat verlassen müssen und sich nun im Ausland aufhält. Er teilt seiner langjährigen Mitarbeiterin mit, dass Straßmann und er bei ihren Experimenten aus Uran einen völlig unerwarteten chemischen Grundstoff, nämlich Barium erhalten haben. Wie unsicher die beiden sind, lässt sich deutlich aus dem Brief herauslesen: »Ich habe mit Straßmann verabredet, dass wir vorerst nur Dir dies sagen wollen. Vielleicht kannst Du eine fantastische Erklärung vorschlagen …«

Inzwischen laufen die Versuche weiter. Und langsam beginnen die beiden Forscher am Kaiser-Wilhelm-Institut zu begreifen. Für Ihre Beobachtung gibt es nur eine einleuchtende Erklärung: Die Atomteilchen, die Neutronen, haben die Uranatome zerschmettert und aus ihnen jeweils zwei verschieden große neue Atome gemacht. Eines davon muss Barium sein. Das ist eine ungeheure Entdeckung – vorausgesetzt, sie stimmt!

Am 22. Dezember geht das Ergebnis der Forschungen an die Zeitschrift »Naturwissenschaften«. Immer noch wird es mit vorsichtigen und zögernden Worten umschrieben.

Doch es soll nicht mehr lange dauern, bis die wissenschaftliche Welt die Sensation erfährt. Otto Hahn hat einen Durchschlag des Zeitschriftenartikels an Lise Meitner und ihren Neffen Otto Robert Frisch nach Schweden gesandt. Die beiden verbringen dort gerade ihren Weihnachtsurlaub in einem kleinen Dorf. Sie können zunächst nicht glauben, was auf dem Papier steht. Wie kann sich ein Uranatom in zwei neue Atome spalten?

Sie trennen sich von ihren Freunden, mit denen sie zusammen sind, und unternehmen einen langen Spaziergang in die verschneite Umgebung. Unbedingt müssen sie über den aufregenden Brief diskutieren. Mehr und mehr ringen sie sich zu der Erkenntnis durch, dass Hahn und Straßmann sich nicht geirrt, sondern die bis dahin für unmöglich gehaltene Kernspaltung des Atoms entdeckt haben.

Ein paar Tage später reist der dänische Wissenschaftler Niels Bohr zu einem Kernphysikerkongress nach Washington. Lise Meitner hat ihm inzwischen berichtet, was Hahn und Straßmann entdeckt haben und wie diese Entdeckung nach ihrer Ansicht zu deuten ist. Nun erfahren die in den USA versammelten Gelehrten all das voller Staunen. Einige verlassen sogar hastig den Kongress und eilen heim in ihre Labors, um zu überprüfen, ob Hahn und Straßmann recht gehabt haben.

Ja, sie haben recht gehabt. Das ist bald gewiss. Es kommt aber noch eine zweite aufregende Erkenntnis hinzu. Die Kernspaltung setzt ungeheure Energien frei. Die Physiker errechnen, dass ein Kilogramm Uran bei der Spaltung 25 Millionen Kilowattstunden abgibt. Triumphierend erkennen sie, dass auf diese Weise eines Tages gewaltige Mengen an elektrischem Strom für wenig Geld erzeugt werden können. Noch ahnen sie nicht, dass Jahrzehnte später – insbesondere nach den Reaktorkatastrophen von Tschernobyl in der Ukraine im Jahr 1986 und Fukushima in Japan im Jahr 2011 – die Stromgewinnung durch Kernenergie heftig umstritten sein wird.

Doch schon jetzt kündigt sich bedrohlich auch eine andere Möglichkeit an: Wenn die Energie, die im Uran ruht, in einer Atombombe blitzartig freigesetzt wird, dann kann sie zu fürchterlichen Vernichtungen führen. Das erfährt die Öffentlichkeit, als am Ende des Zweiten Weltkriegs die beiden japanischen Städte Hiroshima und Nagasaki in Schutt und Asche versinken. Die Menschenverluste sind ungeheuer.

Blutiger Sonntag auf Hawaii

Der japanische Überfall auf Pearl Harbor (1941)

Noch herrscht Frieden in der Mitte Europas. Nur wenige ahnen, dass die Kriegsvorbereitungen bereits auf Hochtouren laufen. Schon 1936 hat Hitler der Wehrmacht und der deutschen Wirtschaft befohlen, innerhalb von vier Jahren einsatzbereit und kriegsfähig zu sein.

Eigentlich beginnt der Zweite Weltkrieg aber nicht in Europa, sondern in Ostasien. Dort versucht Japan seit Jahrzehnten, sich auf dem Kontinent festzusetzen und neuen Lebensraum für seine vielen Millionen Menschen zu erobern.

Im Jahr 1937 führt ein militärischer Zusammenstoß in der Nähe von Peking zum Chinesisch-Japanischen Krieg. Endlich scheint für die politische und militärische Führung des Inselstaates die günstige Gelegenheit gekommen zu sein, Ostasien eine neue politische Ordnung aufzuzwingen. Die Mandschurei (Mandschukuo) und China sollen politisch und wirtschaftlich völlig von Japan abhängig gemacht werden. Von Neuem zeigt sich hier, dass das Zeitalter des Imperialismus, das in der Regel ins 19. Jahrhundert datiert wird, noch keineswegs zu Ende ist.

Als sich die Japaner im Juli 1941 auch in Französisch-Indochina festsetzen, sind die Vereinigten Staaten zutiefst beunruhigt. Nur sie sind in der Lage, der japanischen Expansion Einhalt zu gebieten und die Kolonien der europäischen Mächte mit ihrer Flotte zu beschützen. Die Sperrung der japanischen Guthaben in den USA und in Großbritannien ist eine erste ernst zu nehmende Warnung. Kurz darauf verbietet Washington die Ausfuhr von Flugbenzin und Öl und den Verkauf von Stahl und Schrott an Japan. Die Wirtschaft insgesamt und vor allem auch die Rüstungsindustrie dort sind schwer betroffen.

Tokio denkt aber nicht daran, einzulenken und die so erfolgreich begonnene Expansionspolitik aufzugeben. In Regierung und Armee verstärken sich die Stimmen, die eine kriegerische Auseinandersetzung mit Amerika fordern. Die noch andauernden Verhandlungen mit den USA, die auf die Aufhebung der Handelssperre zielen, sind von vornherein zum Scheitern verurteilt.

Insgeheim laufen bereits die Vorbereitungen für einen Überraschungsangriff auf die amerikanischen Streitkräfte. Am 10. November 1941 stechen die für die Operation vorgesehenen Kriegsschiffe bei absoluter Funkstille einzeln in See. Erst etwa eintausend Kilometer von Tokio entfernt vereinigen sie sich zu einer Flotte.

Am 26. November setzt sich diese Flotte mit sechs Flugzeugträgern, zwei Schlachtschiffen, zwei schweren Kreuzern, einem leichten Kreuzer, neun großen Zerstörern, acht Tankern und Versorgungsschiffen sowie drei U-Booten in Marsch auf ihr Ziel. Mit 423 Flugzeugen ist sie die größte bis dahin jemals auf See eingesetzte Trägerflotte.

Bei Sturm und Nebel bewegt sie sich zunächst Richtung Osten – wiederum unter absoluter Funkstille. Dann ändert sie ihre Fahrtrichtung und nimmt Kurs auf die tief im Pazifischen Ozean liegenden Hawaii-Inseln. Erst am 4. Dezember 1941 wird den Matrosen und Soldaten auf den Kriegsschiffen mitgeteilt, dass der Tenno, der japanische Kaiser, den Krieg gegen die USA befohlen habe.

Den Amerikanern ist es inzwischen gelungen, den diplomatischen Geheimcode der Japaner zu knacken. Sie erkennen, dass der Krieg unvermeidlich ist, und rechnen mit einem Angriff in den allernächsten Tagen. Als mögliche Ziele kommen nach ihrer

Auffassung vor allem die Philippinen, aber auch die malaiische Halbinsel oder sogar Panama in Betracht. Von dem amerikanischen Stützpunkt Pearl Harbor auf Hawaii ist nicht die Rede.

Am 6. Dezember entziffert der amerikanische Marine-Geheimdienst eine Nachricht des japanischen Außenministers an den Botschafter seines Landes in Washington. Sie enthält eine Note an die Vereinigten Staaten, die der Diplomat zu einem festgesetzten Zeitpunkt übergeben soll. Noch fehlt freilich der entscheidende Schlussteil. Als Präsident Roosevelt am Abend den entschlüsselten Text vorgelegt bekommt, bemerkt er betroffen: »Das bedeutet Krieg!«

Tatsächlich wird diese Bewertung wenige Stunden später bestätigt. In den frühen Morgenstunden fängt der amerikanische Geheimdienst den Schlussteil der japanischen Note ab und beginnt sogleich fieberhaft, ihn zu dechiffrieren. Der Text lautet: »Die japanische Regierung bedauert, hierdurch der amerikanischen Regierung mitteilen zu müssen, dass es im Hinblick auf die Haltung der amerikanischen Regierung unmöglich ist, Rücksicht zu nehmen, und dass es unmöglich ist, eine Übereinstimmung für weitere Beziehungen zu erreichen.« Das ist die Kriegserklärung!

Der japanische Botschafter hat den Auftrag, die Note um 13 Uhr Washingtoner Zeit an die amerikanische Regierung zu übergeben. Wenn alles so läuft, wie es die Japaner geplant haben, erfolgt die Kriegserklärung wenige Minuten vor dem eigentlichen Angriff. Das erscheint auf den ersten Blick korrekt. Andererseits haben die Vereinigten Staaten dann keine Zeit mehr, um ihre Truppen in Übersee zu warnen. Und genau das ist die Absicht der Angreifer.

Immerhin, durch die vorzeitige Entschlüsselung der Kriegserklärung haben die Amerikaner etwas Zeit gewonnen. Sie reicht aber nicht aus, um die Katastrophe zu verhindern. Als der Telegrammbote in Pearl Harbor auf der Hawaii-Hauptinsel Oahu sein Motorrad bereit macht, um dem kommandierenden General die Warnung zu überbringen, fallen bereits die ersten Bomben. Der japanische Angriff rollt.

Was ist zwischenzeitlich geschehen? Am Morgen des 7. Dezember 1941 ist die japanische Angriffsflotte etwa 70 Seemeilen – das sind rund 130 Kilometer – von der Insel Oahu entfernt. Zwanzig Minuten nach dem Erreichen dieser Position starten rund 180 Kampfflugzeuge in Richtung Pearl Harbor.

Der amerikanische Stützpunkt westlich der Hauptstadt Honululu ist gut gerüstet: Er verfügt über 1017 Geschütze und 227 Flugzeuge. Damit sind alle Voraussetzungen für die erfolgreiche Abwehr eines japanischen Angriffs gegeben.

Tatsächlich werden die amerikanischen Matrosen und Soldaten aber völlig überrascht. An diesem Sonntagmorgen liegen viele von ihnen noch in ihren Kojen und Betten. Andere sitzen gerade beim Frühstück oder bereiten sich darauf vor, am Strand von Waikiki den freien Tag zu genießen. Die kommandierenden Offiziere haben einen Termin für ein Golfspiel vereinbart.

Um 7.55 Uhr ist die Hölle los. Unvermittelt sind die Japaner da. Sturzkampfbomber und Torpedoflugzeuge brausen so tief über die Hafenanlagen hinweg, dass die Amerikaner die Gesichter der Piloten erkennen können. Für Sekunden und Minuten sind sie von Panik gelähmt. Viele ihrer Geschütze können nicht feuern, weil die Munition unter Deck aufbewahrt wird. Nun explodieren Bomben und Torpedos, zerfetzen Schiffe und Anlagen; Eisenteile und Menschenleiber wirbeln durch die Luft. Tod und Entsetzen sind überall. Der Hafen ist ein einziges Flammenmeer. Dennoch gelingt es Admiral Kimmel trotz der verzweifelten Lage, einen Funkspruch abzusetzen: »Luftangriff auf Pearl Harbor! Dies ist keine Übung.« Die Nachricht wird im Marinestützpunkt San Francisco aufgefangen und sofort nach

Washington weitergeleitet. Um 1.47 Uhr Washingtoner Zeit wird Präsident Roosevelt telefonisch informiert.

Um 8.50 Uhr brandet eine zweite japanische Angriffswelle über den Stützpunkt Pearl Harbor. Wieder laden etwa 180 Kampfflugzeuge ihre tödliche Last ab. Die Zerstörungen sind ungeheuer. Das Schlachtschiff »Arizona« ist explodiert und gesunken. Für rund eintausend Matrosen und Soldaten wird es zur tödlichen Falle. Insgesamt sind achtzehn Kriegsschiffe gesunken oder so schwer beschädigt, dass sie nicht mehr eingesetzt werden können. Die Japaner haben 177 Flugzeuge zerstört – die allermeisten am Boden. Die Verluste der Amerikaner beziffern sich auf 2403 Tote und 1178 Verwundete.

Dagegen sind die Verluste der Angreifer außerordentlich gering. In höchster Eile kehren die Flugzeuge zu den Flugzeugträgern zurück; die Flotte versucht mit Volldampf die japanischen Hoheitsgewässer zu erreichen.

Der Überfall der Japaner auf Pearl Harbor, die schwerste Niederlage, die die amerikanische Kriegsmarine je erlitten hat, wirkt in den USA wie ein Schock. Die Kriegserklärung an Japan ist nur noch eine Formsache. Vier Tage nach dem Angriff, am 11. Dezember 1941, erklären das Deutsche Reich und Italien den Amerikanern den Krieg. Sie erfüllen damit die Verpflichtungen, die sie in dem unseligen Dreierpakt mit Japan übernommen haben. Der ursprünglich europäische Krieg ist zum Weltkrieg geworden. Das blutige Ringen in Ostasien hat begonnen.

Stalingrad

Die Wende des Zweiten Weltkrieges (1942/43)

Die Schlacht um Stalingrad im Winter 1942/43 wird zum Wendepunkt des Zweiten Weltkrieges. Hier findet der Siegeszug der deutschen Armeen ein katastrophales Ende. Immer mehr Menschen begreifen, dass der Krieg für Deutschland nicht mehr zu gewinnen ist.

Stalingrad (heute Wolgograd) liegt am Unterlauf der Wolga. Es hat damals eine halbe Million Einwohner und gilt als bedeutende sowjetische Industriestadt. Hitler verfolgt mit seiner Einnahme zwei Ziele: Er will die sowjetischen Truppen hier im Süden vernichtend schlagen und sich zugleich den Weg zu den Ölfeldern am Kaukasus und am Kaspischen Meer freikämpfen.

Seine militärischen Berater weisen darauf hin, dass die deutsche Front im Süden dafür viel zu schwach sei. Aber sie warnen ohne Erfolg. Hitler befiehlt den Angriff auf Stalingrad, und so beginnt im Hochsommer 1942 das mörderische Ringen. Auf deutscher Seite kämpfen die 6. Armee unter Generaloberst Paulus und einzelne Verbände der 4. Panzerarmee. Diese Truppen reichen nicht aus, um einen eindeutigen Erfolg zu erringen. Zwar dringen sie nach Stalingrad ein, es gelingt ihnen aber nicht, die ganze Stadt zu besetzen. Die Russen verteidigen sie erbittert – und wohl auch deshalb, weil sie den Namen des obersten sowjetischen Staats- und Heerführers trägt.

Im Inneren von Stalingrad tobt ein unerbittlicher Kampf. Um jedes Haus, um jeden Straßenzug, um jede Fabrikhalle wird gerungen. Immer mehr Menschen auf beiden Seiten werden

Opfer dieses sinnlosen Tuns, immer mehr Gebäude zerfallen zu Schutt und Asche.

Die Russen haben inzwischen erkannt, dass die Kampfkraft der deutschen Soldaten zu erlahmen beginnt. Nun bereiten sie sich zum Gegenangriff vor. Seit dem 19. November 1942 stoßen sie im Norden und Süden durch die deutsche Front hindurch, umgehen Stalingrad und trennen so die 6. Armee von ihrer rückwärtigen Verbindung.

Über 200.000 deutsche Soldaten, rund eine Viertelmillion, sind in einem Kessel gefangen. Aber noch bleibt Hoffnung. Wenn es ihnen gelingt, nach Westen durchzubrechen und sich mit den übrigen deutschen Truppen zu vereinigen, sind sie gerettet.

Generaloberst Paulus funkt nach Berlin und erbittet von Hitler einen entsprechenden Befehl. Doch er bittet vergeblich. Stalingrad soll unter allen Umständen gehalten werden, und das, obwohl es keinen vernünftigen Grund dafür gibt.

Inzwischen bricht der harte russische Winter herein. Die Armee ist völlig unvorbereitet. Es fehlt an warmer Winterkleidung, an Nahrung und Munition. Der Oberbefehlshaber der Luftwaffe Hermann Göring hat versprochen, täglich 500 Tonnen an Nachschubgütern nach Stalingrad einzufliegen. Einige Male sind es 100 Tonnen, meist aber weniger.

Die Soldaten befinden sich in einer furchtbaren Lage. Sie leben in zerschossenen Ruinen oder in Unterständen, die gegen Wind und Kälte nur ungenügend Schutz bieten. Die Folge sind Erfrierungen an Händen und Füßen sowie im Gesicht. Die täglichen Rationen werden immer geringer. Zunächst gibt es noch 200 Gramm Brot am Tag, dann 100, endlich oft nur noch 50 Gramm. Hinzu kommen gelegentlich etwas Butter, Margarine, Dosenwurst oder andere Lebensmittel. Pferdefleisch wird zum Hauptnahrungsmittel, aber zuletzt sind alle Tiere erschossen und aufgegessen. Die tägliche Nahrung reicht nur noch für etwa 500 bis 600 Kalorien bei einem normalen Bedarf von 2000 bis 3000 Kalorien.

In den Briefen der Eingeschlossenen spiegelt sich das entsetzliche Elend. Die letzten sieben Postsäcke, die aus dem Kessel von Stalingrad ausgeflogen werden können, lässt das Oberkommando des Heeres beschlagnahmen, um die Stimmung der Soldaten zu erkunden. Da heißt es zum Beispiel: »Man sagt uns, dass unser Kampf für Deutschland sei, aber es sind nur wenige hier, die glauben, dass unserer Heimat das sinnlose Opfer von Nutzen sein könnte.«

Aber es steht noch mehr in den Briefen: »Dass ich heimkomme, ist eine große Freude für mich und auch für meine liebe Frau, die Du doch bist. Wie ich aber nach Hause komme, wird Dir keine Freude sein. Ich bin ganz verzweifelt, wenn ich daran denke, als Krüppel vor Dir zu liegen. Aber Du musst es doch einmal wissen, dass meine Beine abgeschossen sind.«

Oder in einem anderen Brief: »Am Dienstag schoss ich mit meinem Wagen zwei T 34 zusammen … Es war prächtig und eindrucksvoll. Nachher fuhr ich an den qualmenden Trümmern vorbei. Aus der Luke hing ein Körper, der Kopf nach unten, seine Füße waren festgeklemmt und brannten bis zum Knie. Der Körper lebte, der Mund stöhnte. Es müssen entsetzliche Schmerzen gewesen sein. Und es gab keine Möglichkeit, ihn zu befreien. Selbst wenn es diese Möglichkeit gegeben hätte, wäre er nach ein paar Stunden qualvoll gestorben. Ich habe ihn erschossen, und dabei liefen mir die Tränen über die Backen. Nun weine ich schon seit drei Nächten über den toten russischen Panzerfahrer, dessen Mörder ich bin.«

Am 8. Januar wird Generaloberst Paulus vom Oberkommando der sowjetischen Roten Armee zur Kapitulation aufgefordert. Auch diesmal unterwirft er sich dem Befehl Hitlers und lässt trotz der völlig aussichtslosen und verzweifelten Lage weiterkämpfen.

Zwei Tage später beginnt das entsetzliche Ende. Am Morgen feuert die Rote Armee 55 Minuten lang aus allen Rohren. Zugleich werfen Flugzeuge Hunderte von Tonnen Bomben auf die deutschen Truppen hinab. Um neun Uhr greifen die Russen mit Panzern und Infanterie an.

Aller Qual, allem Widersinn zum Trotz verteidigen sich die Deutschen bis zum 2. Februar. Dann kapituliert Paulus. Zwei Tage zuvor ist er von Hitler zum Generalfeldmarschall befördert worden. Auf dem Schlachtfeld sind nach sowjetischen Angaben 147.200 deutsche Soldaten gefallen und beerdigt worden. 91.000 Überlebende treten den Gang in das Elend der Kriegsgefangenschaft an. Nur wenige von ihnen werden Deutschland wiedersehen, mancher erst nach langen Jahren.

Völkermord

Die Vernichtung der Juden in Europa (1941–1945)

Der Holocaust, die planmäßige Vernichtung der Juden in Deutschland und im deutschen Machtbereich darüber hinaus hat schon längst begonnen. Die nationalsozialistische Führung ist entschlossen, das Problem endgültig und mit äußerster Brutalität zu lösen. Es geht nicht mehr um vollmundige Verlautbarungen und alltägliche Schikanen; es geht nicht mehr darum, Juden ihres Vermögens zu berauben oder sie durch Judensterne zu brandmarken, sie durch Berufsverbote aus dem öffentlichen Leben, aus Wirtschaft und Wissenschaft hinauszudrängen. Das Ziel ist die physische Vernichtung des jüdischen Volkes oder – konkreter – ein unvorstellbarer, millionenfacher Massenmord an Männern, Frauen und Kindern.

Die Zeit scheint günstig zu sein. Seit September 1939 herrscht Krieg. Bereits ein halbes Jahr zuvor hat die Wehrmacht auf Befehl des Führers die mächtige Sowjetunion angegriffen und damit das Schicksal in ganz besonderer Weise herausgefordert. Wenige Wochen zuvor, nach dem Angriff der Japaner auf den amerikanischen Flottenstützpunkt Pearl Harbor auf Hawaii, hat Deutschland den USA den Krieg erklärt. Während sich die Aufmerksamkeit der ganzen Welt auf das Kriegsgeschehen konzentriert, arbeitet hinter den Fronten – für eine breitere Öffentlichkeit noch unbemerkt – die Maschinerie des Todes.

Aber auch diese Angelegenheiten fordern eine »ordnungsgemäße« Planung und Durchführung. Und so hat der Reichsmarschall Hermann Göring bereits Ende Juli 1941 den Chef der Sicherheitspolizei und des Sicherheitsdienstes, Reinhard

Heydrich, aufgefordert, sich der »Gesamtlösung der Judenfrage« anzunehmen.

Das entscheidende Datum in diesem Zusammenhang ist der 20. Januar 1942. An diesem Tag tritt im Gästehaus der Sicherheitspolizei und des Sicherheitsdienstes am Großen Wannsee in Berlin die sogenannte Wannseekonferenz zusammen. Sie wird vom Leiter des Reichssicherheitshauptamtes Heydrich geleitet. Anwesend sind acht Staatsekretäre, sechs hohe Beamte der Polizei, der Geheimen Staatspolizei und der SS sowie ein Ministerialdirektor. Die Besprechung wird von Heydrichs Referenten für Judenangelegenheiten, dem SS-Obersturmbannführer Adolf Eichmann, protokolliert.

Das uns erhaltene Protokoll spricht eine deutliche Sprache – und doch ist erkennbar, dass die Teilnehmer der Konferenz bestimmte Sachverhalte tarnen, ihre wahren Absichten mit euphemistischen Formulierungen übertünchen möchten. Ganz offensichtlich sind sie sich dessen bewusst, dass hier etwas Ungeheuerliches geschieht, das mit allgemein gültigen Moralvorstellungen nie und nimmer vereinbar ist. Von »Gesamtlösung« ist nun nicht mehr die Rede; die Konferenzteilnehmer planen die »Endlösung der Judenfrage«.

»An Stelle der Auswanderung ist als weitere Lösungsmöglichkeit die Evakuierung der Juden nach dem Osten getreten. Im Zuge der Endlösung der europäischen Judenfrage kommen rund elf Millionen Juden in Betracht. Unter entsprechender Leitung sollen im Zuge der Endlösung die Juden in geeigneter Weise im Osten zum Arbeitseinsatz kommen. In großen Kolonnen werden die arbeitsfähigen Juden straßenbauend in diese Gebiete geführt, wobei zweifellos ein Großteil durch natürliche Verminderung ausfallen wird.

Der allfällig endlich verbleibende Restbestand wird, da es sich bei diesen zweifellos um den widerstandsfähigsten Teil handelt, entsprechend behandelt werden müssen, da diese, eine natürliche Auslese darstellend, bei Freilassung als Keimzelle eines neuen jüdischen Aufbaus anzusprechen ist (siehe Erfahrung der Geschichte).«

Der Mord an Millionen jüdischen Menschen ist für die Organisatoren vor allem auch ein logistisches Problem. Erschießungen sind zu aufwendig und wenig effizient. Das Gleiche gilt für Vergasungen mit Kohlenmonoxid, das bei laufendem Motor aus dem Auspuff in das besonders ausgestattete und abgedichtete, mit zur Vernichtung bestimmten Frauen, Männern und Kindern vollgepferchte Innere von Lastwagen geleitet wird.

Die Menschenmassen sind nur dann zu bewältigen, wenn die Todesmaschinerie nach industriellen Maßstäben arbeitet. Dies geschieht in eigens errichteten Vernichtungslagern, die sich ausnahmslos nicht auf dem alten Reichgebiet, sondern im besetzten Polen und Weißrussland befinden. Die Namen Auschwitz-Birkenau, Belzec, Sobibor, Majdanek und Treblinka stehen für millionenfachen Völkermord und unfassbare menschliche Verirrungen; sie sind Symbole unbegreiflichen Entsetzens.

Über den Holocaust oder die Shoah sind inzwischen – anders als in der unmittelbaren Nachkriegszeit – nahezu alle Einzelheiten bekannt. Wir folgen hier weitgehend den Aussagen des Kommandanten von Auschwitz, SS-Obersturmbannführer Rudolf Höss. Er wird im Jahr 1947 in Polen zum Tode verurteilt und vor seiner Residenz in Auschwitz gehenkt.

Überall im Reich und dann in den von den Deutschen besetzten Gebieten werden die Juden zusammengetrieben und mit der Eisenbahn – fahrplanmäßig – in die Vernichtungslager transportiert. Noch ist nicht alles entschieden. Die Unglücklichen taumeln aus den Güterwagen und werden ins Lager geführt. Zwei SS-Ärzte haben den Auftrag, sie im Vorbeigehen zu sichten und zu prüfen, ob sie aufgrund ihres Alters und ihres gesundheitlichen Zustands für die Arbeit taugen. Eine Handbewegung der Ärzte weist ihnen den Weg ins Lager, wo sie – zumindest fürs Erste – eine Chance zum Überleben haben. Die anderen, darunter eben auch die Kinder, werden sofort zu den Vernichtungsanlagen dirigiert.

Höss besucht das Vernichtungslager Treblinka, um sich hier über wirksame Tötungsmethoden zu informieren. Der dortige Kommandant und seine Helfershelfer haben innerhalb eines halben Jahres 80.000 Menschen mit Kohlenmonoxid ermordet, bezeichnen dieses Verfahren selbst aber als nicht sonderlich wirksam.

Im Vernichtungslager Birkenau verwendet man nun eine bei Weitem wirkungsvollere Methode. Die zur Tötung bestimmten Menschen werden unter dem Vorwand, zur Entlausung geführt zu werden, in eine Kammer getrieben. Nachdem die Türen dicht verschlossen sind, wird durch eine Öffnung in der Decke Zyklon B in den Raum geworfen. Das Gift wurde ursprünglich für die Schädlingsbekämpfung entwickelt. Die sich aus dem Trägerstoff herauslösende Blausäure tötet die Eingeschlossenen innerhalb weniger Minuten.

Die Wachmannschaften können die Türen der Todeskammer wieder öffnen, wenn das Schreien und Wimmern der Eingeschlossenen verstummt ist. In der Regel warten sie eine halbe Stunde. Sonderkommandos stehen bereit, um die bereits vorab entkleideten Opfer nun ihrer letzten Habseligkeiten zu berauben. Ihnen werden die Ringe vom Finger gezogen oder die Goldzähne aus dem Kiefer gebrochen.

Die neue Mordmethode hat sich bewährt. Nun werden Gaskammern gebaut, die bis zu 2000 Menschen auf einmal fassen. Allerdings bedeuten die Berge von Ermordeten ein neues Problem. Der Versuch, sie in Massengräbern zu verscharren, schlägt fehl, weil Verwesungsgase und üble Gerüchte an die Erdoberfläche dringen und die gesamte Gegend verpesten. Die Leichen werden daraufhin auf riesigen Scheiterhaufen verbrannt.

Schließlich baut man eigens konstruierte Öfen, um die Getöteten noch rationeller einzuäschern. Die Asche wird in einen Nebenfluss der Weichsel geschüttet. Aber auch jetzt lässt sich nicht mehr verheimlichen, was in Birkenau eigentlich geschieht. Ein fauler und Übelkeit erregender Gestank liegt über der ganzen Landschaft und verrät den Menschen ringsum, was hinter den Stacheldrahtzäunen des Lagers vor sich geht.

Vergebens

Das Attentat auf Adolf Hitler (1944)

Der Krieg fordert jeden Tag größere Opfer. Seit der fürchterlichen Katastrophe von Stalingrad, dem Untergang der 6. Armee im Winter 1942/43, wissen viele Menschen, dass er für Deutschland nicht mehr zu gewinnen ist.

Die Verschwörer sind bereit. Wird es diesmal gelingen, dem Völkermorden und dem nationalsozialistischen Terror ein Ende zu bereiten? Wird es gelingen, Adolf Hitler durch ein Attentat zu beseitigen?

Claus Graf Schenk von Stauffenberg soll im Führerhauptquartier bei Rastenburg in Ostpreußen eine Zeitbombe legen. Der schwer kriegsverletzte Oberst – er hat in Afrika die rechte Hand und zwei Finger der linken sowie das linke Auge verloren – ist zu einer Lagebesprechung dorthin befohlen worden. Die Gelegenheit ist so günstig wie selten.

Am Morgen fliegen er und sein Adjutant, Oberleutnant von Haeften, von Berlin aus los und landen nach längerem Flug in Rastenburg. Sie bitten den Flugzeugführer, auf ihre Rückkunft zu warten. Dann fahren sie mit dem Auto zum Führerhauptquartier »Wolfsschanze«, das eine halbe Wegstunde vom Flugplatz entfernt tief im Wald gelegen ist. Durch drei streng bewachte Sicherheitsgürtel wird es nach außen hin abgeschirmt.

Die Lagebesprechung ist auf 12.30 Uhr angesetzt. Kurz bevor sie beginnt, zieht sich Stauffenberg unter einem Vorwand zurück. Mit einer kleinen Zange setzt er das Laufwerk der Zeitbombe in Gang. In zehn Minuten muss sie nun explodieren.

Dann erscheint er in dem Raum, in dem an diesem Mittag die Lagebesprechung stattfinden soll.

Hitler ist bereits anwesend. Er reicht ihm flüchtig die Hand und lässt einen der Generäle, der in seinem Vortrag unterbrochen worden ist, weitersprechen. Unterdessen schiebt Stauffenberg die Aktentasche mit der Bombe unter den großen Kartentisch. Gleich darauf verlässt er, wieder unter einem Vorwand, eilig den Raum, geht zum Auto zurück und befiehlt dem Fahrer, zum Flugplatz Rastenburg zurückzufahren.

Der Wagen hat die Sperren noch nicht hinter sich gelassen, als vom Bunker her eine gewaltige Explosion die Umgebung erschüttert. Augenblicklich sind die Wachmannschaften alarmiert. Sie wollen die Insassen des Wagens nicht mehr durchlassen. Kaltblütig geht Stauffenberg zum Fernsprecher, telefoniert und erhält tatsächlich die Erlaubnis weiterzufahren. Das Flugzeug braucht zweieinhalb Stunden bis nach Berlin. Für Stauffenberg und Haeften gibt es keinen Zweifel: Hitler kann die Explosion nicht überlebt haben!

Die Wirklichkeit allerdings sieht anders aus. Vermutlich hat einer der beiden massiven Tischsockel die Wucht der Explosion gebremst. Hitler wird durch den Luftdruck aus dem völlig zerstörten Raum geschleudert, aber nur leicht verletzt. Vier Offiziere aus seiner Umgebung dagegen sind tot oder tödlich verwundet.

Am späten Nachmittag kommen Stauffenberg und Haeften in der Bendlerstraße in Berlin an. Hier im Gebäude des Oberkommandos des Heeres (OKH) sitzt das Zentrum der Verschwörung. Stauffenberg ist erschrocken und erregt, als er von seinem Vorgesetzten, dem General Olbricht, erfährt, dass erst kurz zuvor der Befehl für das Unternehmen »Walküre« erteilt wurde. Unter diesem Decknamen soll die Reichshauptstadt von Truppen besetzt und sollen die wichtigsten Anhänger Hitlers festgenommen werden.

Aber noch eine andere schlimme Nachricht wartet auf ihn: Zwanzig Minuten zuvor ist Generaloberst Fromm bei Olbricht erschienen. Er zweifelt an Hitlers Tod und verlangt, telefonisch mit dem Führerhauptquartier zu sprechen. Er will sichergehen.

Olbricht meldet ein Blitzgespräch nach Ostpreußen an und erfährt zu seinem Schrecken, dass zwar ein Attentat auf Hitler verübt, er selbst aber nur leicht verletzt worden sei. Er kann nicht glauben, dass das die Wahrheit ist. Alles, was an diesem Nachmittag und Abend noch geschieht, steht unter dieser quälend unentschiedenen Frage.

Generaloberst Fromm wird verhaftet und in einem Zimmer festgesetzt. Die Verschwörung nimmt zunächst planmäßig ihren Gang. Seit 17.30 Uhr ist das Regierungsviertel durch Truppen des Majors Remer eingeschlossen. Sie haben Befehl, die Führer der nationalsozialistischen Partei und der SS festzunehmen. Doch dann geht es nicht weiter. Um 18.50 Uhr bringt der Rundfunk die Meldung, dass Hitler einem Attentat mit knapper Not entgangen sei.

Um die gleiche Zeit hält sich Major Remer beim Reichspropagandaminister Goebbels auf. Auch ihn soll er verhaften. Goebbels aber vermittelt ein Ferngespräch nach Ostpreußen, und diesmal ist Hitler selbst am anderen Ende der Leitung. Der Führer lebt – und das ändert alles!

Auch im Gebäude des OKH in der Bendlerstraße sammeln sich die Gegner der Verschwörung. Eine Reihe von Offizieren und Unteroffizieren bewaffnet sich mit Maschinenpistolen und wartet auf einen geeigneten Augenblick. Kurz vor 23 Uhr stürzen sie in das Amtszimmer des Generals Olbricht. Im Vorzimmer und auf dem Korridor kommt es zu einer kurzen Schießerei, bei der Claus von Stauffenberg am Arm verwundet wird. Die Verschwörer sehen sich den Maschinenpistolen machtlos gegenüber. Nun wissen sie, dass ihr Versuch fehlgeschlagen ist.

Generaloberst Fromm wird ein paar Minuten später von seinen Anhängern befreit. Er beruft in aller Hast ein improvisiertes Standgericht und lässt vier Offiziere – Olbricht, Stauffenberg, Haeften und Mertz von Quirnheim – zum Tode verurteilen.

Die Hinrichtung findet kurz nach Mitternacht im Hof des Gebäudes statt. Die Offiziere werden vor einem Haufen Sandsäcke aufgestellt, die sonst dem Luftschutz dienen. Die Scheinwerfer eines Kraftwagens beleuchten die gespenstige Szene. Dann fallen die Schüsse.

Zu Tode getroffen brechen die vier Männer zusammen. »Es lebe das heilige Deutschland.« Mit diesen Worten stirbt Claus von Stauffenberg.

Kurzer Prozess

Die Hinrichtung Benito Mussolinis (1945)

Das Ende ist schrecklich: Am frühen Morgen des 29. April 1945 werden die Leichen des italienischen Duce Benito Mussolini und seiner Geliebten Clara Petacci zur Piazzale Loreto in Mailand gebracht und dort, nachdem sie von der hasserfüllten Menge geschändet worden sind, mit dem Kopf nach unten an einer Tankstelle aufgehängt. An eben dieser Stelle sind im Jahr zuvor 15 italienische Geiseln von den Deutschen zum Tode verurteilt und von der Guardia Nazionale Repubblicana, der Nachfolgeorganisation der faschistischen Miliz, erschossen worden. Mussolini ist tot, die Herrschaft des Faschismus, der in den letzten Monaten unter dem Schutz und der Bevormundung durch die deutsche Wehrmacht nur noch ein Schattendasein geführt hat, beendet.

Eigentlich hat das Ende der faschistischen Diktatur bereits im Juli 1943 begonnen. Mussolini ist mit Hitler verbündet und führt mit ihm den gemeinsamen Krieg gegen die Alliierten. Nach deren Landung auf Sizilien wird die Lage für Italien mit einer unendlich langen Küstenlinie äußerst bedrohlich. Der Große Faschistische Rat setzt den Duce durch Mehrheitsbeschluss ab. König Viktor Emmanuel II. lässt ihn verhaften und an wechselnden geheimen Orten internieren. Im September 1943 schließt die italienische Regierung mit den Alliierten einen Waffenstillstand.

Die Wehrmacht reagiert blitzschnell und besetzt Italien. Aus dem Verbündeten und Freund ist nun ein weiterer Kriegsgegner geworden. Hitler befiehlt, den Duce unverletzt zu befreien. Es gelingt den Deutschen, ihn in dem Hotel »Campo Imperatore« auf dem Gran Sasso in den Abruzzen ausfindig zu machen und ihn mit einem abenteuerlichen Handstreich in ihre Gewalt zu bringen. Wehrmachtssoldaten und ein kleines SS-Kommando landen mit Lastenseglern und Kleinflugzeugen auf dem Gelände des Hotels. Die Bewacher leisten keinen nennenswerten Widerstand. Benito Mussolini wird mit einer Fieseler Storch ausgeflogen. Zwei Tage später trifft er – gewissermaßen zum Befehlsempfang – mit Adolf Hitler im Führerhauptquartier in Rastenburg in Ostpreußen zusammen.

Was nun kommt, ist nur noch ein politischer Epilog: Von deutschen Gnaden wird die Italienische Soziale Republik (Repubblica Sociale Italiana) mit dem Regierungssitz in Salò am Westufer des Gardasees begründet. Mussolini ist nur noch eine Marionette des vermeintlich so mächtigen Kriegsherrn von jenseits der Alpen. Er leidet unter Depressionen und fühlt sich krank. Allerdings hat er nicht – wie vermutet – Magenkrebs, sondern ein Zwölffingerdarmgeschwür. Er weiß, dass alles zu Ende ist: »Mit mir ist es aus. Mein Stern ist untergegangen …«, sagt er in einem Interview. Keiner der Pläne, eine letzte Verteidigungsstellung aufzubauen, wird Wahrheit.

Nun will er auch mit seinen ehemaligen Freunden abrechnen: »Die Deutschen haben versagt, sie haben gelogen und betrogen, sie sprachen von einer neuen politischen Ordnung Europas, was sie aber wollten, war einzig und allein ihre Vorherrschaft.«

Seinen alten Idealen hat er freilich nicht abgeschworen. Auch wenn sein Versuch, eine neue Ordnung in Italien zu errichten, gescheitert sei, gehöre die Welt in Zukunft dem Faschismus. Italien werde zu neuer Blüte gelangen, der Bolschewismus auf immer vernichtet werden. Dankbar werde man sich eines Tages an ihn und an sein Erbe erinnern.

Aber letzten Endes bleibt dem Duce nichts als die Flucht. Soll er sich in die nahe Schweiz retten und das Risiko auf sich nehmen, dass ihn die Behörden dort den Alliierten ausliefern?

Clara Petacci, die junge Geliebte, die seine Ehe mit Rachele Mussolini zerstört hat, auch wenn nach außen hin der schöne Schein gewahrt bleibt, ist bei ihm. Im Angesicht des Todes schreibt Benito an seine Frau: »Du weißt aber, dass Du für mich die einzige Frau warst, die ich wirklich geliebt habe ...«

Die Alliierten haben inzwischen Mailand eingenommen. Überall tauchen Partisanen auf und versuchen die Reste faschistischer Macht auszurotten. Mussolini schließt sich einer Abteilung der Wehrmacht an, die sich nach Tirol durchschlagen will. In der Nähe von Dongo am Comer See wird die Kolonne von Partisanen angehalten.

Ein SS-Offizier wundert sich, dass der ehemalige Duce, der noch Waffen zur Verfügung hat, sich nicht das Leben nimmt. Völlig zusammengebrochen habe er sich inmitten des Freudengeschreis der Zuschauer aus den benachbarten Häusern von zwei Partisanenoffizieren abführen lassen.

Nach vielen Stunden dürfen die Deutschen ihre Fahrt fortsetzen. Mussolini und Clara Petacci bleiben in der Gewalt der Partisanen. Zunächst herrscht große Verlegenheit, weil man nicht weiß, wie man mit dem hochrangigen Gefangenen umgehen soll.

Die Entscheidung fällt nicht in Dongo, sondern in Mailand. Hier beschließen die Partisanen unter der Führung des Kommunistenführers Palmiro Togliatti die sofortige Exekution des Duce. Zwei Mitglieder des Befreiungskomitees sollen den Auftrag ausführen. Partisanenoberst Valerio – das ist sein Tarnname – kommt nach Dongo am Comer See und fordert die Herausgabe des Gefangenen, die vom Präfekten aber zunächst verweigert wird. Am Nachmittag befiehl er Mussolini und Clara Petacci, in sein Auto zu steigen. Er selbst setzt sich auf den Kotflügel, um die Todgeweihten im Auge behalten zu können.

Der Wagen wird bei Guilino di Mezzegra plötzlich angehalten. Man befiehlt Mussolini und Clara, sich vor die Mauer an der Toreinfahrt der Villa Belmonte zu stellen. Ehe sie begriffen haben, was geschieht, werden sie durch die Kugeln der Partisanen niedergestreckt.

Atomares Inferno

Atombomben auf Hiroshima und Nagasaki (1945)

Die Lage ist hoffnungslos. Am 30. April 1945 hat Adolf Hitler, der Hauptverantwortliche, in Berlin seinem Leben selbst ein Ende gesetzt. Wenige Tage später, am 7. und 8. Mai, kapituliert die deutsche Wehrmacht bedingungslos in Reims und Karlshorst bei Berlin. Der Zweite Weltkrieg in Europa ist zu Ende.

Das betrifft jedoch nicht Ostasien und den pazifischen Raum. Das japanische Kaiserreich ist entschlossen, den Kampf bis zum siegreichen Ende fortzuführen. Die Warnungen der alliierten Gegner werden nicht zur Kenntnis genommen oder in den Wind geschlagen. Das gilt auch für die in Potsdam beschlossene Erklärung vom 26. Juli 1945, in der von einer »unvermeidlichen, vollkommenen Vernichtung der japanischen Streitkräfte« und von einer »völligen Verwüstung der japanischen Inseln« die Rede ist. Das Dokument prophezeit für Japan den »absoluten Ruin«.

Die Japaner glauben zu wissen, was sie erwartet. Täglich werden ihre großen Städte von alliierten Flugzeugen heimgesucht und mit herkömmlichen Sprengbomben überschüttet. Sie können nicht ahnen, dass in den Vereinigten Staaten von Amerika eine neue, ungeahnt wirkungsvolle und fürchterliche Waffe unter strengster Geheimhaltung gerade fertiggestellt worden ist.

Am 16. Juli 1945 wird die erste Atombombe in der Wüste von Neu-Mexiko erprobt. Sie ist an der Spitze eines stählernen Turms angebracht. Wissenschaftler und Techniker sollen von einem gut 15 Kilometer entfernten Kommandoraum aus die Explosion beobachten. Bevor die Bombe gezündet wird, legen sich alle Anwesenden sicherheitshalber auf den Boden. Die Spannung steigt zum Bersten. Was wird geschehen?

Plötzlich durchzuckt ein beißend heller Blitz den Raum. Erst eine dreiviertel Minute später dröhnt der Explosionsknall, der von einem unirdischen Donnern und Grollen begleitet wird. Der eiserne Turm ist in der Gluthitze verdampft. An der Explosionsstelle öffnet sich ein Krater von achthundert Metern Durchmesser. Der Wüstensand ist im Zentrum der Explosion zu einer glasartigen Masse zusammengeschmolzen.

Die Wissenschaftler in der Kommandozentrale, noch ein wenig benommen, stehen auf und beglückwünschen sich gegenseitig. Die Berechnungen haben gestimmt; das Experiment ist gelungen. In diesen Minuten beginnt eine neue Zeit. – Vielleicht ahnt aber noch niemand, welche grauenhaften Zerstörungen die neue Bombe anrichten kann. Ob sie je eingesetzt werden wird, ist zu diesem Zeitpunkt noch ungewiss.

Anderthalb Wochen nach der Versuchsexplosion entschließt sich der amerikanische Präsident jedoch, das Kriegsende im Pazifik zu erzwingen. Er gibt den Japanern noch einige Tage Bedenkzeit. Als sie auf die Potsdamer Erklärung nicht reagieren und das erhoffte Waffenstillstandsangebot ausbleibt, befiehlt Harry S. Truman den Einsatz der neuen Atombombe über Japan. Eines der beiden fertiggestellten Exemplare wird an einem B29-Bomber befestigt. Die Bombe misst 3,50 Meter, wiegt 4500 Kilogramm und wird von den Amerikanern beschönigend »Little Boy« genannt.

Am 6. August 1945 startet Oberst Tibbets mit seinem Flugzeug in Richtung der Industriestadt Hiroshima auf der japanischen Hauptinsel Honschu (Hondo). Um 8.15 Uhr Ortszeit lässt er die Bombe in 10.000 Metern Höhe über dem Stadtzentrum ausklinken.

Die Flugzeugbesatzung sieht zunächst einen purpurnen Lichtpunkt. Dieser entwickelt sich aber sogleich zu einem gewaltigen, quellenden Feuerball, der viele Kilometer hoch in den Himmel schießt. Weiße Nebelringe bilden sich um das Flammenmeer.

Niemand von den Soldaten im Flugzeug kann auch nur annähernd erahnen, was sich in zehn Kilometern Tiefe abspielt. Die Gewalt der Zerstörung ist ungeheuer. In Bruchteilen von Sekunden ist die Stadt Hiroshima dem Erdboden gleichgemacht. Später zeigt sich, dass nur ganz wenige Gebäude, die massiv aus Stahlbeton errichtet worden sind, z. B. das Rathaus oder die Handelskammer, den Feuerblitz und die entsetzliche Explosion überstanden haben.

Die Folgen für die Bewohner der Stadt sind unfassbar. Es sterben zwischen 90.000 und 200.000 Frauen, Männer und Kinder. Etwa 10.000 Menschen werden später nicht mehr aufgefunden. Vermutlich sind sie in der Gluthitze zu Asche verbrannt worden oder einfach verdampft. Den Überlebenden, die oft selbst schwer verletzt sind, bietet sich ein Bild des Grauens. Oft sind die Leichen bis zur Unkenntlichkeit verkohlt. Hier und da sind nur noch weiß gebrannte Knochen übriggeblieben. Den Verletzten hängen Hautfetzen vom Leibe. Der Lichtblitz hat die Muster ihrer Kleidung wie bei einer fotografischen Platte in den Körper eingebrannt. Was damals noch niemand ahnt, wird im Lauf der Zeit zur Gewissheit: Die radioaktive Verstrahlung fordert auch nach dem Angriff noch Opfer. Zehntausende sterben in den folgenden Jahren und Jahrzehnten an Krebs und Leukämie.

Als Präsident Truman nach der Potsdamer Konferenz auf der Heimreise von Europa nach Amerika die Meldung vom »erfolgreichen« Abwurf der ersten Atombombe erhält, ist er tief bewegt und wirkt eine Zeit lang geistesabwesend. Dann wendet er sich an die Seeleute, die in seiner Umgebung stehen, und sagt: »Das ist das größte Ereignis der Weltgeschichte. Es ist höchste Zeit für uns, nach Hause zu kommen.«

Drei Tage lang wartet die amerikanische Regierung auf ein Signal aus Tokio. Als es nicht kommt, entschließt sich der Präsident, eine zweite Atombombe abwerfen zu lassen und so die japanische Regierung zum Einlenken zu zwingen. Mehrmals kreist das Flugzeug mit seiner vernichtenden Last über Kokura. Da Wolken die Stadt verhüllen, dreht der Bomber schließlich ab und fliegt nach Nagasaki. Auch hier bedecken Wolken den Himmel. Doch dann erblickt der Bombenschütze durch ein Loch in der Wolkendecke sein Ziel und klinkt aus.

Am 9. August 1945 stirbt auch Nagasaki. Die zweite Atombombe »Fat Man« bewirkt ähnliche Zerstörungen wie »Little Boy« drei Tage zuvor in Hiroshima. 23.753 Tote werden registriert. Dann versiegelt man die Listen und hört auf weiterzuzählen. Japan ist am Ende seiner Kraft. Wider Erwarten fordert der Tenno, der von seinen Untertanen als Gott verehrte Kaiser, die sofortige Kapitulation. Das japanische Offizierskorps ist tief gespalten. Noch einmal versuchen die Anhänger der Kriegspartei, das Ruder herumzureißen und den Kaiser von seinem Vorhaben abzubringen. Aber die Lage ist hoffnungslos.

Und dann geschieht etwas für die Japaner Unfassbares: Erstmals spricht Kaiser Hirohito im Rundfunk. Er verkündet, dass Japan den Krieg beenden werde. Für Millionen von Menschen bricht eine Welt zusammen. Tausende scheiden durch Selbstmord aus dem Leben. Viele Soldaten opfern sich in aussichtsloser Situation in den letzten Kriegstagen, um dem Feind doch noch zu schaden. Bekannt sind die Kamikaze-Flieger, die sich mit ihren Maschinen auf gegnerische Kriegsschiffe stürzen und damit in den sicheren Tod.

Die Kapitulation wird offiziell am 2. September 1945 besiegelt. Der amerikanische General MacArthur, Oberbefehlshaber der

Streitkräfte im Pazifik, empfängt die Delegation des Kaiserreichs Japan an Bord des Schlachtschiffes »Missouri«. Die Urkunden werden an Deck unterzeichnet. MacArthur beendet die Zeremonie mit den bewegenden Worten: »Lasst uns beten. Möge der Welt Friede beschieden sein und Gott ihn für immer erhalten.«

Erst jetzt ist der Zweite Weltkrieg endgültig zu Ende.

Der lange Marsch

Mao Zedong und die Revolution in China (1949)

Es ist so weit! Die kommunistischen Streitkräfte haben Peking besetzt. Am 1. Oktober des Jahres 1949 verkündet der Vorsitzende der Kommunistischen Partei Mao Zedong (Mao Tse-tung) die Gründung der Volksrepublik China. Seinem großen und gefährlichen Rivalen Chiang Kai-shek (Tschiang Kai-schek) bleibt keine andere Wahl, als sich mit seinen Truppen vom chinesischen Festland zurückzuziehen und sich auf die Insel Taiwan (Formosa) zu retten. Hier gründet er einen neuen, seinen Staat, die Republik China.

Die Zeremonie in Peking ist feierlich und symbolisch zugleich. Ein amerikanischer Sherman-Panzer rattert die Straße des Langen Friedens hinauf und weist dem Auto, in dem der Führer der chinesischen Kommunisten und ihrer Volksbefreiungsarmee sitzt, den Weg. Der Panzer ist ein Geschenk der USA an den Generalissimus und Diktator Chiang. Mit ihm wie mit den anderen Waffen, die aus den USA stammen, sollte der Widerstand der Kommunisten gebrochen werden. Nun fährt er ihrem Führer voran.

Mao ist 55 Jahre alt und am Ziel seiner Träume und seines jahrzehntelangen Kampfes. Tausende und Abertausende warten auf ihn und seine Rede. Dann steigt er hinauf auf das Tor des Himmlischen Friedens und verkündet die Geburtstunde der Volksrepublik China. Was er sagt, lässt nicht nur seine Landleute aufhorchen. »Unsere Nation wird niemals wieder eine Nation sein, die sich beleidigen und demütigen lässt. Wir sind auferstanden.«

Es geht also nicht nur um den erfolgreichen, drei Jahre lang dauernden Kampf gegen Chiang, der endlich die Herrschaft der Kommunisten ermöglicht. Durch die soeben stattfindende Revolution findet die Zeit der Fremdbestimmung, der Entrechtung und Ausbeutung ein Ende, die im 19. Jahrhundert, zur Zeit der Opiumkriege, begonnen hat.

Für Mao ist das jetzt erreichte bzw. in Zukunft zu erreichende Ziel, wie es sich in den Lehren von Karl Marx darstellt, bereits in der chinesischen Geschichte angelegt. Hinzu kommt noch etwas anderes: »Die Zeiten, in denen die Chinesen für unzivilisiert gehalten wurden, sind vorbei.« Das ist einerseits eine Antwort auf das gewalttätig arrogante Vorgehen der imperialistischen Mächte, zu denen ja auch die Deutschen mit ihrem kolonialen Besitz in Kiautschou und ihrem Eingreifen in den Boxerkrieg im Jahr 1900 gehörten, andererseits der Ausdruck politischen und kulturellen Selbstbewusstseins, das die Solidarität im Inneren des Landes wiederherstellen und stärken soll. Der Nationalismus ist unüberhörbar.

Die erste Revolutionsregierung, die der neue Herr bildet, besteht aus 24 Ministern. Davon sind aber nur 13 Kommunisten. Natürlich beabsichtigt er nicht, demokratische Verhältnisse nach westeuropäischem Muster zu verwirklichen. Das Ziel ist fürs Erste die Errichtung einer »demokratischen Diktatur des Volkes«. Der kleine Unterschied zu Karl Marx und Friedrich Engels, zu Wladimir Lenin und Josef Stalin wird leicht überlesen. Hier war noch von der Diktatur des Proletariats, also der (industriellen) Arbeiterschaft, die Rede.

Für den mächtigen Papst der kommunistischen Welt, den in der Mitte eines gewaltigen Weltreichs zwischen Deutschland und dem Pazifischen Ozean in Moskau thronenden Josef Stalin, ist das keine Nebensächlichkeit. Sicher, die Sowjetunion erkennt die neue Volksrepublik 24 Stunden nach ihrer Gründung an. Als

Mao dann aber zwei Monate später nach Moskau reist, um dem Parteiführer und Generalissimus seine Aufwartung zu machen, spürt er Zögern und Widerstände.

Stalin erwartet bedingungslose Unterordnung – wie bei den anderen unter sowjetischer Führung stehenden Staaten des aus dem Krieg heraus entstandenen Ostblocks. Bezeichnend ist, dass er dem Neuen seine Macht demonstriert, indem er ihn z.B. einfach warten lässt. Vier Tage lang weiß Mao in Moskau nicht, was er tun soll. Andere hohe sowjetische Würdenträger wagen es nicht, die vom »Führer« verordnete Isolation zu durchbrechen. Mao droht, seine Sachen zu packen und nach Peking zurückzureisen.

Moskau vertritt die »reine Lehre«, so wie sie von Marx und Engels im 19. Jahrhundert entwickelt und verkündet wurde – natürlich in der Interpretation und Weiterentwicklung durch den großen Lenin. Das Proletariat, entstanden durch die sich immer rascher vollziehende industrielle Entfaltung, wird sich seines Klassenstandpunkts bewusst und übernimmt die ihm aufgrund historischer Gesetzmäßigkeiten zugewiesene Aufgabe, mittels einer sozialen Revolution die Diktatur des Proletariats und dann den Sozialismus und Kommunismus zu verwirklichen.

China ist im Vergleich zu Russland ein unterentwickeltes Land. Noch spielt die Industrie hier keine nennenswerte Rolle; noch ist das industrielle Proletariat viel zu schwach, um revolutionäre Änderungen zu erzwingen. Das ist der Grund, weshalb sich Mao auf die arme und auf Veränderungen hoffende Landbevölkerung stützt und sie zum Stoßtrupp revolutionärer Veränderungen erklärt.

Das ist auch der Grund, weshalb Mao und der chinesische Kommunismus dem Kommunismus sowjetischer Prägung eine Zeitlang in Teilen der Welt den Rang abläuft. Mao stärkt das Selbstbewusstsein der armen und unterentwickelten Völker

Afrikas, Asiens, Süd- und Mittelamerikas und liefert ihnen das Rezept für den Kampf gegen den Imperialismus und die alles verändernde Revolution.

Aber natürlich ist nicht alles von heute auf morgen, nicht alles auf einmal zu haben. Mao selbst hat mit seinen Gesinnungsgenossen bewiesen, dass der historische Befreiungskampf Zeit, Geduld – und äußerste Rücksichtslosigkeit erfordert.

Mao Zedong, der aus einer weltfernen Gegend des Landes stammt, kommt im Jahr 1918 nach Peking und wird hier Hilfsbibliothekar an der Universität. Früh wendet er sich dem Marxismus zu und wird bereits im Jahr 1923 in das Zentralkomitee der drei Jahre zuvor gegründeten Kommunistischen Partei Chinas (KPCh) gewählt. Bald beteiligt er sich an den Guerillakämpfen, kraft derer die Kommunisten die Macht im Land anstreben. Tatsächlich kommt es in einem kleinen Teilgebiet Chinas zur Gründung eines frühen Sowjetstaates, der sogenannten Jianxi-Sowjetrepublik.

Unter dem Druck der von Chiang Kai-schek geführten Chinesischen Nationalpartei (Kuomintang) und ihrer Armee müssen die Kommunisten nach Norden ausweichen. Es beginnt der legendäre sogenannte »Lange Marsch«, der die kommunistischen Guerillas durch weite Teile Chinas bis in die Nähe der sowjetischen Grenze führt. Von den ursprünglich 90.000 Kämpfern kommen in Yan'an nur etwa 7000 an. Die Gründe sind u.a. militärische Verluste, Krankheit und Fahnenflucht. Hier begründet Mao die militärische und politische Basis für das kommende Jahrzehnt. Die erforderlichen Geldmittel werden durch sowjetische Hilfszahlungen und durch einen gewinnbringenden Drogenhandel aufgebracht.

Vor Beginn und während des »Langen Marsches« kämpft Mao entschlossen und skrupellos um die politische Führung in der chinesischen kommunistischen Bewegung und schwört die

Getreuen auf seine, den realen Verhältnissen der chinesischen Gesellschaft angepasste Interpretation des Marxismus ein. Das bedeutet z.B. die Abwendung von der sowjetischen Betonung des städtischen Proletariats. Durch blutige Säuberungen setzt er seinen Anspruch durch.

Der Krieg zwischen Japan und China und der Zweite Weltkrieg erzwingen die militärische Zusammenarbeit mit der nationalchinesischen Kuomintang. Das ist vor allem auch Stalins Wunsch, der auf diese Weise ein starkes Gegengewicht gegen das gefährliche und eroberungslüsterne Japan aufbaut.

Allerdings hat die Einheitsfront nur bis zum Ende des Zweiten Weltkriegs und bis zur Kapitulation Japans Bestand. Der seit 1946 neu aufflammende Bürgerkrieg ermöglicht es der inzwischen stärker gewordenen KPCh und ihrer »Volksbefreiungsarmee«, sich die ganze Macht zu sichern und die Nationalchinesen vom Kontinent zu verdrängen.

Das nun beginnende Experiment verändert die gesellschaftlichen und wirtschaftlichen Verhältnisse in China grundlegend. Fatal erinnern die Millionenopfer durch Hungerkrisen und ökonomische Fehlentscheidungen an die frühe Zeit der Sowjetunion und an Stalins brutale Bolschewisierung. Ein Zufall ist es sicher nicht, dass der arrogante und rücksichtslose neue Zar in China noch zu einer Zeit verehrt wird, als sich in der Sowjetunion und im gesamten Ostblock die Entstalinisierung längst durchgesetzt hat.

Fernsehfieber

Das Heimkino für alle (1952)

Der Krieg ist vorüber. Nach den Leiden und Entbehrungen der vierziger Jahre erlebt Westdeutschland ein wahres Wirtschaftswunder. Ein neuer Optimismus erfasst die Menschen. Schon spürt nahezu jeder in seinem Portemonnaie, dass es bergauf geht: Man kann sich – in bescheidenem Maße – wieder etwas leisten!

Am 6. Oktober 1951 eröffnet Bundeskanzler Dr. Konrad Adenauer in Berlin, dem »Schaufenster des Westens«, die Deutsche Industrieausstellung. Und diesmal gibt es etwas Besonderes zu bestaunen. Zum ersten Mal wird einer breiten Öffentlichkeit eine weitgehend im Verborgenen entwickelte technische Neuerung präsentiert. Von nun ab ist das Fernsehen in aller Munde.

Auf dem Ausstellungsgelände erstreckt sich eine kunstvoll errichtete 200 Meter lange Straße. Sie wird von einem tiefblauen, sternbehangenen Himmel überwölbt. Straßenlaternen begrenzen sie zur Seite hin. Pappfiguren stehen da, mit Ferngläsern bewehrt, und betrachten das Geschehen ringsum.

Siebzehn Firmen haben ihren Anteil für das geplante Fernsehzeitalter geleistet und zeigen den staunenden Passanten insgesamt 40 verschiedene Empfangsmodelle. Aber um die Apparate – mehr oder weniger exklusiv – geht es nicht hauptsächlich. Hier können die Menschen zum allerersten Mal auch Fernsehen miterleben. Über die Bildschirme flimmert die Eröffnungsrede des Kanzlers. Es gibt Musiksendungen und Kurzfilme zu sehen, Boxunterricht oder bunte Nachmittage, ein Interview mit dem Fahrer Konrad Adenauers oder mit Bürgermeistern.

Und nicht nur das: Wer will, kann auch beobachten, wie die einzelnen Sendungen aufgenommen werden. Der Nordwestdeutsche Rundfunk (NWDR) hat drei Kameras installiert, und nebenan sitzen Fernsehdirektor Werner Pleister und Oberregisseur Hanns Farenburg, die für den technisch und inhaltlich reibungslosen Ablauf der Sendungen garantieren.

Natürlich geht es darum, einem neugierigen und zahlungskräftigen Publikum Appetit zu machen. Dass dieses Wunder der Technik angesichts des erforderlichen Aufwands nicht ganz billig sein wird, ist leicht zu erahnen. Da gibt es z. B. den eleganten Blaupunkt V52 mit edelfurniertem Gehäuse und verschließbaren Jalousien. Will man die eigenen Kinder vor schädlichen Einflüssen schützen oder den glänzenden, wenn auch winzigen Bildschirm den Tag über mit edlem Holz kaschieren? Er kostet stolze 1595 DM, und das ist in diesen Jahren sehr viel Geld! Aber es dauert noch einige Monate, bis der Sendebetrieb offiziell eröffnet werden kann. Als schwierig erweist es sich, ein für ganz Westdeutschland und Westberlin flächendeckendes Angebot zu ermöglichen. Zahlreiche Richtfunkanlagen mit Verstärkern sind dafür die Voraussetzung.

Der offizielle Beginn des Fernsehens in der Bundesrepublik findet schließlich am 25. Dezember 1952 statt, dem ersten Weihnachtsfeiertag. Zu dieser Zeit gibt es nur einige hundert Empfangsapparate. Aber die Fachleute sind zuversichtlich: Mit dem Funktionieren der faszinierenden neuen Technik wird sich das schnell ändern. Übrigens sind die Vereinigten Staaten und Großbritannien mit gutem Beispiel vorangegangen. Hier gibt es bereits 15 Millionen bzw. 600.000 Geräte.

Gern wird vergessen, was sich im anderen Teil Deutschlands, der Deutschen Demokratischen Republik, in diesem Zusammenhang ereignet. Hier laufen die Planungen für ein eigenes Fernsehprogramm bereits seit 1949. Im folgenden Jahr informieren sich die Fachleute aus der DDR in Moskau über die technischen Möglichkeiten des sowjetischen Fernsehens. Im darauffolgenden Jahr werden die ersten Empfangsgeräte der Marke »Leningrad« hergestellt und erste Versuchssendungen gestartet. Zunächst sind sie nur in Betrieben und Klubs zu sehen. Der Verkauf von Empfangsgeräten an ein breiteres Publikum läuft erst im November 1952 an. Am 21. Dezember 1952 – also vier Tage vor der Bundesrepublik – beginnt in der DDR das eigentliche Fernsehzeitalter und damit das erste regelmäßige deutschsprachige Fernsehprogramm. Allerdings gibt es dort zu diesem Zeitpunkt nur einige Dutzende private Fernsehgeräte. An diesem Abend wird auch die erste offizielle Ausgabe der Nachrichtensendung »Aktuellen Kamera« übertragen.

Zunächst verläuft die Verbreitung der Fernsehgeräte schleppend. Das liegt u.a. an dem hohen Preis der Geräte, sicher bisweilen auch an der noch unbefriedigenden Qualität der zu empfangenden Bilder. In Westdeutschland sind es vor allem zwei Ereignisse, die dem Fernsehen einen ungeheuren Auftrieb verleihen. Zum einen die aus der Westminster Abbey in London live übertragene Krönung der englischen Königin Elizabeth II. am 2. Juni 1953 und dann die Fußballweltmeisterschaft in Bern, bei der sich die Mannschaft der Bundesrepublik Deutschland einen 3:2-Sieg über Ungarn und damit die Weltmeisterschaft erkämpft. Bereits im Jahr 1955 gibt es in Westdeutschland 100.000 Empfangsgeräte. Im Jahr 1957 wird die erste Million erreicht.

Die dramatische Geschichte des Fernsehens und ihrer für die Gesellschaft so ungeheuer prägenden Wirkung lässt bisweilen vergessen, dass die Entwicklung keineswegs erst nach dem Zweiten Weltkrieg beginnt. Tatsächlich gibt es Fernsehen in Deutschland schon vor dem Krieg. Allerdings wird die durchaus hoffnungsvolle Entwicklung wegen der Kriegsereignisse –

zumindest in Deutschland, aber auch in anderen Ländern – fürs Erste unterbrochen.

Schon Mitte des 19. Jahrhunderts ist der Gedanke aufgetaucht, ein Bild wie bei einem gerasterten Klischee in Punkte zu zerlegen und deren unterschiedliche Helligkeitswerte elektrisch zu übertragen. Diese Idee macht sich Paul Nipkow im Jahr 1883 zunutze, indem er ein Bild mit der nach ihm benannten Scheibe in einzelne Punkte aufteilt. Auf der sich schnell drehenden Nipkowscheibe sind spiralförmig Löcher angeordnet, die jeweils einzelne Punkte freigeben und deren Helligkeitswert auf einen Empfänger übertragen.

Die elektronische Übermittlung von Bildpunkten ermöglicht die im Jahr 1897 von Ferdinand Braun und Jonathan Zenneck erfundene Kathodenstrahlröhre, die fortan Braunsche Röhre genannt wird und aus der sich in der Folgezeit die Fernsehbildröhre entwickelt.

Der offizielle Start des Fernsehens im Deutschen Reich datiert auf den 22. März 1935. Allerdings ist für die Bewertung dieses Ereignisses auffällig, dass weder der Führer und Reichskanzler Adolf Hitler noch sein Reichspropagandaminister Joseph Goebbels daran teilnehmen. Das bevorzugte Propagandainstrument bleibt fürs Erste der Kinofilm. Es wird noch lange dauern, bis das Fernsehen so weit ausgereift ist, um als Massenmedium zu taugen.

Seit 1936 gibt es tägliche Sendungen. Sie werden zwischen 20 und 21 Uhr ausgestrahlt und in der folgenden Stunde wiederholt. Die Olympischen Spiele von 1936 verleihen dem Fernsehen eine neue Popularität. Die vergleichsweise schlechte Bildqualität muss allerdings durch einen dem Hörfunk entlehnten, beschreibenden Reportagestil überspielt werden.

Zu Kriegsbeginn wird der Fernsehbetrieb eingestellt, dann aber aus propagandistischen Gründen wieder aufgenommen.

Hauptziel ist es, die Menschen für die vermeintlich gemeinsamen Ziele zu motivieren. Seit 1941 werden die Lazarette mit Fernsehempfängern ausgestattet. Nachdem im November 1943 der Sender Berlin-Witzleben durch einen Bombenangriff zerstört worden ist, versucht man über Telefonleitungen ein Notprogramm zu sichern. Im Jahr 1944 wird der Fernsehfunk endgültig eingestellt.

Auf dem Gipfel

Die Erstbesteigung des Mount Everest (1953)

Nein, so ganz abwegig ist es nicht, den Mount Everest nach dem Nord- und dem Südpol als dritten Pol der Erde zu bezeichnen. Im Grenzgebiet zwischen Nepal und Tibet ragt er 8848 Meter in den Himmel und ist damit der höchste Berg der Erde.

Bis um die Mitte des vergangenen Jahrhunderts ist sein Gipfel unerreichbar. Kein Wunder, dass die in seiner Nähe lebenden Menschen ihn als Sitz von Göttern und Dämonen betrachteten. Das kennen wir ja auch von vielen anderen Bergen, die unzugänglich und nicht selten bedrohlich in den Himmel ragen.

Es versteht sich von selbst, dass der noch nie bestiegene Koloss die Fantasie der Abenteurer reizt. Nach langen Vorarbeiten werden in den frühen zwanziger Jahren erste Besteigungsversuche unternommen. Im Jahr 1924 machen sich George Mallory und Andrew Irvine auf den Weg zum Gipfel. Sie kommen nicht mehr zurück. Die sterblichen Überreste von Mallory werden erst im Jahr 1999 entdeckt; Irvine bleibt verschollen.

Auch die in den dreißiger Jahren unternommenen Versuche, den Gipfel des Everest zu erreichen, scheitern. In den vierziger Jahren gibt es – die Menschen haben andere Probleme und Sorgen – keine weiteren Bemühungen. Anfang der fünfziger Jahre werden neue Versuche unternommen. Inzwischen hat die neu entstandene Volksrepublik China Tibet annektiert und verweigerte ausländischen Expeditionen die Einreise. Damit ergibt sich die Frage, ob eine Besteigung des Berges auch von Nepal aus möglich sei.

Im Jahr 1953 macht sich die neunte britische Expedition unter der Leitung von John Hunt auf den Weg. Die erste Seilschaft muss aufgeben, weil die Sauerstoffversorgung wegen der eisigen Temperaturen nicht funktioniert. Erfolgreicher ist die zweite Seilschaft mit dem Neuseeländer Edmund Hillary und den beiden einheimischen Sherpas Tenzing Norgay und Ang Nyima.

Das Volk der Sherpa lebt größtenteils in Neapel und ist mit den dortigen landschaftlichen und klimatischen Verhältnissen bestens vertraut. Immer wieder werden Männer aus diesem Volk als Führer und Träger für extreme Bergexpeditionen angeheuert.

Hillary und seinen beiden Begleitern gelingt es, auf einer Höhe von 8510 Metern ein letztes, kleines Lager zu errichten. Am 29. Mai 1953 machen sich Hillary und Tenzing Norgay morgens um 6 Uhr 30 auf dem Weg zum Gipfel. Wegen der dünnen Luft in dieser Höhe sind sie mit Sauerstoffflaschen ausgerüstet. Ang Nyima steigt wieder ab.

Um neun Uhr erreichen Hillary und Tenzing den Südgipfel. In den nun folgenden Stunden kämpfen sie sich durch Schnee und Eis nach oben, rutschen über einen Felsgrat, der nach beiden Seiten bis zu 1000 Meter tief abfällt, klettern und kriechen steile, felsige Stufen hinauf. Eine etwa zehn bis fünfzehn Meter hohe Gesteinsstufe legt sich ihnen wie eine Barriere in den Weg. Wenn es ihnen nicht gelingt, sie zu überwinden, dann bleibt das eigentliche Ziel unerreichbar.

In anderen Weltgegenden wäre dieses Hindernis für geübte Bergsteiger kaum der Rede wert. Die beiden Gipfelstürmer spüren aber, dass sie nahezu am Ende ihrer Kraft sind. Dennoch arbeitet sich der Neuseeländer in einer Spalte zwischen dem Felsen und einer Schneezunge Zentimeter für Zentimeter nach oben. Das schier unüberwindliche Hindernis geht als Hillary-Stufe in die Geschichte der Mount-Everest-Besteigungen ein.

Hillary hat endlich das Ende der Wand erreicht. Er klammert sich an den Felsen und zieht sich vollends nach oben. »Ein paar Momente lang lag ich da und schöpfte Atem, und zum ersten Mal spürte ich eigentlich die wilde Entschlossenheit, dass uns nichts mehr daran hindern konnte, den Gipfel zu erreichen.« Hillary hilft Tenzing mit dem Seil, nun auch nach oben zu gelangen. »Oben angekommen, brach er erschöpft zusammen wie ein riesiger Fisch, der gerade nach entsetzlichem Kampf aus dem Meer an Land gezogen wurde.«

Die Belastungen, Sauerstoffmangel und Kälte, sind ungeheuer. Noch ist die Frage nicht entschieden, ob die Kraft für das letzte Stück zum höchsten Gipfel dieser Erde ausreicht. Unterwegs öffnet sich der Blick weit nach Tibet hinein. »Ich blickte auf, und dort über uns war ein gerundeter Bergkegel. Noch ein paar Hiebe mit dem Eispickel, ein paar vorsichtige Tritte und Griffe, und Tenzing und ich waren oben angekommen.« – So die Reihenfolge in der Schilderung des Neuseeländers. Es war um die Mittagszeit des 29. Mai 1953.

Die Nachrichten von der erstmaligen Besteigung des höchsten Berges der Erde erreichen London am Morgen des 2. Juni, an dem Tag, an dem die junge Elizabeth in der Westminster Abbey zur Königin gekrönt wird. Der Jubel in Großbritannien ist ungeheuer. Das spektakuläre Ereignis stärkt das Selbstbewusstsein der Briten und ihrer Völkerfamilie, das vor allem durch den Zweiten Weltkrieg und die begonnene Entkolonialisierung stark gelitten hat.

Edmund Hillary wird einige Wochen später von der Königin in den Adelsstand erhoben. Sherpa Tenzing genießt fortan in Asien, vor allem in Nepal, Tibet und Indien den Rang eines Nationalhelden.

Eine Zeitlang wird noch heftig darüber diskutiert, wer von den beiden Männern als erster auf dem Gipfel gestanden habe.

Tatsächlich zeigt das einzige vermeintliche Beweisstück Tenzing Norgay. Der Grund liegt wohl darin, dass der Sherpa selbst nicht mit dem Fotoapparat umgehen und Hillary deshalb nicht ablichten konnte. Im Jahr 1955 erklärt er – wohl abschließend –, dass tatsächlich der Neuseeländer als erster seinen Fuß auf den Gipfel des Mount Everest gesetzt habe.

Mit Panzern gegen Streikende

Der Volksaufstand in der DDR (1953)

Am 5. März 1953 stirbt der sowjetische Staats- und Parteichef Stalin, der sein Land und den gesamten Ostblock mit eisernem Besen regiert hat. Für viele Menschen ist er für Not und Unterdrückung im sowjetischen Machtbereich, auch in der Deutschen Demokratischen Republik verantwortlich. Sicher kommen nun ruhigere Zeiten; vielleicht steht die eigene, ungeliebte Regierung nicht mehr unter dem lastenden Druck von außen.

Immerhin, es bleibt das große politische Ziel, einen sozialistischen Staat auf deutschem Boden zu schaffen. Er wird im Konkurrenzkampf der Systeme den imperialistischen Westen einholen und eines Tages überholen. Die Machthaber in Ostberlin sind davon überzeugt – ganz in Übereinstimmung mit der Lehre von Karl Marx –, dass die Geschichte für den Sozialismus arbeitet.

Allerdings ist die Versorgungslage der Bevölkerung zutiefst deprimierend. Die Menschen erhalten halb so viel Fleisch und Fett wie vor dem Krieg. Gemüse und Obst sind Mangelware. Vor den Geschäften bilden sich oft lange Warteschlangen.

Tatsächlich entschließt sich die Sowjetführung nach Stalins Tod zu einem Kurswechsel und verordnet Erleichterungen für die Bevölkerung. Die Sozialistische Einheitspartei Deutschlands (SED) aber klammert sich an das erklärte Ziel, den Aufbau des Sozialismus, und beschließt unter diesem Etikett Ende Mai 1953 die Erhöhung der Arbeitsnormen um zehn Prozent. Verspätet leitet sie ebenfalls Erleichterungen ein. Dazu gehört aber nicht die Rücknahme der angehobenen Arbeitsnormen.

Der dadurch ausgelöste Konflikt ist zunächst rein arbeitsrechtlicher Natur. So jedenfalls scheint es. Auf der Stalinallee, der im Entstehen begriffenen Prachtstraße in Ostberlin, legen die Bauarbeiter ihre Arbeit nieder und sammeln sich in einem Demonstrationszug. Das Gleiche geschieht beim Krankenhausneubau in Berlin-Friedrichshain. Die Arbeiter marschieren zum Gewerkschaftshaus des Freien Deutschen Gewerkschaftsbundes in der Wallstraße, finden aber kein Gehör. Dann geht es weiter zum Haus der Ministerien in der Leipziger Straße (heute Bundesfinanzministerium).

Die allgemeine Erregung wächst. Längst sind neue, viel weiter reichende Forderungen in aller Munde. Die etwa 10.000 Demonstranten verlangen den Rücktritt der Regierung und freie Wahlen. Walter Ulbricht, Generalsekretär der SED, und Ministerpräsident Otto Grotewohl sollen zu den Versammelten sprechen. Dazu kommt es jedoch nicht. Von einem Generalstreik, der das öffentliche Leben lahmlegen soll, ist die Rede.

Die protestierenden Bauarbeiter bringen einen Lautsprecherwagen in ihre Gewalt und fordern die Menschen auf, sich am kommenden Tag, dem 17. Juni, zu einer Massenkundgebung auf dem Straußberger Platz zu versammeln. Der Streikaufruf wird auch über den Westberliner Sender RIAS (Rundfunk im amerikanischen Sektor) verbreitet. Die Ostberliner und die übrigen DDR-Bürger werden durch den Sender zeitnah über die Ereignisse informiert. Der Berliner DGB-Vorsitzende Ernst Scharnowski ruft über den RIAS dazu auf, dass die Ostdeutschen ihre »Straußberger Plätze überall« aufsuchen sollen.

Das Politbüro erkennt die Gefährlichkeit der Situation und nimmt – um Tage zu spät – die beschlossene Erhöhung der Arbeitsnormen zurück. Am Morgen des 17. Juni macht sich die Belegschaft des Stahl- und Walzwerks Henningsdorf auf den Weg in Richtung Stadtzentrum Berlin. In vielen anderen

Betrieben wird gestreikt. Immer mehr Menschen schließen sich dem Protest an. An rund 500 Orten der DDR kommt es zu Arbeitsniederlegungen, Kundgebungen und Ausschreitungen gegen offizielle Einrichtungen. In mehreren Orten besetzen die Streikenden Gefängnisse und befreien die Häftlinge. In Ostberlin werden mehrere Brände gelegt. Die genaue Zahl der in Aufruhr befindlichen Männer und Frauen kann nur geschätzt werden. Sie dürfte zwischen 400.000 und 1,5 Millionen liegen.

Wenn es nicht gelingt, die Proteste, die längst den Charakter eines Aufstandes angenommen haben, einzudämmen, dann sind die DDR und das von ihr repräsentierte politisch-weltanschauliche System in Gefahr. Generalmajor Dibrowa, der Militärkommandant des sowjetischen Sektors von Groß-Berlin, zieht die Notbremse und verkündet den Ausnahmezustand: »Diejenigen, die gegen diesen Befehl verstoßen, werden nach den Kriegsgesetzen bestraft.« Der Ausnahmezustand wird auf die meisten Kreise der DDR ausgedehnt.

Die Ordnungskräfte der DDR sind der Lage nicht gewachsen und reagieren hilflos. Vereinzelt solidarisieren sich Volkspolizisten sogar mit den Aufständischen. Die Regierung flieht in den Schutz der sowjetischen Armee nach Berlin-Karlshorst. Ministerpräsident Otto Grotewohl betont über den DDR-Rundfunk nochmals, dass die Erhöhung der Arbeitsnormen zurückgenommen worden ist. Der Aufstand sei »das Werk von Provokateuren und faschistischen Agenten ausländischer Mächte und ihrer Helfershelfer aus deutschen kapitalistischen Monopolen«.

Damit überspielt die DDR-Führung die für sie niederschmetternde Tatsache, dass der Aufstand vom 17. Juni vor allem von dem von ihr glorifizierten Proletariat getragen wird. Umgekehrt stimmt aber auch, was der spätere Kanzlerberater Egon Bahr, ehemaliger Mitarbeiter des RIAS, formuliert hat: »Ohne den

RIAS hätte es den Aufstand so nicht gegeben.« – Die Betonung liegt auf dem »so«.

Letzten Endes retten sowjetische Panzer, die in Berlin ab zehn Uhr und außerhalb seit dem Mittag bzw. dem Nachmittag im Einsatz sind, die Herrschaft der SED. Den 20.000 Sowjetsoldaten haben die Demonstrierenden außer Wut und Verzweiflung so gut wie nichts entgegenzusetzen. Mit Waffengewalt wird der Aufstand erstickt. Auch wenn erst nach Tagen endgültig Ruhe einkehrt, ist doch erkennbar, dass der Versuch, demokratische Verhältnisse zu erzwingen, gescheitert ist.

Bei diesem Aufstand werden etwa 50 Demonstranten und sechs Polizisten getötet. Eine Reihe von Todesfällen bleibt ungeklärt. Es beginnt eine Verfolgungswelle durch die Polizei, das Ministerium für Staatsicherheit und die sowjetische Armee, in deren Verlauf etwa 6000 Menschen verhaftet und zum Teil zu langjährigen Zuchthausstrafen verurteilt werden. Mehrere Todesurteile werden von Gerichten verhängt und vollstreckt.

Die parteiamtliche »Geschichte der SED« kommentierte die Ereignisse um den 17. Juni 1953 mit den Worten: »Der imperialistische Versuch, den Sozialismus in der DDR ›zurückzurollen‹ und damit die internationalen Positionen des Sozialismus zu schwächen, war gescheitert. Die Macht der Arbeiter und Bauern hatte sich als stabil erwiesen.«

In der Bundesrepublik Deutschland wird der 17. Juni zum gesetzlichen Feiertag, dem »Tag der Deutschen Einheit«, erklärt. An seiner Stelle ist seit dem Jahr 1990, dem Ende der DDR und der Verwirklichung der deutschen Wiedervereinigung, der 3. Oktober gesetzlicher Feiertag. Der 17. Juni bleibt aber Nationaler Gedenktag.

Das Wunder von Bern

Der Fußballweltmeister Deutschland (1954)

Das ist nicht irgendein Fußballspiel, auch nicht ein Länderspiel, wie sie zu Dutzenden immer wieder die fußballbegeisterten Massen erregen. Am 4. Juli 1954 treffen sich im Wankdorf-Stadion in der Schweizer Bundesstadt Bern die ungarische und die bundesdeutsche Nationalmannschaft zum Weltmeisterschaftsendspiel.

Noch ahnt niemand, dass diese Begegnung mit einer Sensation zu Ende gehen wird. Vermutlich rechnen die allermeisten Zeitgenossen mit einem satten ungarischen Sieg. Nicht nur, dass die hoch favorisierten Ungarn über lange Zeit bei keinem einzigen Spiel unterlegen sind. Sie haben auch das Vorrundenspiel gegen die Mannschaft der Bundesrepublik Deutschland mit 8:3 Toren souverän gewonnen.

Der Bundestrainer der deutschen Mannschaft ist der kluge und erfahrene Sepp Herberger. Zum Erstaunen vieler Beobachter lässt er vor dem Spiel bei Regen ein Sondertraining einlegen und kommentiert seine Entscheidung mit den Worten: »Es könnte ja regnen.«

Und so ist es dann auch. Tatsächlich findet das entscheidende Spiel bei Dauerregen, dem nach dem deutschen Kapitän benannten, viel zitierten »Fritz-Walter-Wetter« statt.

Das Spiel ist angepfiffen. Sehr rasch zeigt sich die Überlegenheit der Ungarn. Bereits in der 6. und in der 8. Minute gelingen ihnen zwei Tore durch Ferenc Puskás und Zoltán Czibor.

Doch dann wandelt sich das Glück: In der 10. Minute schießt Max Morlock das erste Tor für die deutsche Mannschaft, und bereits acht Minuten später schafft Helmut Rahn den Ausgleich.

Schon das ist ein kleines Wunder. Bereits vor der Mitte der ersten Halbzeit stehen die Chancen für die beiden rivalisierenden Mannschaften wieder gleich. Viele Deutsche wagen es nicht, an einen deutschen Sieg zu glauben – und hoffen insgeheim doch, dass das Wunder wahr werden könnte.

Die Nation verfolgt das Treffen an den Rundfunkgeräten – und nun auch an den etwa 20.000 Fernsehgeräten, die es in der Bundesrepublik inzwischen gibt. Überall scharen sich Massen um die Bildschirme. Noch spricht niemand von »public viewing«. Aber was ist es sonst?

Die deutsche Mannschaft spielt ausgezeichnet. Unübersehbar bleiben die Ungarn jedoch überlegen. Freilich können sie mehrere gute Chancen nicht verwandeln, unter anderem deshalb, weil der deutsche Torhüter Toni Turek, ein »Teufelskerl«, die Angriffe erfolgreich abwehrt. Die alles entscheidende Situation kommt kurz vor Ende des Spiels. In der 84. Minute schießt Helmut Rahn das dritte Tor für die deutsche Nationalmannschaft und erzwingt damit die Entscheidung.

Unvergesslich ist der begeisterte, leidenschaftliche Kommentar des Rundfunkreportes Herbert Zimmermann: »Sechs Minuten noch im Wankdorf-Stadion in Bern. Keiner wankt. Der Regen prasselt unaufhörlich hernieder. Es ist schwer, aber die Zuschauer, sie harren nicht aus, wie könnten sie auch! Eine Fußballweltmeisterschaft ist alle vier Jahre, und wann sieht man ein solches Endspiel, so ausgeglichen, so packend – jetzt Deutschland am linken Flügel durch Schäfer, Schäfers Zuspiel zu Morlock wird von den Ungarn abgewehrt, und Bozsik, immer wieder Bozsik, der rechte Läufer der Ungarn, am Ball. Er hat den Ball – verloren diesmal, gegen Schäfer, Schäfer nach innen geflankt – Kopfball – abgewehrt – aus dem Hintergrund müsste Rahn schießen – Rahn schießt! – Tooooor! Tooooor! Tooooor! Tooooor! …«

Einen Augenblick lang sieht es so aus, als wenn Ungarn ausgleichen könnte. Aber ein zweiter Treffer von Ferenc Puskás wird vom Schiedsrichter wegen Abseits nicht anerkannt. Diese Entscheidung hat sich nie endgültig klären lassen. Tatsache ist aber, dass Herbert Zimmermann die Abseitsstellung schon vor dem Schuss reklamiert hat.

»Das Wunder von Bern«, wie das Ereignis in der Folgezeit gern genannt wird, ist Wirklichkeit geworden. Deutschland hat den denkbar stärksten Gegner auf dem Rasen besiegt und ist Fußballweltmeister! Das Publikum im Stadion und die vielen Millionen Zuhörer und Zuschauer reagieren fassungslos und sind außer sich vor Begeisterung. Die in Bern anwesenden Deutschen stimmen spontan das Deutschlandlied an, in der Fassung freilich, die sie kennen: »Deutschland, Deutschland über alles ...« Die dritte Strophe des Liedes von August Heinrich Hoffmann von Fallersleben ist seinerzeit noch weithin unbekannt.

Die Bedeutung des deutschen Sieges geht weit über das Sportliche hinaus. Historiker und Sozialpsychologen sind sich darin einig, dass dieses Ereignis – neun Jahre nach Ende der Naziherrschaft und dem vernichtenden Zweiten Weltkrieg – vielfach als ein Augenblick der seelischen Entlastung und der nationalen Wiedergeburt erlebt wird. Fachleute sprechen vom 4. Juli 1954 gelegentlich als dem eigentlichen Geburtstag der Bundesrepublik Deutschland.

Wie sollte es anders sein: Die Ungarn reisen zutiefst enttäuscht aus der Schweiz ab. Doch damit nicht genug: In ihrem kommunistisch regierten Heimatland sind sie und Verwandte von ihnen schlimmsten Schmähungen und empfindlichen Repressionen ausgesetzt. Nach dem Ungarnaufstand fliehen u. a. die beiden Torschützen von Bern, Puskás und Czibor, ins Ausland.

Übrigens muss sich auch Herbert Zimmermann rechtfertigen, weil er in seiner Begeisterung ausgerufen hatte. »Turek, du bist ein Fußballgott!« Kirchenvertreter rügen diese vermeintlich gotteslästerliche Aussage; der Reporter wird zum Intendanten zitiert. Tatsächlich überlegt man, ob Zimmermann künftig noch als Fußballreporter arbeiten darf.

Noch heute schlägt das Ereignis viele Menschen – junge und alte – in seinen Bann. Das erklärt auch den großen Erfolg des Spielfilms »Das Wunder von Bern«, den Regisseur Sönke Wortmann im Jahr 2003 in Szene gesetzt hat.

King of Rock 'n' Roll

Elvis Presley (1935–1977)

Den Männern und Frauen der älteren Generation ist Elvis Presley ein Gräuel. Die Kirche beklagt den Verfall der Sitten. Eltern fürchten für ihre Kinder. Die ganze weitgehend konservativ geprägte Gesellschaft der USA entrüstet sich über den schlechten Geschmack des Rock-and-Roll-Sängers und seiner halbstarken Anhängerschaft. Seine Songs – und vor allem seine ekstatischen Hüftbewegungen – wirken anstößig und sexuell aufreizend.

All das hilft nichts: Innerhalb kürzester Zeit wird Elvis Aron Presley zum unbestreitbaren Idol der amerikanischen Jugend und dann der Jugend weltweit. Sein Erfolg ist ungeheuer und unvergleichlich. Bis zu seinem Tod im Jahr 1977 werden 500 Millionen Tonträger verkauft. Dreißig Jahre später beläuft sich die Zahl auf 1,43 Milliarden und weist ihn damit als den erfolgreichsten Sänger der Geschichte aus. Im Vergleich: Die Beatles erreichen 1,3 Milliarden Tonträger.

Dabei fängt alles ganz anders an. Elvis stammt aus überaus bescheidenen Verhältnissen. Er wird im Januar 1935 in dem mittelgroßen Städtchen East Tupelo im Staat Mississippi geboren. Seine Eltern arbeiten als Landarbeiter bzw. als Arbeiterin in einer Textilfabrik, in der Folgezeit in mehreren verschiedenen Gelegenheitsjobs. Elvis selbst wird Elektriker und verdient sein Geld danach unter anderem als Lastwagenfahrer.

Er singt im Chor einer schwarzen Methodistengemeinde und ist deshalb mit dem Gospelgesang der Farbigen wohl vertraut. Ähnliches gilt für den Blues und die populäre Countrymusik. Vielleicht ist es ein Wink des Schicksals: Der Junge bekommt zu seinem 10. Geburtstag nicht das gewünschte Fahrrad, auch kein Luftgewehr. Stattdessen schenken ihm die Eltern eine Gitarre. Ohne professionelle Anleitung lernt er sehr rasch, mit diesem Musikinstrument umzugehen. Später spielt der auffällig scheue Junge mit seinen beherzteren und schrillen Kumpels in den Kneipen von Memphis, der größten Stadt in Tennessee.

Die erste professionelle Tonaufnahme stammt aus dem Jahr 1953. Elvis singt die beiden Lieder »My happiness« und »That's when your heartaches begin«, angeblich um seiner Mutter damit ein verspätetes Geburtstagsgeschenk zu machen. Vermutlich geht es ihm aber darum, sein eigenes Können zu erproben und den Klang seiner Stimme von außen zu hören. Es ist ein Glücksfall, dass der Inhaber der Sun-Studios schon seit einiger Zeit auf der Suche nach einem Sänger mit einer besonderen Klangfarbe ist. »Wenn ich einen weißen Mann finden könnte«, überlegt er, »der die Stimme und das Einfühlungsvermögen eines Schwarzen hat, dann könnte ich eine Million Dollar machen.«

Elvis Presley ist dieser Mann, auch wenn Bedenken bleiben. Der Süden der Vereinigten Staaten ist nicht nur konservativ, sondern auch von tief wurzelnden rassischen Vorurteilen geprägt. Die Weißen und selbstverständlich auch die »weißen« Rundfunkanstalten nehmen die verachtete »Negermusik« nicht einmal zur Kenntnis.

Aber die Zeit ist günstig. Die jungen Leute revoltieren gegen die – wie sie es empfinden – Enge und Verlogenheit der Erwachsenengesellschaft und flüchten sich in eine eigene Subkultur. Bereitwillig nehmen sie in Kauf, dass dies Anstoß erregt und die Älteren zu Kopfschütteln, bisweilen zu wütenden Protesten veranlasst. Eine bessere Werbung für die neue Musik lässt sich kaum denken.

Bill Haleys Song »Rock around the clock« passt in diese Weltsicht. Die neue aufreizende, tiefe Emotionen weckende und erotisierende Stilrichtung heißt »Rock and Roll« (Rock 'n' Roll). Wir alle wissen, mit welcher exotischen und halsbrecherischen Akrobatik gelegentlich dazu getanzt wird.

Aber noch fehlt die charismatische Identifikationsfigur. Im Jahr 1956 präsentiert Elvis Presley seinen Titel »Heartbreak Hotel« – und von da an ist sein Name in aller Munde. Nur er ist der kommende »King of Rock 'n' Roll«. Seine schwungvoll anzügliche Hüftbewegung und die schwarze Stirnlocke werden zum Markenzeichen. Das Wortspiel »Elvis the Pelvis« macht die Runde, wobei das englische Wort »pelvis« nichts anderes als »Becken« heißt. Von Natur aus ist der Sänger übrigens blond. Sein Haar ist tiefschwarz eingefärbt.

Der Gitarrist Scotty Moore erinnert sich, wie es mit der so charakteristischen Präsentation des Sängers auf der Bühne anfing: »Elvis stellte sich beim Gitarrespielen auf die Fußballen, um im Takt zu bleiben. Als er nun diese Show machte, fingen sie alle an zu schreien, und wir wussten gar nicht, was vor sich ging. Als wir wieder von der Bühne gingen, meinte jemand, das liege nur daran, dass Elvis andauernd sein Bein geschüttelt hat. Von da an machte er das immer mehr und entwickelte daraus eine richtige Kunst. Aber es war ihm auch ein natürliches Bedürfnis.«

Ein erfolgreicher Titel jagt nun den nächsten. Er singt »Don't be cruel« und »King Creole«, »Jailhouse Rock« und »Love me tender«, um nur wenige Titel eines gewaltigen Repertoires zu nennen. Elvis Presley spielt in insgesamt 33 Filmen.

Seine Einberufung zum Wehrdienst Anfang 1958 tut seinem Erfolg keinen Abbruch. Übrigens wird er als Soldat im hessischen Friedberg, also in Deutschland stationiert.

Ein später Riesenerfolg ist sein Auftritt in der Fernsehshow »Elvis – Aloha from Hawaii« im Jahr 1973. Sie wird mittels Satelliten weltweit übertragen und erreicht mehr Zuschauer als die sensationelle Landung der Amerikaner auf dem Mond vier Jahre zuvor.

Das Schlusskapitel seiner Karriere und seines Lebens wirkt düster und bedrückend. Finanzielle und gesundheitliche Probleme belasten ihn. So, wie er das Geld verdient hat, zerrinnt es in seinen Händen. Inzwischen ist er von Medikamenten abhängig. Seine Ehe mit Priscilla Beaulieu, die er während seines Aufenthalts als Soldat in Bad Nauheim kennengelernt hat, zerbricht.

Elvis stirbt im August 1977 im Alter von 42 Jahren an Herzversagen. Das Ende seines Ruhms bedeutet es nicht. Nach wie vor verkaufen sich seine Schallplatten und Disketten in astronomisch hoher Zahl. Schon sind Legenden im Umlauf, dass der begnadete, der »göttliche« Star gar nicht gestorben sei. Begierig befasst sich das sensationslüsterne Publikum – wieder einmal – mit abenteuerlichen Verschwörungstheorien.

Sein Haus in Memphis und das auf dessen Gelände untergebrachte Grab werden zur Pilgerstätte für Millionen. Jährlich besuchen etwa 600.000 Menschen das Anwesen. Nur das Weiße Haus in Washington ist ein größerer Publikumsmagnet.

Das Wunder von Lengede

Ein Rettungsversuch gegen die Zeit (1963)

Ein schreckliches Unglück rückt die kleine Stadt Lengede im Landkreis Peine nahe bei Salzgitter in Niedersachsen urplötzlich ins Bewusstsein der Menschen in ganz Deutschland und weit darüber hinaus. Das Unglück ereignet sich in der Erzgrube Lengede-Broistedt. Am Donnerstag, dem 24. Oktober 1963, bricht gegen 20 Uhr der oberirdisch gelegene Klärteich ein und verströmt seine Wasser- und Schlammmassen, fast eine halbe Million Kubikmeter, in den Schacht der Grube »Mathilde«. Die Abbaustrecken zwischen der 100- und der 60-Meter-Sohle werden überflutet.

Zu diesem Zeitpunkt befinden sich 129 Männer unter Tage. 79 von ihnen gelingt es, sich über den Hauptschacht, über einen Materialstollen und ein Wetterbohrloch zu retten. Von den anderen fehlt fürs Erste jede Spur. Niemand weiß, ob sie den Wassereinbruch überlebt haben.

Die riesige Öffnung des Klärteichs wird mit Erde ausgefüllt, um zu verhindern, dass weitere 200.000 Kubikmeter Wasser und Schlamm in die Grube stürzen. Am folgenden Tag, 23 Stunden nach dem Unglück, gelingt es, sieben weitere Kumpel zu retten.

Schon am Samstag hat die Betriebsleitung die Hoffnung auf Rettung der noch vermissten Männer aufgegeben. Sie hängt die Liste der vermeintlich Getöteten am Pförtnerhaus der Erzgrube aus und setzt den Termin für die Trauerfeier auf den 4. November fest.

Am Tag darauf, am Sonntag, den 27. Oktober, erreicht der Bohrer einen Hohlraum. Die Bohrstelle muss nach oben hermetisch abgeschlossen werden, um Druckverluste in der Tiefe und das Nachstürzen von Wassermassen in den mit Luft gefüllten Hohlraum zu vermeiden. Klopfgeräusche an der Bohrerspitze signalisieren den Rettungstruppen, dass sich in etwa 80 Meter Tiefe noch Überlebende befinden. Sie haben sich in eine im Hohlraum befindliche Luftblase gerettet.

Am Freitag, den 1. November, werden sie mit einer speziellen Rettungsvorrichtung, der sogenannten Dahlbuschbombe, nach oben gezogen und bleiben eine Zeitlang in einer Druckausgleichskammer, um sich – wie Taucher – an die veränderten Luftdruckluftverhältnisse zu gewöhnen. Diese Rettungsaktion ist erfolgreich zu Ende gegangen. Da keine Aussicht auf weitere Erfolge besteht, wird das schwere Rettungsgerät abgebaut und abtransportiert.

Auf Anregung von erfahrenen Bergleuten wird dennoch eine Suchbohrung im Bruchfeld »Alter Mann« niedergebracht. Dieses Gebiet ist wegen der dort lauernden Gefahren eigentlich für die unter Tage arbeitenden Männer verboten. Möglich aber, dass sie sich in der Not hierher zurückgezogen und fürs Erste in eine Luftblase gerettet haben.

Am Sonntag, dem 3. November, erreicht die Bohrspitze tatsächlich einen Hohlraum. Etwa eine Viertelstunde lang senden die Rettungsmannschaften Klopfsignale nach unten. Zunächst ohne Ergebnis. Dann erfolgt eine schwache Antwort. Tatsächlich muss es in der angebohrten Luftblase noch Lebende geben. Mit einem Zettel wird die Verbindung zu den Eingeschlossenen hergestellt. Bald lässt man ein Mikrofon in die Grube hinab und kann mit ihnen sprechen. Von den ursprünglich 21 Männern leben noch elf. Die anderen sind an Erschöpfung oder durch herabstürzte Felsbrocken getötet worden. Die Eingeschlossen harren auf engstem Raum in tiefstem Dunkel aus. Sie sind völlig durchnässt und haben seit zehn Tagen nichts mehr gegessen.

Das schwere Rettungsgerät ist, weil es vermeintlich nicht mehr gebraucht wurde, bereits auf dem Rückweg ins Emsland.

Der Transport wird auf der Autobahn von der Polizei gestoppt und nach Lengede zurückbeordert. Am späten Abend beginnt eine neue Rettungsbohrung. Die für den folgenden Tag angesetzte Trauerfeier wird abgesagt. Die Eingeschlossenen versorgt man durch das Bohrloch mit flüssiger Nahrung und trockener Kleidung. Die Bild-Zeitung spricht zum ersten Mal vom »Wunder von Lengede«.

Tatsächlich werden die dramatischen Ereignisse von einem Millionenpublikum mit äußerster Anspannung und Anteilnahme verfolgt. Der Norddeutsche Rundfunk berichtet ständig über Hörfunk und Fernsehen. Insgesamt sind 460 Rundfunk- und Fernsehleute in Lengede tätig. Die Rundfunktechniker stellen auch die Mikrofone zur Verfügung, mit denen der Kontakt nach unten ermöglicht wird.

Am Mittwoch, den 6. November, kommt Bundeskanzler Ludwig Erhard zur Grube Mathilde, um sich über den Fortgang der Rettungsarbeiten zu informieren. Er spricht den noch immer in 58 Meter Tiefe Ausharrenden Mut zu.

Inzwischen sind seit dem Unglück 14 Tage vergangen. Der spektakuläre Schlussakt ereignet sich am Donnerstag, den 7. November 1963. Mehrere zusätzliche Suchbohrungen sind erfolglos geblieben. Vergeblich haben die Rettungsmannschaften auf ein neues Lebenszeichen gewartet.

Jetzt geht es darum, die elf noch Lebenden sicher an die Erdoberfläche zu bringen. Am frühen Morgen wird die Rettungsbohrung ohne besondere Komplikationen niedergebracht. Die Dahlbuschbombe, mit der die Unglücklichen einzeln nach oben befördert werden sollen, liegt bereit. Zwei Steiger fahren kurz nach 13 Uhr in die Grube hinab, um die Entkräfteten im entscheidenden Augenblick der Rettungsaktion zu unterstützen. Erstmals erhalten sie nun auch feste Nahrung.

Die Rettung erfolgt in einer vorher festgelegten Reihenfolge. Um 14 Uhr 20, also nach einer guten Stunde, sind die letzten elf Überlebenden, zehn Bergleute und der Elektromonteur einer Fremdfirma, wieder an der Erdoberfläche. Das »Wunder von Lengede« ist Wirklichkeit geworden! Das Fernsehen des NDR berichtet live über das zu Tränen rührende Ereignis. Die Geretteten werden anschließend zu genaueren medizinischen Untersuchungen in nahe gelegene Krankenhäuser gebracht.

Bei allem soll nicht vergessen werden, dass bei dem schrecklichen Unglück 29 Bergleute ums Leben kamen. Fünfzehn ertranken, als die Wassermassen ihre Schächte überfluteten. Besonders tragisch ist das Schicksal von drei weiteren Toten. Sie werden Wochen nach dem Unglück bei Aufräumarbeiten in der Grube gefunden. An ihrem Bartwuchs ist deutlich zu erkennen, dass sie noch tagelang, unter Umständen bis zu zwei Wochen, tief unten in einer Luftblase überlebt haben. Trotz aller Bemühungen hatte man sie nicht gefunden.

Ein neues Herz

Die erste Herztransplantation durch
Professor Barnard (1967)

Christiaan Barnard, Sohn eines burischen Predigers, stammt aus
der Kapprovinz in Südafrika. Er studiert in Kapstadt und in
Minnesota in den USA Medizin und spezialisiert sich dort auf
die Herzchirurgie. Er operiert unter anderem am offenen Herzen und macht sich mit den Methoden der Herztransplantation
vertraut. Allerdings bewegt sich das fürs Erste im Bereich der
Spekulation und des Experiments. Noch nie wurde ein Herz
von einem Menschen auf einen anderen übertragen. Den For-
schern bleibt nichts anderes übrig, als sich mit Tierversuchen
zu begnügen, hier die Möglichkeiten und Risiken peinlichst
genau zu erkunden und sich immer wieder die Frage zu stellen,
ob es eines Tages, wann es die erste Übertragung eines menschlichen Herzens von einem Menschen auf einen anderen geben
wird.

Das große Abenteuer ereignet sich am 3. Dezember 1967 am
Groote-Schuur-Hospital in Kapstadt. Professor Barnard hat alle
Vorbereitungen getroffen, um eine erste Transplantation zu ver-
suchen. Patient ist der schwer herzkranke 54-jährige Gemüse-
händler Louis Washkansky, der nur noch kurze Zeit zu leben hat.
Das Spenderherz stammt von Denise Darvall, einer 24-jährigen
Frau, die bei einem Verkehrsunfall tödlich verletzt wurde. Die
Frau ist hirntot. Es muss gelingen, ihr noch funktionsfähiges
Herz aus dem Körper herauszuoperieren, annähernd gleichzei-
tig das kranke Herz aus dem Körper des Empfängers zu entfer-
nen und durch das Spenderherz zu ersetzen.

Allen Beteiligten ist klar, dass die Operation nahezu Unmögliches verlangt. Äußerste Eile ist geboten, damit das Gewebe nicht abstirbt. Gleichzeitig muss der Körper des Patienten maschinell durchblutet werden. Die acht Ausgänge des Herzens sind aufs Genaueste mit den übrigen Gefäßen zu verbinden. Unsicher ist, ob der Körper Washkanskys – falls die Operation gelingt – das fremde Organ überhaupt annehmen wird.

Der 45-jährige Chirurgieprofessor durchleidet schlimme Stunden. Hat er überhaupt das Recht, einen solchen Eingriff durchzuführen, ein Experiment, wie es an Tausenden von Hunden, aber eben an Hunden durchgeführt worden ist? Aber er weiß, dass es kein Zurück mehr gibt. Das Operationsteam, insgesamt 31 Personen, steht bereit.

Barnard hat die dramatischen Stunden in seinem Lebensbericht bis in alle Einzelheiten geschildert. »Geben Sie mir jetzt mein neues Herz?«, fragt der Patient mit stockender Stimme. »Ja«, antwortet der Professor.

Dann beginnt die Narkose. Zahllose Instrumente werden am Körper des zu Operierenden angebracht, um ein sicheres, möglichst risikoarmes Arbeiten zu ermöglichen.

Während der Vorbereitungen kümmert sich Barnard um die Spenderin. Auch hier bedrängt ihn eine ethische Grundfrage. Zwar ist Denise Darvall per definitionem tot. Aber das Herz schlägt noch. Sollen die Ärzte mit der Operation beginnen, bevor es endgültig aufgehört hat? Haben sie das Recht, die künstliche Beatmung einfach abzustellen?

Inzwischen wird der Brustkorb Washkanskys geöffnet. Das Herz ist sichtbar und »zappelt wie ein großer Fisch«. Die Ärzte sind sicher: Ohne die Transplantation wird er den Operationstisch nicht mehr lebend verlassen.

Als das Herz der Spenderin seinen letzten Schlag getan hat, geht alles ganz schnell. Barnard selbst trennt es mit zitternder

Hand aus dem Körper von Denise Darvall und legt es in ein rundes, mit eiskalter Laktatlösung gefülltes Becken. Er wundert sich darüber, dass es so klein ist. Aber wann hat er schon einmal ein gesundes Herz in der Hand gehalten? Vom Operationssaal, in dem die Spenderin liegt, wandert es nun hinüber in den Operationssaal, in dem die Transplantation durchgeführt werden soll.

Zuerst aber muss das kranke Herz aus der Brust von Louis Washkansky entfernt werden. Barnard durchtrennt die acht Gefäße, die es mit dem Körper verbinden, mit einer Schere. »Das abgeschnittene Herz lag in der Tiefe der Brusthöhle wie in einem roten Teich. Ich griff mit der Hand hinein und holte es aus Washkanskys Körper heraus.«

Nun ist das Spenderherz so vorzubereiten, dass es zu dem vorhandenen Gewebe passt. Komplikationen treten auf, als es mit den acht zum Herzen führenden Gefäßen verbunden werden muss. Endlich sind alle Schnittstellen peinlich sauber vernäht, endlich ist der Augenblick gekommen, dass die Ärzte das Blut des Patienten ungehindert durch das neue Herz fließen lassen. Zeichen deuten darauf hin, dass es lebt. Aber noch ist es der ungewohnt großen Belastung nicht gewachsen.

Jetzt ist es Zeit, dem fremden Herzen durch einen Elektroschock, eine Defibrillation, neuen Schwung zu geben. »Und dann kam es wie ein Lichtblitz: eine plötzliche Kontraktion der Vorhöfe, rasch gefolgt von der gehorsamen Antwort der Kammern, dann die Vorhöfe, dann wieder die Kammern. Immer stärker begann das Herz im lieblichen Rhythmus des Lebens zu rollen.«

Nach einigem Hin und Her bewegt sich die EKG-Linie in einem perfekten Sinusrhythmus. »Wir haben es geschafft«, kommentiert Christiaan Barnard. Der Patient öffnet die Augen und reagiert auf Licht. – Er lebt.

Erschöpft geht Barnard zum Telefon und ruft den ärztlichen Direktor des Groote-Schuur-Krankenhauses an. »Ich möchte Ihnen mitteilen, dass wir soeben eine Herztransplantation durchgeführt haben ... Nein, nicht mit Hunden. Mit Menschen – mit zwei Menschen.«

Diese erste Herztransplantation bei Menschen ist eine Sensation und findet überall allergrößte Beachtung. Christiaan Barnard genießt seinen Ruhm und lässt sich auf der ganzen Welt wie ein Medienstar feiern. Noch ahnt freilich niemand, dass das Operationsverfahren später in vielen Ländern tausendfach mit Erfolg angewendet werden wird.

Allerdings bleibt noch etwas nachzutragen: Louis Washkansky überlebt den Eingriff vom 3. Dezember 1967 nur um 18 Tage. Er stirbt jedoch nicht an Herzversagen, sondern an einer Lungenentzündung. Um die Abstoßung des fremden Herzens durch den Körper zu verhindern, sind die eigenen Immunkräfte fast vollständig außer Kraft gesetzt worden.

Der zweite Transplantationspatient – auch diesmal führt Christiaan Barnard die Operation durch – ist der südafrikanische Zahnarzt Dr. Philip Blaiberg. Er stirbt gut 19 Monate nach dem Eingriff. Sein neues Herz stammte von einem farbigen Spender. Das führt in Südafrika zur Zeit der Apartheid zu erbitterten Auseinandersetzungen über Rassentrennung und Rassismus.

Menschen auf dem Mond

Die erste Mondlandung (1969)

Man schreibt den 20. Juli 1969, 21.56 Uhr Ortszeit in Houston/Texas bzw. den 21. Juli, 3.56 Uhr Mitteleuropäische Zeit. Etwa 500 Millionen Menschen in aller Welt sitzen vor den Fernsehapparaten und erleben live, wie der erste Mensch seinen Fuß auf den Mond setzt. Der amerikanische Astronaut Neil Armstrong kommentiert dieses Ereignis mit den unvergesslichen Worten: »Das ist ein kleiner Schritt für einen Menschen, aber ein großer Sprung nach vorn für die Menschheit.«

Der Mond ist der der Erde nächstgelegene Himmelskörper. Er umkreist sie in einer Entfernung von ungefähr 384.000 Kilometern. Für die Menschen erscheint er bis in unsere Zeit hinein unerreichbar. Eine Ausnahme bilden fantastische Zukunftsromane wie der im Jahr 1865 von Jules Verne verfasste Reisebericht »Von der Erde zum Mond«.

Im 20. Jahrhundert macht die Raketentechnik große Fortschritte. Erstmals scheint es nun möglich, die Erdanziehung zu überwinden und in den Weltraum vorzustoßen. Im Jahr 1923 veröffentlicht Hermann Oberth sein wegweisendes Buch »Die Rakete zu den Planetenräumen«.

Der Zweite Weltkrieg fördert die Entwicklung, weil nun Raketen als wirkungsvolle, Zerstörung und Tod bringende Kriegswaffen verwendet werden. Im Jahr 1944 haben deutsche Techniker die V 1 und die V 2 fertiggestellt. Diese »Vergeltungswaffen« richten vor allem in England verheerende Schäden an. Angeblich sterben durch sie rund 10.000 Menschen.

Nach dem Krieg treiben Amerikaner und Sowjets die Entwicklung der Raketentechnik energisch voran. Sie nutzen dabei die Erkenntnisse, die von deutschen Wissenschaftlern und Ingenieuren vor dem Krieg und vor allem im Krieg gesammelt worden sind. Insbesondere in den USA beteiligen sich deutsche Spezialisten an der Entwicklung leistungsfähiger Projektile. Der führende Kopf wird Wernher von Braun, der in Deutschland zusammen mit anderen die V 2 konstruiert hatte.

Die politische und militärische Konkurrenz in der Zeit des »kalten Krieges« führt zwischen Ost und West zu einem wahren Wettlauf ins All. Am 4. Oktober 1957 gelingt es der Sowjetunion, einen ersten künstlichen Erdsatelliten in den Weltraum zu schießen. Der »Sputnik« umkreist die Erde in einer Höhe von 230 Kilometern.

Einen Monat später, am 3. November 1957, können die sowjetischen Wissenschaftler einen weiteren sensationellen Erfolg verbuchen: Es gelingt ihnen, ein erstes Lebewesen, die Polarhündin Laika, im Satelliten »Sputnik 2« in eine Umlaufbahn um die Erde zu bringen.

Der Versuch der Amerikaner, die Sowjets einzuholen oder gar zu überholen, bleibt zunächst ergebnislos, obwohl gewaltige Anstrengungen unternommen werden. Noch einmal können die Russen einen bahnbrechenden Erfolg für sich verbuchen: Am 12. April 1961 fliegt Juri Gagarin mit seinem Raumschiff »Wostok 1« als erster Mensch durch den Weltraum und umkreist die Erde in einer Entfernung von mehr als 300 Kilometern.

Die amerikanische Raumforschung gibt sich nicht geschlagen und stellt sich eine neue Aufgabe: Im Jahr 1964 gelingt erstmals eine harte Landung auf dem Mond. Eine Fernsehkamera sendet aus der unbemannten Rakete Tausende von aufschlussreichen Fotos der Oberfläche zur Erde. Nun aber geht es darum, die technischen Gegebenheiten für eine weiche Landung zu schaffen. Nur unter dieser Voraussetzung ist es möglich, dass die Astronauten ihren Fuß auf den Mond setzen können.

Die riesige, über 110 Meter hohe Saturn-Rakete liefert die nötige Schubkraft. Sie besteht aus drei Stufen. In ihrer Spitze befinden sich das Apollo-Raumschiff und die Landefähre.

Nach mehreren Versuchsflügen wird das große Wagnis Wirklichkeit. Am 16. Juli 1969 starten die amerikanischen Astronauten Neil Armstrong, Edwin Aldrin und Michael Collins im Raumschiff Apollo 11 zu ihrem Mondflug. Planmäßig erreichen sie die Umlaufbahn um den Mond.

Doch dann beginnt das eigentlich erregende Abenteuer: Armstrong und Aldrin sind inzwischen in die Landefähre »Eagle« (Adler) umgestiegen. Sie löst sich vom Raumschiff und schwebt mit Hilfe von Antriebs-, Steuer- und Bremsraketen hinab zur Mondoberfläche. Collins bleibt im Apollo-Raumschiff zurück und umkreist weiterhin den Mond.

Am 20. Juli 1969, 21.17 Uhr Mitteleuropäische Zeit, landet die Mondfähre planmäßig im »Meer der Ruhe«. Noch aber dauert es Stunden, bis der erste Mensch den Boden des Mondes betreten kann. Die beiden Astronauten nutzen die Zeit, um ihre Instrumente zu überprüfen.

Endlich öffnet sich die Luke der Landefähre. Langsam steigt Armstrong die Leiter hinab und setzt um genau 3.56 Uhr Mitteleuropäischer Zeit als erster Mensch seinen Fuß auf den Mond. Wie gesagt: Viele Millionen Menschen halten den Atem an und können dieses geschichtliche Ereignis live auf dem Bildschirm miterleben. Aldrin betritt sechzehn Minuten später die Mondoberfläche.

Die beiden Männer tragen ein schweres Sauerstoffgerät und Druckanzüge. Wegen des Gewichtsunterschiedes auf der Erde und auf dem Mond können sie sich aber ohne nennenswerte

Schwierigkeiten voranbewegen. Gut gelaunt und ausgelassen probieren sie weite Sprünge im Mondstaub.

Dann müssen sie an ihr vorgeplantes Arbeitsprogramm denken. Dabei ist selbstverständlich auch das millionenfache Publikum auf der Erde zu berücksichtigen. Sie legen eine Metallplatte nieder, die folgende Inschrift trägt: »Hier setzte der Mensch vom Planeten Erde seinen Fuß auf den Mond ... Wir kamen in Frieden für die ganze Menschheit.« Auch pflanzen Armstrong und Aldrin das amerikanische Sternenbanner auf. Präsident Richard Nixon telefoniert mit ihnen und gratuliert zu dem sensationellen Erfolg. Für die Amerikaner ist spätestens jetzt der Beweis erbracht, dass sie die Sowjetunion in der Raumfahrttechnik inzwischen weit hinter sich gelassen haben.

Armstrong und Aldrin sammeln 75 Pfund Mondgestein und Bodenproben. Sie sollen mit zurück zur Erde genommen und dort genau untersucht werden. Wissenschaftler erhoffen sich daraus unter anderem Rückschlüsse auf die Entstehung des Mondes.

Nach zweieinhalb Stunden ziehen sich die beiden Männer in die Landefähre zurück. Nun beginnt der Rückflug. Zunächst gilt es, die Umlaufbahn des Apollo-Raumschiffs zu erreichen und an dieses »anzudocken«, also eine feste Verbindung mit ihm herzustellen. Als das geschehen ist, können Armstrong und Aldrin in die Apollo-Raumkapsel hinüberklettern.

Mit Hilfe der Antriebsrakete löst sich Apollo 11 aus der Anziehung des Mondes und steuert der Erde zu. Am 24. Juli landet die Raumkapsel im Pazifik. Die drei Astronauten haben das große Abenteuer wohlbehalten überstanden. Eines der größten Abenteuer der Menschheit ist zu Ende. Fürs Erste freilich müssen sie drei Wochen lang in Quarantäne. Wissenschaftler halten es für möglich, dass sie gefährliche Bakterien vom Mond eingeschleppt haben. Zum Glück erweisen sich diese Vorsichtsmaßnahmen als unbegründet.

Keine Rettung

Der Terroranschlag bei den Olympischen Spielen in München (1972)

Die Olympischen Spiele von Berlin im Jahr 1936 sind in Deutschland und auf der Welt noch nicht vergessen. Aber diesmal, 36 Jahre danach und damit mehr als eine Generation später soll es anderes sein, ein fröhliches und unbeschwertes Weltfestival des Sports. Austragungsort ist München, die liebenswerte Hauptstadt Bayerns.

Der Auftakt der Olympischen Sommerspiele ist vielversprechend. Über 7000 Athleten aus 122 Ländern sind erschienen, um für Gold, Silber und Bronze zu kämpfen. Aber vielen genügt es auch schon, das große Ereignis miterlebt zu haben, einfach dabei gewesen zu sein.

Im eigens errichteten, hochmodernen Olympiastadion mit der Zeltdachkonstruktion des berühmten Architekten Frei Otto beginnt an einem Samstagnachmittag, dem 26. August 1972, die Eröffnungsfeier. Ein erster Höhepunkt ist der Einzug der Nationen. Kurt Edelhagen dirigiert die von ihm zusammengestellte Musik unterschiedlicher Völker. Die allgemeine Stimmung ist froh und beschwingt. Dann treten Tausende von Münchner Schulkindern mit Blumengebinden auf. Für viele ausländische Beobachter sind sie die Zeugen der neuen Zeit und repräsentieren »den Geist eines neuerstandenen Deutschland«. Schließlich eröffnet Bundespräsident Gustav Heinemann die Spiele offiziell. Zu diesem Zeitpunkt ahnt noch niemand etwas von der Katastrophe, die das friedliche Völkerfest bald darauf überschatten wird und die bei einem Millionenpublikum Entsetzen und tiefe Verzweiflung auslöst.

Am 5. September, um 4 Uhr 10 dringen acht schwer bewaffnete Mitglieder der palästinensischen Terrorgruppe »Schwarzer September« in das olympische Dorf ein und bringen elf Angehörige der israelischen Olympiamannschaft in ihre Gewalt. Einer von ihnen wird bei einem Fluchtversuch erschossen. Ein anderer erleidet so schwere Verwundungen, dass er kurz darauf stirbt.

Die Attentäter fordern die Freilassung von 232 Palästinensern, die sich in Israel in Haft befinden, sowie die Freilassung der deutschen Terroristen Andreas Bader und Ulrike Meinhof. Sie drohen, die Geiseln zu erschießen, falls die Polizei einen Befreiungsversuch unternimmt. Das Ultimatum ist auf neun Uhr befristet.

Etwa zwei Stunden später sind der Bürgermeister des olympischen Dorfes sowie der Präsident des olympischen Komitees, ferner der bayerische Innenminister und der Polizeipräsident von München vor Ort. Sie bieten den Terroristen an, sich gegen die Geiseln austauschen zu lassen. Doch die Palästinenser sind zu keinerlei Zugeständnissen bereit. Inzwischen ist Bundesinnenminister Hans-Dietrich Genscher auf dem Weg nach München.

Kurz vor Ablauf des Ultimatums bitten der Bürgermeister des olympischen Dorfes und der Polizeipräsident sowie ein ägyptisches IOC-Mitglied um Verlängerung des Ultimatums, um den Regierungen in Bonn und Tel Aviv Zeit für die erforderlichen Maßnahmen einzuräumen. Die Geiselnehmer gehen darauf ein und setzen den Ablauf des Ultimatums auf zwölf Uhr fest. Später gelingt es noch einmal, die Frist hinauszuschieben, diesmal auf 17 Uhr. Längst ist den Verantwortlichen bekannt, dass die israelische Regierung unter Ministerpräsidentin Golda Meir auf keinen Fall auf die Forderungen der Terroristen eingehen wird.

Die dramatischen Ereignisse veranlassen den Präsidenten des Internationalen Olympischen Komitees, Avery Brundage, am

Nachmittag die Unterbrechung der Olympischen Spiele zu verkünden. Das für 16 Uhr 10 geplante Fußballspiel Ungarn gegen die Bundesrepublik Deutschland wird über Lautsprecher abgesagt. Die Zuschauer verlassen das Stadion schweigend und ohne Protest.

Inzwischen werden im olympischen Dorf Scharfschützen mit Sturmgewehren postiert. Da vergessen wurde, den Strom zu den Unterkünften der israelischen Sportler zu unterbrechen, erfahren die Terroristen durch Rundfunk und Fernsehen vom Aufmarsch der Polizei.

Die Uhr läuft. Kurz vor dem endgültigen Ablauf des Ultimatums kommt es zu neuen Verhandlungen. Da mit einem Entgegenkommen der Regierung in Tel Aviv auf keinen Fall rechnen ist, ändern die Terroristen ihre Taktik. Sie verlangen freies Geleit, um zusammen mit den Geiseln nach Ägypten geflogen zu werden. Ein Telefongespräch zwischen Bundeskanzler Willy Brandt und dem ägyptischen Ministerpräsidenten schafft eher Verwirrung. Angeblich äußert Asis Sidki: »We do not want to get involved. – Wir wollen da nicht reingezogen werden."

Inzwischen überlegt der Krisenstab fieberhaft, wie das Geiseldrama beendet werden kann. Tatsächlich beginnt nun der Abtransport der Kidnapper und ihrer Gefangenen. Sie werden mit einem Bus zu zwei bereitgestellten Hubschraubern gebracht. Diese fliegen anschließend zum westlich von München gelegenen Militärflughafen Fürstenfeldbruck.

Kurz nach halb elf treffen die beiden Hubschrauber dort ein. Den Forderungen der Entführer entsprechend, steht nahe dem Landeplatz ein Flugzeug für den Weitertransport nach Kairo bereit.

Inzwischen sind Scharfschützen und weitere Polizeikräfte auf dem Flughafen postiert. Die vermeintlichen Besatzungsmitglieder der Boeing 727 sind Polizisten, die den Auftrag haben, die

Terroristen nach ihrer Ankunft zu überwältigen. Völlig unverständlicherweise verlassen sie eigenmächtig das Flugzeug, weil sie für eine solche Aktion nicht ausgebildet sind und sie deshalb für aussichtslos halten.

Als der Anführer und ein weiterer Terrorist das bereitstehende Flugzeug kontrollieren und erkennen, dass das Bordpersonal fehlt, gehen sie eilig zu den wartenden Hubschraubern zurück. In diesem Augenblick gibt Innenminister Bruno Merk der Polizei den Befehl zu schießen. Drei der Terroristen werden von Polizeikugeln tödlich getroffen.

Die Welt atmet auf, als die Nachricht über die Fernschreiber tickt, dass der Entführungsversuch einen glücklichen Ausgang genommen habe. Eine halbe Stunde vor Mitternacht verkündet die Nachrichtenagentur Reuters: »Alle israelischen Geiseln wurden befreit.« Leider beruht diese weltweit beachtete Meldung auf einer verhängnisvollen Fehlinformation.

Die endgültige Entscheidung fällt kurz nach Mitternacht. Die Terroristen begreifen, dass sie keine Chance haben, zumal inzwischen Panzerfahrzeuge der Polizei auf dem Fliegerhorst aufgetaucht sind. – Sie standen unterwegs bei ihrem Anmarsch lange im Stau. – Einer der Terroristen wirft eine Handgranate in einen der beiden Hubschrauber. Ein weiterer erschießt dann wohl die im anderen Hubschrauber gefesselt ausharrenden Geiseln. Die fürchterlichen Ereignisse konnten mit allerletzter Sicherheit nicht rekonstruiert werden.

Um 1.32 Uhr ist der Kampf zu Ende. Alle neun israelischen Geiseln sind tot. Ein Polizist wurde von einer verirrten Kugel tödlich getroffen. Von den insgesamt acht Tätern wurden fünf erschossen. Der Befreiungsversuch von Fürstenfeldbruck endet in einer blutigen Tragödie.

Das taktische Vorgehen des Krisenstabs und der Einsatz der Polizei, zum Teil mit unzulänglichen Mitteln, wird in der

Folgezeit – wohl zu Recht – heftig kritisiert. Das Fiasko von Fürstenfeldbruck zwingt die politischen Entscheidungsgremien und die Polizeibehörden, sich intensiver auf terroristische Anschläge vorzubereiten.

Drei der Geiselnehmer haben das Massaker überlebt. Sie werden bald darauf gegen Passagiere und Besatzungsmitglieder der entführten Lufthansa-Maschine »Kiel« ausgetauscht. Zwei von ihnen werden in der Folgezeit vom israelischen Geheimdienst aufgespürt und getötet.

Die Olympischen Sommerspiele werden nach dem Tod der israelischen Teilnehmer für einen halben Tag unterbrochen und dann, auch mit Zustimmung der Regierung in Tel Aviv, fortgeführt. Obwohl diese Entscheidung viel Kritik auslöst, machen sich nur wenige der Olympiateilnehmer vorzeitig auf den Heimweg.

Der Super-GAU

Das Reaktorunglück von Tschernobyl (1986)

Die ukrainische Stadt Tschornobyl, russisch Tschernobyl, ist heute eine Geisterstadt. Einst lebten hier 14.000 Menschen. Jetzt sind es nur mehr etwa 400. Der Grund ist allgemein bekannt. Eine der größten Katastrophen der Menschheitsgeschichte, die Explosion und der Brand im Kernkraftwerk am 26. April des Jahres 1986, macht die Stadt und ihre Umgebung im Prinzip unbewohnbar.

Am Vortag der Katastrophe beginnen die Techniker mit einem routinemäßigen Test. Es geht darum, das Sicherheitssystem des Kernkraftwerks zu überprüfen, um für mögliche Gefahren gewappnet zu sein. Eigentlich versteht es sich von selbst, dass eine so komplizierte und auch gefährliche Anlage mit der allergrößten Vorsicht, ja mit äußerster Pedanterie betrieben wird.

In Block 4 soll überprüft werden, ob die Turbinen für die Notkühlung des Reaktors auch dann genügend Strom liefern, wenn die übrige Stromversorgung ausfällt. In dieser Phase kommt ein Anruf aus Kiew. Der Kontrollbeamte fragt an, ob die Strommenge erhöht werden könne, weil sich ein unerwartet hoher Bedarf ergeben habe. Daraufhin entschließen sich die Verantwortlichen, das Sicherheitsexperiment um ein paar Stunden zu verschieben.

Um Mitternacht wechselt das Schichtpersonal. Offensichtlich sind die ab jetzt diensttuenden Techniker nicht ausreichend auf ihre Aufgabe und die damit verbundenen Risiken vorbereitet. Tatsächlich kommt es zu mehreren schwerwiegenden Bedienungsfehlern, die letzten Endes dazu führen, dass der Reaktor nicht mehr zu beherrschen ist. Das ist den Technikern zu dieser Zeit nicht klar, und so setzen sie das eingeleitete Experiment zunächst fort.

Wegen der nicht ausreichenden Kühlung des Reaktorkerns beginnt dessen Leistung zu steigen. Das nimmt der verantwortliche Ingenieur zum Anlass, den bis dahin im Rahmen des Tests abgeschalteten umfassenden Havarieschutz von Hand einschalten zu lassen. Das Einfahren der Steuerstäbe soll durch die Absorption von Neutronen die Kettenreaktion verringern.

Unglücklicherweise geschieht genau das Gegenteil, was mit der besonderen Konstruktion des Reaktortyps in Tschernobyl zusammenhängt. Die Steuerstäbe werden zu langsam eingefahren. Hinzu kommt, dass die Graphitköpfe an ihren Spitzen die Kernreaktion zunächst sprunghaft verstärken. Durch die entstehende Hitze werden die Kanäle für die Stäbe verformt, so dass sie sich beim Einschieben verklemmen.

Durch physikalische und chemische Reaktionen bei der nun herrschenden Temperatur bildet sich Knallgas, das hochexplosive Gemisch aus Wasserstoff und Sauerstoff. Es entzündet sich und sprengt um 1 Uhr 23 mit einer gewaltigen Explosion den Reaktor und die umgebenden Gebäude in die Luft. In großen Mengen wird reaktives Material nach außen geschleudert. Das Kernkraftwerk brennt an mehreren Stellen. Im Inneren des Reaktors vollzieht sich die von Experten ganz besonders gefürchtete Kernschmelze. Eine noch größere Katastrophe wird durch den Einsatz der Feuerwehr und der im Kraftwerk Beschäftigten verhindert.

Aber das Unglück ist viel schlimmer, als sich zunächst erahnen lässt. Die sowjetische Informationspolitik zögert, der Weltöffentlichkeit das wahre Ausmaß bekannt zu geben. Im schwedischen Kernkraftwerk Forsmark wird automatisch Alarm ausgelöst, weil die Messgeräte auf dem Gelände eine erhöhte Radioaktivität feststellen. Da die eigenen Anlagen zweifelsfrei in Ordnung sind, suchen die Wissenschaftler nach einer anderen Quelle und vermuten, dass die gemessene Radioaktivität aufgrund der herrschenden Windverhältnisse von sowjetischem Gebiet stammen muss. Tatsächlich meldet die Moskauer Nachrichtenagentur TASS an diesem Tag, 48 Stunden nach der verheerenden Explosion, einen »Unfall« im Kernkraftwerk Tschernobyl.

Der befürchtete, zumeist aber wohl doch für unrealistisch gehaltene atomare Super-GAU (derjenige »größte anzunehmende Unfall«, der nicht mehr unter Kontrolle zu bringen ist) hat sich ereignet. Es handelt sich um den schlimmsten Atomunfall seit der Reaktorkatastrophe im sowjetischen Majak in der Nähe von Tscheljabinsk am Ural im Jahr 1957.

Radioaktiver Staub, der durch die Explosion aufgewirbelt wird, senkt sich über die das Kraftwerk umgebende Landschaft. Leichtere radioaktive Substanzen dringen in Form von Aerosolen, Gemischen aus festem, flüssigem und gasförmigem Material, in die höheren Luftschichten und werden durch die herrschenden Luftströmungen Hunderte und Tausende von Kilometern weit befördert, bis der Regen sie auswäscht, sie auf die Erde hinabsinken lässt und in den Boden einschwemmt.

Insgesamt werden fast vier Millionen Quadratkilometer Erde radioaktiv kontaminiert. Besonders betroffen sind Russland, die Ukraine und Weißrussland. Fürs Erste werden über 150.000 Menschen aus dem Gebiet im Umkreis von dreißig Kilometern um den Reaktor evakuiert. Später werden noch 210.000 weitere Betroffene umgesiedelt.

Über den engeren Bereich hinaus gehen in Deutschland, Österreich, Finnland, Schweden, Norwegen, Jugoslawien, Rumänien, Bulgarien und Polen radiaktive Niederschläge in bedrohlicher Konzentration nieder. In manchen Gegenden Deutschlands sind auch zwanzig Jahre nach dem Unfall noch

Wild, Pilze und Waldfrüchte stark durch radioaktives Caesium belastet.

An den Aufräumarbeiten im teilweise zerstörten Kernkraftwerk sind zunächst 200.000, später bis zu 800.000 Menschen beteiligt. Manche Quellen nennen eine noch höhere Zahl. Die Strahlung, der sie ausgesetzt sind, bedeutet für viele den sicheren Tod, auch wenn dieser erst mit einer zeitlichen Verzögerung eintritt. Häufig sind es Krebs- und Immunschwächeerkrankungen. In den besonders betroffenen Gebieten steigt die Kindersterblichkeit rasant an. Genetische Veränderungen bewirken, dass sich die Folgen der radioaktiven Verstrahlung über Generationen erstrecken.

Die Zahl der insgesamt durch die Katastrophe zu Tode gekommenen Menschen – im Umfeld des Kraftwerks, aber auch in den mehr oder weniger stark kontaminierten Gebieten sonst –, wird sich nie genau und endgültig ermitteln lassen. Die Schätzungen bewegen sich zwischen 10.000 und 250.000 Opfern. Fatal erinnert die Explosion von Tschernobyl mit ihren Folgen an den Abwurf der ersten Atombombe im August 1945 im japanischen Hiroshima.

Um ein weiteres Austreten von Radioaktivität aus dem zerstörten Block des Kernkraftwerks zu verhindern, wird er mit einem gewaltigen Beton-Sarkophag umhüllt. Die noch vorhandene radioaktive Masse aus verschmolzenem Uran, Plutonium und Graphit bleibt in seinem Inneren erhalten. Um letzte Sicherheit zu gewährleisten, ist ein neuer Betonsarkophag von 257 Metern Länge und 108 Metern Höhe geplant. Er wird etliche Milliarden Euro kosten und ist nur durch eine gemeinsame internationale Kraftanstrengung zu finanzieren.

Der Mauerfall

Der Anfang vom Ende der DDR (1989)

Im Oktober 1989 feiert die Deutsche Demokratische Republik ihren vierzigsten Geburtstag. Unter den Ehrengästen ist auch der sowjetische Staats- und Parteichef Michail Gorbatschow, der in seinem Land tief greifende Reformen auf den Weg gebracht hat. Nun ermahnt er auch die Führung in Ostberlin, politische Veränderungen zuzulassen: »Gefahren warten nur auf jene, die nicht auf das Leben reagieren.« Ein Dolmetscher übersetzt vereinfachend: »Wer zu spät kommt, den bestraft das Leben«, und prägt damit ein geflügeltes Wort.

Dennoch ahnen nur wenige Menschen, dass die Tage der DDR gezählt sind. Immerhin, die inneren Gegensätze, die über lange Zeit durch die Unterdrückung seitens der Staatsgewalt überdeckt wurden, sind unübersehbar. Immer mehr Menschen fordern größere Freiheiten. Dazu gehört auch das Recht, frei ins Ausland zu reisen und gegebenenfalls die DDR zu verlassen.

Allein im Sommer 1989 stellen 120.000 DDR-Bürger den Antrag, in die Bundesrepublik Deutschland ausreisen zu dürfen. Hunderte versuchen vollendete Tatsachen zu schaffen, indem sie die westdeutschen Botschaften in Budapest, Warschau und Prag bzw. die Ständige Vertretung der Bundesrepublik in Ostberlin besetzen, um auf diesem Weg ihre Ausreise in den Westen zu erzwingen.

Am 10. September 1989 gestattet die ungarische Regierung den Ostdeutschen den freien Übertritt über die Grenze nach Österreich. Am 30. September kann der westdeutsche Außenminister Hans-Dietrich Genscher in Prag verkünden, dass die

DDR der Ausreise der Botschaftsbesetzer nach Westen zugestimmt habe. Sonderzüge bringen rund 6000 Menschen von Warschau und von Prag in die Bundesrepublik.

Die Bürgerproteste in der DDR werden von Woche zu Woche, von Tag zu Tag lauter. Seit Mitte der achtziger Jahre gibt es bereits regelmäßige Friedensgebete in der Nikolaikirche in Leipzig. Aus ihnen entwickeln sich im September 1989 die Montagsdemonstrationen. Schon sind die ersten oppositionellen Gruppen entstanden, die der Staatspartei, der SED, ihren Führungsanspruch streitig machen.

Zum entscheidenden Datum wird der 9. Oktober 1989. An diesem Tag versammeln sich in Leipzig mehr als 70.000 Menschen zu einer friedlichen Demonstration gegen die DDR-Führung. Die einen skandieren »Wir wollen raus!«, andere rufen »Wir bleiben hier!«, und unterstreichen damit ihre Forderung nach inneren Reformen.

Entscheidend ist, dass die bereitgestellten Einsatzkräfte der Nationalen Volksarmee und der Polizei nicht eingreifen. Auch die sowjetischen Streitkräfte, die 1953 den Volksaufstand in der DDR, im Jahr 1956 in Ungarn und 1968 in der Tschechoslowakei niedergeschlagen haben, halten sich zurück.

Am 18. Oktober scheidet Erich Honecker, der allmächtige Generalsekretär der Sozialistischen Einheitspartei Deutschlands, wegen angeblich gesundheitlicher Gründe aus seinem Amt. Am 4. November kommt es zur größten freien Massenversammlung der DDR-Geschichte auf dem Alexanderplatz in Ostberlin. Zahlreiche Redner, unter ihnen die bekannten Schriftsteller Christa Wolf und Stefan Heym, fordern vor mehr als einer halben Million Menschen demokratische Rechte und Freiheiten.

Für Millionen von Menschen in der DDR ist die Reisefreiheit das entscheidende Kriterium für die Wandelbarkeit des Systems. In den frühen Novembertagen wird in den politischen

Gremien um ein neues Reisegesetz gerungen, das den Kritikern den Wind aus den Segeln nehmen und zur Stabilisierung der Verhältnisse in der DDR beitragen soll.

Die Entscheidung fällt am Abend des 9. November 1989. Der Ort des dramatischen Geschehens ist eine Pressekonferenz, die vom DDR-Fernsehen live übertragen und von vielen Menschen gesehen wird. Kurz vor 19 Uhr verliest das führende Politbüromitglied und der Sekretär des ZK der SED für Informationswesen Günter Schabowski auf die Frage eines Journalisten den Text der Neuregelung:

»Privatreisen nach dem Ausland können ohne Vorliegen von Voraussetzungen – Reiseanlässe und Verwandtschaftsverhältnisse – beantragt werden. Die Genehmigungen werden kurzfristig erteilt. Die zuständigen Abteilungen Pass- und Meldewesen der VPKÄ – der Volkspolizeikreisämter – in der DDR sind angewiesen, Visa zur ständigen Ausreise unverzüglich zu erteilen, ohne dass dabei noch geltende Voraussetzungen für eine ständige Ausreise vorliegen müssen. Ständige Ausreisen können über alle Grenzübergangsstellen der DDR zur BRD erfolgen ...«

Auf die Nachfrage »Wann tritt das in Kraft?« antwortet der Befragte unsicher: »Das tritt nach meiner Kenntnis ... ist das sofort, unverzüglich.« Schabowski weiß nicht, dass die Neuregelung erst morgens um vier Uhr offiziell verkündet werden soll.

Die sensationelle Nachricht, die augenblicklich durch Fernsehen und Funk verbreitet wird, löst einen Sturm von ungeahnter Macht aus. Tausende von Ostberlinern machen sich auf den Weg und versuchen an den Grenzübergangsstellen den Durchgang nach Westberlin zu erzwingen. Die dort Dienst tuenden Grenzbeamten sind verwirrt, denn sie haben zu diesem Zeitpunkt noch keine Kenntnis von den beabsichtigten Neuerungen.

Als sie dem Druck der Masse nicht mehr gewachsen sind, öffnen sie den Grenzübergang Bornholmer Straße zwischen

Ost- und Westberlin. Nun gibt es kein Halten mehr. Weitere Übergänge werden geöffnet, endlich nach Mitternacht auch die Grenzkontrollstellen zwischen der DDR und der Bundesrepublik Deutschland. Die Berliner Mauer ist 28 Jahre nach ihrem Bau endlich gefallen! Die militärisch gesicherte Staatsgrenze der DDR zum Westen hat ebenfalls ihren Sinn verloren.

Auf beiden Seiten herrscht ein Taumel der Begeisterung: »Es ist Wahnsinn!« Tausende und Abertausende von DDR-Bürgern genießen die neue Lage und machen sich mit ihren Trabant- und Wartburg-Autos auf den Weg nach Westberlin und in die Bundesrepublik. Die grenznahen Städte werden von den Besuchern aus dem östlichen Teil Deutschlands regelrecht überschwemmt. Vielen wird in der Nacht vom 9. auf den 10. November 1989 klar, dass die Maueröffnung das Ende der DDR bedeutet. Der Ruf der Massen nach Wiedervereinigung ist unüberhörbar.

Hastig eingeleitete Reformversuche in Staat und Partei können die DDR nicht retten. Die Volkskammerwahlen am 18. März 1990, die erste demokratische Wahl überhaupt, bestätigen den Wunsch nach nationaler Einheit. Diese ist freilich nur zu erreichen, wenn die Siegermächte des Zweiten Weltkriegs, allen voran auch die Sowjetunion unter Michail Gorbatschow dem deutschen Wunsch zustimmen. Allen Bedenken und Widerständen zum Trotz kommt im September 1990 der sogenannte Zwei-plus-Vier-Vertrag (USA, UdSSR, Großbritannien, Frankreich plus Bundesrepublik Deutschland, Deutsche Demokratische Republik) zustande, der dem künftig vereinigten Deutschland die volle staatliche Souveränität zusichert.

Bereits am 1. Juli 1990 ist die zwischen der Bundesrepublik und der DDR vereinbarte Währungs-, Wirtschafts- und Sozialunion in Kraft getreten. Von nun an gilt auch im Osten Deutschlands die D-Mark.

Die eigentliche staatliche Einigung erfolgt am 3. Oktober des Jahres 1990. Sie wird vollzogen, indem die DDR gemäß Artikel 23 des Grundgesetzes der Bundesrepublik Deutschland beitritt. Die vielfach geäußerte Forderung, eine gemeinsame neue Verfassung zu erarbeiten, wird – vor allem wohl aus Zeitgründen – fallen gelassen.

In einem bewegenden Staatsakt erklärt Bundespräsident Richard von Weizsäcker am 3. Oktober 1990 in der Berliner Philharmonie: »Die Form der Einheit ist gefunden. Nun gilt es, sie mit Inhalt und Leben zu erfüllen. Parlamente, Regierungen und Parteien müssen dabei helfen. Zu vollziehen aber ist die Einheit durch das souveräne Volk, durch die Köpfe und Herzen der Menschen selbst.«

Vielleicht ahnt der Bundespräsident damals, welche Hindernisse auf dem Weg zur inneren Einheit noch zu überwinden sind. Es wird Jahrzehnte dauern, bis sich die Lebensverhältnisse in Ost und West angeglichen haben, bis den Menschen die politische, kulturelle, wirtschaftliche und soziale Einheit selbstverständliche geworden ist.

Der 11. September

Der Angriff auf das World Trade Center und die USA (2001)

Bis in den Himmel ragen die beiden Türme. Aus der imposanten Skyline des New Yorker Stadtteils Manhattan sind sie nicht mehr wegzudenken. Über vierzig Jahre lang war das Empire State Building das höchste Gebäude der Erde. Im Jahr 1973 verliert es diesen Rang an die Zwillingstürme des World Trade Centers mit 415 und 417 Metern Höhe. Allerdings erreicht bereits im darauffolgenden Jahr der Sears Tower in Chicago eine Höhe von 442 Metern.

Das World Trade Center ist ein Bauwerk der Superlative, und es besteht nicht nur aus den beiden Zwillingstürmen. Fünf weitere Bauten kommen hinzu. Insgesamt gruppiert sich das Ensemble um einen großen Platz, die World Trade Center Plaza. Die beiden Türme sind 110 Stockwerke hoch und verfügten jeweils über eine Bürofläche von 400.000 Quadratmetern. Von der Spitze der Bauwerke hat man einen Blick, der bei gutem Wetter 80 Kilometer weit ins Land reicht. Die 104 Aufzüge in jedem der beiden Türme befördern die hier arbeitenden Menschen und Tausende von Besuchern. Insgesamt sind im World Trade Center etwa 50.000 Menschen beschäftigt. Nicht zu vergessen ist jedoch, dass das riesige Projekt beim Bau insgesamt 60 Todesopfer gefordert hat.

Schon einmal war das World Trade Center Ziel eines gewaltigen Anschlags. Am 26. Februar 1993 hatten islamistische Terroristen einen Lieferwagen mit 700 Kilogramm TNT und einer Reihe von Wasserstoffdruckbehältern in der Tiefgarage des

Nordturms abgestellt und zur Explosion gebracht. Sie riss ein 30 Meter großes Loch in das Mauerwerk und beschädigte sieben Stockwerke schwer. Sechs Menschen kamen damals ums Leben. Das Ziel, den Nordturm zum Einsturz zu bringen, konnten die Terroristen nicht verwirklichen. Dazu reichte die gezündete Sprengstoffmenge nicht aus.

11. September 2001. Um 8.46 Uhr (14.46 Uhr Mitteleuropäischer Sommerzeit) rast ein Verkehrsflugzeug der American Airlines in den Nordturm des World Trade Centers. Einen Augenblick lang sieht es so aus, als wenn sich ein schrecklicher Unfall ereignet hätte. Die Menschen im Südturm werden durch Lautsprecher aufgefordert, Ruhe zu bewahren und an ihrem Arbeitsplatz zu bleiben.

Siebzehn Minuten später, um 9.03 Uhr, prallt ein Verkehrsflugzeug der United Airlines gegen den Südturm. Ein Zufall kann das nicht sein. Das gewaltige Gebäude im Herzen von New York, Symbol für Größe und wirtschaftliche Macht, ist zum Ziel eines vernichtenden terroristischen Anschlags geworden.

Das brennende Kerosin entfacht einen gewaltigen Feuerball mit Temperaturen von über 1000 Grad. Fassungslos verfolgen Tausende und Abertausende von Menschen diese Katastrophe. Das Fernsehen sendet die Bilder dieses Infernos in alle Winkel der Welt.

Die Stahlkonstruktion der beiden Türme ist der ungeheuren Hitze nicht gewachsen. Während sich im Inneren unfassbare Szenen abspielen, stürzt der Südturm um 9.59 Uhr, der Nordturm um 10.28 Uhr in sich zusammen. Über 2000 Menschen, darunter 343 Feuerwehrleute, werden dabei getötet. Schon vorher sind viele Menschen aus den oberen Stockwerken in den Tod gesprungen, weil ihnen der Rettungsweg nach unten durch das Flammenmeer versperrt blieb. Immerhin gelingt es rund 17.000 Frauen und Männern, die sich zur Zeit des Attentats im

Inneren der Gebäude aufgehalten haben, sich nach draußen in Sicherheit zu bringen.

Außer den Zwillingstürmen werden auch die fünf weiteren Gebäude des World Trade Centers zerstört, über zwanzig Gebäude in der Umgebung mehr oder weniger schwer beschädigt. Das weite Gelände bietet ein Bild des Grauens. Schutt aus Beton und Glas, verbrannte und verbogene Eisenteile, Flugasche und Millionen aufgewirbelter Aktenstücke bedecken Plätze und Gebäude ringsum. Viele Opfer sind nicht mehr identifizierbar oder überhaupt nicht mehr auffindbar. Später werden Leichenteile aus den Schuttmassen geborgen, um sie mittels DNA-Analyse vermissten Personen zuordnen zu können.

Das Attentat ist eine der größten Herausforderungen für die amerikanische Nation. Zum ersten Mal ist sie im eigenen Land angegriffen und einem mörderischen Überfall ausgesetzt worden. Im Bewusstsein von Millionen Menschen entspricht dies einer Kriegserklärung. Nichts ist mehr so, wie es eben noch war.

Die Hintergründe des schrecklichen Ereignisses werden erst nach und nach aufgeklärt, soweit dies überhaupt noch möglich ist. An dem Attentat vom 11. September 2001 sind insgesamt vier Flugzeuge beteiligt. Keiner der Entführer überlebt die Aktion.

Der American-Airlines-Flug 11 der Boeing 767 kommt von Boston. Sie hat 76 Passagiere und 11 Besatzungsmitglieder an Bord. Fünf Entführer bemächtigen sich des Flugzeugs und steuern es in den Nordturm des World Trade Centers.

Der United-Airlines-Flug 175, ebenfalls eine Boeing 767, startet auch in Boston, aber auf einem anderen Flughafen. An Bord sind 51 Passagiere, sieben Besatzungsmitglieder und ebenfalls fünf Entführer. Vom Flugzeug aus berichtet ein Flugbegleiter über Telefon, dass der Pilot getötet worden sei. Der Todesflug auf den Südturm des World Trade Centers wird vom Fernsehen live gezeigt und ist vielfach gefilmt worden.

Der American-Airlines-Flug 77 der Boeing 757 startet in Washington mit 53 Passagieren, sechs Besatzungsmitglieder und fünf Terroristen. Es rast um 9.37 Uhr in das Gebäude des Pentagons, des amerikanischen Verteidigungsministeriums. Dabei werden 125 Menschen getötet. Die restriktive Pressepolitik des Ministeriums gibt in der Folgezeit zu allerlei Spekulationen Anlass. Die Behauptung, dass möglicherweise gar kein Flugzeug in das Pentagon gestürzt sei, ist aber überzeugend widerlegt.

Der United-Airlines-Flug 93 startet in Newark. An Bord der Boeing 757 befinden sich 33 Passagiere, sieben Besatzungsmitglieder und vier oder fünf Entführer. Die Maschine stürzt um 10.03 Uhr südöstlich von Pittsburgh ab. Vermutlich hat ein Kampf zwischen der Besatzung und den Flugzeugentführern zum Absturz der Maschine geführt. Welches Ziel die Entführer ins Auge gefasst hatten, lässt sich allenfalls vermuten. Vom Weißen Haus und vom Capitol in Washington ist die Rede. Der Absturz hindert die Terroristen daran, ihren Plan Wirklichkeit werden zu lassen.

Über die Urheber der schrecklichen Tat vom 11. September 2001 gibt es bald keine Zweifel. Der amtliche Kommissionsbericht (Executive Summary) der Regierung schreibt: »Who is this enemy that created an organization capable of inflicting such horrific damage on the United States? We now know that these attacks were carried out by various groups of Islamist extremists. The 9/11 attack was driven by Usama Bin Ladin. – Wir wissen jetzt, dass diese Angriffe von verschiedenen Gruppen islamistischer Extremisten ausgeführt wurden. Der Angriff vom 11. September wurde von Osama bin Laden in die Wege geleitet.«

Osama bin Laden wurde vom US-Geheimdienst in Pakistan aufgespürt und dort im Mai 2011 von amerikanischen Soldaten erschossen. Sein Tod bedeutete allerdings nicht das Ende des islamistischen Terrors.